DU

SPIRITUALISME

EN

ÉCONOMIE POLITIQUE

Paris. — Imprimerie P.-A. BOURDIER et Cie, 30, rue Mazarine.

DU SPIRITUALISME EN ÉCONOMIE POLITIQUE

PAR

M. ANTONIN RONDELET

PROFESSEUR DE PHILOSOPHIE A LA FACULTÉ DES LETTRES
DE CLERMONT-FERRAND

Ouvrage couronné par l'Académie des sciences morales et politiques

PARIS

DIDIER ET Cie, LIBRAIRES-ÉDITEURS,

35, QUAI DES AUGUSTINS,

1859

PRÉFACE

L'Académie des sciences morales et politiques avait proposé, pour sujet de prix à décerner en 1857, la question suivante :

« Déterminer les rapports de la morale avec l'économie politique. »

L'ouvrage qu'on va lire a obtenu la seconde médaille à ce concours.

Voici en quels termes M. Hippolyte Passy s'exprimait au nom de l'Académie dans la séance solennelle du 7 août 1858 :

« En proposant ce sujet, l'Académie n'ignorait pas que parmi les sciences qui s'occupent de l'ordre social, il n'en est pas une qui n'aboutisse à la morale, qui n'en relève et ne lui emprunte ses principes fondamentaux ; mais cette vérité n'est pas toujours nettement comprise, et il importe qu'elle le soit en ce qui touche l'économie politique, la science qui a pour but l'étude des relations que déterminent au sein des sociétés la formation, la distribution et l'usage des richesses... »

..... « Le Mémoire n° 1 est une composition qui ne manque pas d'originalité et qui se distingue par l'unité systématique du plan et l'élégance soutenue du style. Toute la partie où l'auteur s'attache à montrer comment l'homme s'élève de la satisfaction des besoins les plus impérieux de sa nature à la recherche des biens les plus purs, à la pratique de la morale la plus dégagée de toute préoccupation terrestre est d'un ordre supérieur. Malheureusement l'auteur ne se fait pas une juste idée des caractères des lois de l'ordre économique, et s'il leur a concédé des tendances morales, ce n'a été qu'après avoir accusé de matérialisme une science qui n'a d'autre but que l'étude de ces mêmes lois. Ce Mémoire est ingénieux et remarquablement écrit; mais les erreurs qu'il contient dans celles de ses parties qui demandaient la connaissance approfondie des principes de l'économie politique, sont trop nombreuses pour permettre de lui assigner le premier rang dans le concours... »

Mon respect pour l'Académie me défend de rien ajouter, bien que je ne puisse regarder comme des erreurs sur les principes de la science ou le caractère économique de ses lois les contradictions que le spiritualisme oppose aux théories utilitaires, aujourd'hui encore si puissantes et si accréditées. A part ces réserves de doctrine, je me suis efforcé, avant de publier mon travail, de le rendre moins indigne de l'illustre compagnie qui l'a honoré de son suffrage et du public qui doit le juger une seconde fois.

Cette question : « *Déterminer les rapports de la morale avec l'économie politique*, » renferme deux sujets distincts.

1° Prendre l'économie telle qu'elle est et chercher l'influence qu'elle exerce sur la destinée morale des civilisations;

2° Partir de l'économie non plus pour descendre à ses effets, mais pour remonter à ses principes; faire voir qu'incapable de se soutenir par elle-même elle doit demander à la morale son appui, aux sciences philosophiques la lumière dont elle éclairera les faits statistiques.

Ce second sujet est celui que j'ai choisi : il est plus neuf, plus profond, plus utile à traiter dans l'état actuel de l'opinion publique; l'interprétation grammaticale des mots est pour lui.

Je ne me dissimule pas tout ce que l'autre côté de la question peut avoir d'attrayant et d'élevé; je dis seulement que cet autre travail n'est possible qu'après le nôtre; on ne saurait juger les effets moraux de l'économie dans l'ordre social, qu'à la condition d'avoir éprouvé ses principes dans la théorie.

Le style ne paraîtra point celui des ouvrages qui

ont la prétention d'être savants ; l'économie politique doit tendre à une popularité élevée et littéraire ; ma pensée et mon but ont été d'écrire pour les gens du monde, pour ces esprits à la fois intelligents et indolents qui, ne séparant point les idées de leur expression, ne sauraient prendre sur eux d'arriver jusqu'au fond dès qu'ils cessent de goûter la forme.

J'ai écrit avec mon âme tout entière et laissé apparaître mes convictions avec franchise et sécurité ; je sais qu'on ne doit ni rougir ni se vanter de ses croyances, cependant il est permis d'en dire un mot lorsqu'elles font partie de vous-même. Je trouverai des libres penseurs dans le public qui me lira ; je les prie de vouloir bien remarquer avec quel soin philosophique j'ai évité de demander à la foi aucune solution ; un philosophe chrétien peut se réjouir toutes les fois qu'il rencontre la confirmation ou constate la nécessité des dogmes qu'il admet ; ce serait, dans l'ordre des recherches humaines et les limites du domaine de la raison, une erreur et un renversement de la méthode que de les invoquer comme des principes.

INTRODUCTION

Dans un spirituel article du *Journal des Débats*, M. H. Rigault nous montrait, grâce à une fiction ingénieuse, le petit-fils du sauvage Chactas, introduit à l'Exposition universelle et raisonnant en fort bons termes sur les conséquences industrielles et commerciales de la civilisation ; puis, se laissant aller au mouvement de ses idées, ce chrétien simple et fervent, que l'auteur nous représente nouvellement admis aux révélations de la foi, Chactas se trouve tout d'un coup en face d'un problème qui le saisit et qui l'épouvante : « Si votre religion, dit-il, prêche le renoncement, la mortification, la domination de l'esprit sur la matière, ordonne la lutte et demande la victoire sur les mauvaises passions au premier rang desquelles il faut mettre, de votre propre aveu, l'oisiveté, la gourmandise et la mollesse, que signifie ce spectacle, et pourquoi tant de magnificences accumulées contre la vertu? Comment, disait-il, concilier la morale de Jésus-Christ, contenue au livre de l'*Imitation* que voici, avec ces richesses déplorables, et n'avez-vous pas édité votre propre condamnation dans le chef-d'œuvre de l'Imprimerie impériale? » Et cet enfant de la nature, qui s'avoue avec ironie incapable de rien entendre aux nuances de la science et de la pensée, renonce aux doctes explications de son interlocuteur et retourne à sa barbarie, non plus avec découragement, mais avec orgueil. — Malgré la légèreté de la forme et l'agrément du style, le lecteur se sent frappé de ces idées, parce que cette conversation enveloppe sous la frivolité d'un épisode de roman une des plus redoutables questions de ce siècle.

Il ne s'agit pas seulement ici du christianisme et de la morale de Jésus-Christ, comme pourrait le supposer la complaisance intéressée des incrédules, mais de la destinée et de l'arrêt de toute morale spiritualiste et de toute loi du devoir; la cause chrétienne est la cause de la vertu et du sacrifice: ce n'est pas une question d'ascétisme, mais de civilisation : oui, la raison, comme la foi, s'étonnent du démenti que paraissent se donner l'esprit et la matière; ici la morale, qui commande à l'homme de dominer le plaisir au nom du devoir, et de ne pas livrer à la bête féroce qu'il porte en lui la tyrannie de son âme immortelle; d'un autre côté, l'économie politique conduisant par la main l'industrie à travers le monde des richesses, le luxe qui sème sous ses pas les merveilles de nos créations modernes, toutes les forces vives des nations confisquées au profit du bien-être et du plaisir.

A cette contradiction du raisonnement et des faits, qui ne deviendrait pensif, qui ne sentirait le besoin de s'interroger sérieusement? Le règne de la matière est-il donc à la veille de succéder au règne de l'esprit? N'avons-nous tant travaillé que pour aboutir à l'exaltation du bien-être physique et à l'abaissement moral de l'humanité; lui arrive-t-il, comme au parvenu, de se gâter dans la richesse et de perdre les mâles vertus et les forts courages qu'appelle et que développe l'adversité? Faut-il croire que l'héroïsme est l'apanage des temps de misère, et qu'aujourd'hui plus confortablement installés dans l'univers, nous n'avons plus qu'à nous laisser aller à la mollesse, au péril des mœurs publiques, et peut-être de notre existence comme nation?

Voilà où, de conséquences en conséquences, peut conduire une seule pensée; tandis que la morale dit à l'homme : regarde le ciel ! la civilisation matérialiste de nos jours le courbe doucement vers la terre; elle l'engage dans des chaînes de fleurs, il finit par être dispensé de travailler et de souffrir; et cependant la loi de Jésus-Christ lui enseigne, comme la morale de Platon et d'Épictète avait commencé à l'entrevoir, que le mérite de la vertu se proportionne à l'effort qu'elle coûte au sacrifice.

Il s'agit donc de savoir si l'économie politique, science des richesses, et la morale, science du devoir, rompront désormais tout pacte et se refuseront tout appui, si elles prendront les armes l'une contre l'autre; s'il faudra opter entre la science de l'utile, réduite à l'étude expérimentale et en quelque sorte brutale des phénomènes de production et de consommation, et l'enseignement sublime de préceptes inapplicables à la vie réelle, démentis par les faits, et aussi magnifiques à admirer qu'impossibles à suivre.

Au fond, cependant, l'économie politique et la morale ne forment point deux ordres de connaissance; elles rentrent toutes deux dans une science plus générale. Dès que la première étudie les conditions matérielles de la société, la seconde ses conditions morales, l'une l'âme, l'autre le corps, il est évident qu'il doit y avoir pour les nations, comme pour les individus, une science des rapports du physique et du moral; cette science supérieure, que sa définition explique et que la langue n'a point encore nommée, est le tout dont l'économie politique et la morale ne sont que les parties; et il est vrai de dire que l'une comme l'autre manquent, la morale de portée, l'économie de principe, la morale d'application, l'économie de résultats, si elles se retirent l'une de l'autre et se renferment de chaque côté dans une sphère incomplète de questions exclusives.

En vain la morale aura-t-elle éclairé l'homme sur ses devoirs comme individu; en vain lui aura-t-elle prouvé l'obligation et déduit les règles du bien; en vain lui aura-t-elle fait entrevoir dans les plus intimes profondeurs de la conscience la loi qui habite le sanctuaire de son âme, à quoi bon, si les conditions matérielles de la vie lui sont refusées? Ne prescrivez pas la charité à qui la demande, ne parlez pas des travaux de l'esprit et de l'essor de la pensée à celui qu'absorbe la préoccupation de trouver son pain; le développement moral n'est point subordonné sans doute en lui-même au bien-être du corps et à la satisfaction des besoins physiques, mais l'âme de l'homme demande une culture, des efforts et des loisirs; il faut qu'il se dégage de la matière, qu'il se dérobe au servage de son corps: les règles des religieux les plus sévères mettent au service des pères qui méditent et qui prient, les jeunes novices et les frères; ainsi se trouve épargnée à l'âme la dépense de son activité et de sa force au profit du corps. Une morale purement théorique, qui prendrait l'homme en dehors de la société, sans prévoir ce qu'il lui faut et pourvoir à ce qu'il demande, serait une morale chimérique, capable de remplir un livre de sophiste, mais non pas d'animer la civilisation d'une société.

L'économie politique, à son tour, s'occupe de la production de l'utile dans le corps social; elle provoque la création, surveille l'emploi, explique les transformations de la richesse; elle semble donc comprise tout entière dans le domaine grossier des faits. Faut-il croire cependant qu'elle borne son ambition à régner sur la matière, et qu'elle n'ait ni le désir de remonter à sa propre origine, ni le besoin de justifier ses conquêtes; est-elle comme un raisonnement qui manquerait à la fois de principe et de conclusion, capable d'intéresser par les faits qu'elle constate, mais non point de satisfaire par les conclusions qu'elle donne? L'activité qui produit est-elle un fait de l'ordre économique, n'est-ce pas la cause inconnue qui se tient derrière le théâtre, et dont l'observateur n'aperçoit d'abord que l'effet? la satisfaction des besoins physiques est-elle un terme qui se suffise et qui arrête les recherches, ou bien un premier résultat qui les provoque et qui élève, malgré lui, l'économiste philosophe du monde des sens au monde de l'esprit? Si le vrai but de la création est l'amélioration de l'homme moral; si cette amélioration a ses conditions physiques aussi bien que ses conditions morales, l'économie politique se relève; comme elle place son origine dans l'âme, dans l'activité qui est le principe de tout travail et de toute production, elle y revient encore par les résultats tout spirituels qu'elle assure à l'humanité, à savoir : le bien-être, le confortable, le loisir, l'affranchissement du corps, la libre disposition de son être physique, arraché aux tortures de la famine, dérobé au traitement brutal de la nature, avec le toit qui le protége, le fer qui l'arme, le foyer qui le réchauffe; un monde créé à son usage, où il s'appartient, où les forces ennemies de la création sont vaincues, domptées, asservies, où il se proclame le maître et le roi. Alors il se tourne du dehors au dedans; le poëte peut accorder sa lyre, l'historien tailler sa plume, le sculpteur prendre son ciseau; il n'y a pas d'art ni de littérature chez les anthropophages, et tout le développement de l'esprit y aboutit à ne pas être dévoré.

Le nécessaire d'abord qui garantit la vie, le superflu qui assure le loisir, la richesse qui met à la disposition de l'esprit tout le fruit de nos conquêtes sur la nature, telle est la marche de la civilisation; tels sont les résultats de l'économie politique. Que le vulgaire soit mis en possession du luxe avant de savoir s'en servir, qu'il abuse contre lui-même de la richesse et du loisir, faute d'en connaître l'usage et les périls, qu'il perde son âme de vue, et que, dans le trouble de ses sens, il ne sache plus se retourner du côté de son esprit, ce sont là des inconvénients inévitables pour notre faiblesse, mais non pas sans remède et sans retour pour notre vertu; le développement matériel de notre siècle est une crise qui doit rentrer dans les conditions du progrès général de l'humanité, et par là se résout le problème que nous avons posé tout à l'heure.

La morale nous enseigne que l'homme est né pour souffrir, que cette souffrance acceptée par la résignation ou provoquée par le sacrifice est la condition de notre vertu terrestre et de notre récompense immortelle. Les richesses affranchissent l'homme de cette souffrance qui naît de la misère; par là elles lui ôtent une occasion de mériter; elles multiplient les tentations autour de lui et prêtent à ses désirs la toute-puissance qui les satisfait; elles tendent sans cesse à substituer la corruption au bien-être et le débordement des passions à la satisfaction des besoins permis : voilà le danger des richesses pour les sociétés comme pour les individus. A ces dangers elles apportent elles-mêmes des remèdes. Ce serait trop d'injustice que de leur attribuer comme une conséquence inévitable l'affaiblissement des esprits, la dégradation des caractères et la corruption des mœurs qui les accompagnent souvent. A mesure qu'elles se multiplient au sein d'une civilisation, elles lui procurent le loisir en même temps que le bien-être. Le loisir est une force morale immense pour qui sait l'employer; c'est la condition de toute culture intellectuelle, de toute élévation du niveau moral, le point de départ de toute possession et de tout gouvernement de nous-mêmes. Voilà l'arme tour à tour dangereuse ou tutélaire suivant qu'elle est bien ou mal employée, que la civilisation, à mesure qu'elle avance, met aux mains de chacun de ses enfants; le vrai but de la production matérielle est la création du loisir moral. Il est passé le temps où les jours de l'homme étaient confisqués d'un bout à l'autre de sa vie, et où il n'avait pas plus que Sisyphe le temps de reprendre haleine, où il lui fallait poursuivre sans trêve un travail sans résultat, où le produit de la veille était dévoré par les besoins du jour, où aucun capital ne garantissait le lendemain; aujourd'hui chacun a du temps à dépenser pour soi-même; les connaissances se multiplient et se répandent à l'infini; le niveau intellectuel et moral s'étend et s'élève; tout prouve que cette relâche des travaux forcés antiques, conquise par la civilisation moderne, n'a point été perdue pour l'agrandissement des esprits et l'éducation des âmes. Le luxe, la richesse, le bien-être ne sont pas en effet le fruit réel de nos travaux, mais les témoignages visibles et l'indication matérielle de notre véritable triomphe; le plus humble artisan consume dans sa mansarde un vrai capital d'indépendance et de loisir : fait inouï dans les siècles de Périclès et d'Auguste, le mendiant songe à l'instruction de son fils; il le fait élever et cet enfant du pauvre débute dans la vie par les travaux de l'esprit; la société est assez riche, assez en avance de ressources pour se passer de son temps et de son travail, pour lui consacrer elle-même le travail et le temps de son instituteur, c'est la richesse qui lui permet cette charité; l'indigence de Sparte l'avait conduit à élever l'assassinat des enfants inutiles au rang d'institution publique.

Moi aussi j'ai visité l'Exposition universelle; je n'y ai pas rencontré le petit-fils de Chactas et je n'ai pu répondre à ces objections si avancées pour un habitant des forêts du nouveau monde; mais, si je n'ai point rencontré Chactas, j'ai rencontré les philosophes du dix-huitième siècle cherchant des objections contre le christianisme et croyant les trouver dans ce monde de merveilles qui s'étalaient autour d'eux : j'ai trouvé les fils de Voltaire moins provocants et moins résolus dans leurs paroles, peut-être plus convaincus dans leur incrédulité, et ils se disaient : « Il faut bien le reconnaître, le temps du christianisme est passé, car voilà que la civilisation crée la vie facile à la place de la vie rude des privations et des labeurs; notre siècle a donné le choix à l'humanité, et il y a longtemps qu'elle a répondu à l'invitation de la richesse par le culte du plaisir. » Insensés qui ne voyaient pas à côté du christianisme qu'ils croyaient frapper seul, la statue du devoir tombant du même piédestal; il faut alors oublier que l'âme existe, et regarder le corps comme un tombeau vide. Voilà pourquoi lorsque je traversais l'Exposition je me sentais venir d'autres pensées dans l'âme, et il me semblait que par delà ces merveilles j'en apercevais de plus grandes et de plus belles dans un monde supérieur; je me transportais de la contemplation de cette civilisation inanimée à la véritable civilisation humaine, telle qu'elle s'accomplit dans l'ordre des temps et dans le domaine de l'idéal par l'évolution des esprits et le progrès des âmes : toutes ces machines, ces inventions, ces découvertes, ce capital de travail, de luxe, de confort accumulé autour de moi, cette représentation visible de tout ce que l'univers peut souhaiter, cette épargne, ce capital du genre humain tout entier se transformaient à mes yeux, et je voyais par un contraste étrange tout l'effet de ce travail non pas dans le monde physique mais dans le monde moral; je me disais, combien aurait-il fallu d'années, de siècles, de vies, pour obtenir dans l'antiquité un seul des produits que cette machine multiplie sous mes yeux? Voilà l'homme qui se repose, et qui, même en travaillant, n'épuise ni ses organes ni sa pensée; quel loisir et quel repos acquis aux générations futures, et comme leur âme cessera d'être confisquée par les besoins de leur corps; comme il leur sera permis et facile de s'inquiéter des choses de l'esprit! Au moyen âge, de rares manuscrits étaient enchaînés au coin des rues dans des cages de fer; aujourd'hui de vastes bibliothèques appellent le public; vous voyez l'ouvrier qui nettoie votre chaussure pour quelques centimes, tirer un volume de sa sellette et reprendre sa lecture interrompue! Qui sait ce que verront le vingtième et le vingt et unième siècle? N'est-ce pas le règne de Dieu qui se rétablit? Adam n'a-t-il pas reconquis son empire sur la création? Les pauvres moines qui défrichaient au moyen âge les landes et les forêts, en offrant à Dieu cette sainte entreprise, ne nous ont-ils pas fait ce que nous sommes en nous donnant l'exemple et la direction du travail; faisons-nous autre chose que de lutter comme eux contre la matière? Si notre siècle ne s'est pas encore habitué à la civilisation matérielle que les découvertes scientifiques lui ont faite tout d'un coup, rappelons-nous que le patriarche Noé s'enivra d'abord de la liqueur de la vigne qui devait le soutenir et le fortifier.

Telles étaient mes pensées en parcourant l'Exposition universelle; je n'ai jamais douté, je l'avoue; et ma foi de philosophe et de chrétien ne s'est point émue des faits qui passent ou des difficultés qui trompent en présence des lois qui demeurent et qui montrent dans l'homme moral la fin de la création et le secret de l'univers.

L'homme est double, non point seulement en tant qu'il offre en lui la réunion d'un corps et d'une âme (*homo duplex*), mais son cœur, son âme, tout son être se partage et se divise au dedans de lui-même; il y a en lui d'un côté des besoins et des passions, de l'autre le sentiment du devoir et l'obligation de l'accomplir; d'un côté les instincts et les nécessités physiques, de l'autre les élans impétueux vers le vrai, les aspirations sublimes vers le beau, l'enthousiasme du bien : la véritable morale consiste, pour parler le langage de Platon, à subordonner les parties inférieures de l'âme, aux parties supérieures. Voilà pourquoi dans la société faite à l'image de l'homme, comme l'homme est fait à l'image de Dieu, il y a à côté du travail qui produit l'utile, la morale qui prescrit le travail; à côté de la richesse qui inspire le luxe, la morale qui en recommande et en exige le détachement; à côté de l'épargne qui crée le capital et la propriété, la loi qui en protége et en garantit l'existence, l'usage, la transmission : les sociétés, malgré leurs bonnes intentions, ont bien pu se tromper dans les détails, mais elles reposent toutes sur la reconnaissance d'une morale spiritualiste à l'ombre de laquelle elles s'abritent; toutes elles admettent des droits, des devoirs, des obligations. Les faits *économiques*, le *développement* de l'activité humaine dans la production et la distribution de l'utile, ne sont possibles qu'au milieu d'une société réglée et ordonnée où la législation et les institutions publiques représentent la raison de l'individu, tandis que les faits économiques n'en représentent et n'en traduisent que les besoins.

Par là s'explique un phénomène dont notre mémoire ferait au besoin revivre la réalité dans nos souvenirs d'hier; lorsque l'économie politique se sépare de la morale et professe la prétention de s'en passer, il arrive fatalement qu'elle la nie; dès qu'elle écarte dans le milieu social ce qui répond au devoir et à l'obligation, dès qu'elle s'en tient au point de vue matérialiste ou utilitaire, impuissante à expliquer ce qui la dépasse, incapable de se taire devant ce qu'elle ignore, la logique la conduit à transporter ses négations de l'ordre économique dans l'ordre moral, et parce qu'elle n'a voulu voir dans la société que la production de la richesse, elle est inévitablement conduite à ne plus trouver dans l'homme que le besoin de l'utile et la préoccupation du bien-être.

La conséquence que nous venons de signaler est trop directe et la conclusion trop logique pour qu'il soit donné aux esprits de s'y dérober : là comme partout l'intelligence humaine s'est laissé prendre aux illusions de la simplicité ; il y a une apparente raison à ne vouloir pas mêler les choses de la matière et les lois de l'esprit, à tracer une ligne de démarcation entre deux sciences dont l'une, la métaphysique, semble descendre du ciel pour y remonter, dont l'autre, l'économie, paraît faite pour demeurer sur la terre et s'y établir ; le malheur est qu'il n'est rien dans la réalité d'effectivement distinct et isolé, que tout se tient et se répond, et qu'il faut de toute nécessité démêler les rapports des êtres sous peine d'en briser les harmonies. Malgré les difficultés de la tâche, l'économie se fût épargné à elle-même bien des préventions, à la science bien des erreurs, à la société peut-être bien des secousses si elle eût abordé le problème, et si au lieu de lui tourner le dos, elle avait franchement tendu la main à la morale.

Ces erreurs comme beaucoup d'autres nous viennent du dix-huitième siècle ; c'est un malheur pour la science de l'économie que d'avoir été conçue, produite et élevée par des sensualistes déterminés, aussi bien dans l'Angleterre qui reçut son berceau qu'en France où elle a grandi et mis la main pour la première fois aux choses de ce monde. A une époque où une métaphysique exclusive dominait la philosophie et renfermait la science dans les bornes étroites d'un horizon obscur, ce n'était malheureusement point faire une abstraction et séparer la morale de l'économie, que de s'en tenir dans l'ordre social aux faits matériels sans les rattacher à aucun principe ni les rapporter à aucune fin ; c'était transporter à la société la méthode exclusive et ingrate qui dans l'ordre psychologique avait si étrangement mutilé la nature humaine et qui dans l'ordre moral avait prétendu la réduire à la brutalité de l'égoïsme.

Ajoutons à la décharge des économistes que leur science est bien neuve et bien moderne; l'antiquité ne pouvait avoir d'économie politique, et par le fait elle n'en a pas eu; c'est un anachronisme que l'*Économie politique des Athéniens* du célèbre philologue allemand, malgré la science et l'érudition de son auteur; Aristote, Xénophon et Platon ont fait de la politique mais non pas de l'économie politique; tous trois se sont préoccupés singulièrement de l'organisation du pouvoir et de la distribution des richesses, mais avec l'esclavage qui suffisait et répondait à tout, qui pouvait s'inquiéter de chercher à économiser le travail, à diminuer la peine, à réduire le nombre des bras occupés? C'était là une idée ridicule et que les plus grands philosophes ne se seraient pas permis d'avoir.

Je terminerai cette introduction par quelques propositions qui la résument.

— La morale et l'économie politique prises à un point de vue très-élevé se complètent l'une par l'autre et ne sauraient exister séparément.

— Les faits nous ont prouvé qu'elles ne peuvent se séparer impunément; la prétention de se passer de la morale dans l'économie revient fatalement à la nier.

— La nature de l'homme est double, elle doit se retrouver tout entière représentée dans la société : ne prendre en philosophie qu'un côté de notre nature et nier le reste, c'est par un progrès invisible et inévitable des idées, ne prendre qu'un côté de la société et retrancher le reste de la science comme de la pratique.

— Cet égarement s'explique par l'origine historique de l'économie qui, inconnue à l'antiquité, a pris naissance dans les temps modernes aux époques et avec les doctrines sensualistes ; elle est donc venue au monde dans l'erreur même ; et ses disciples ont été conduits à se renfermer dans les faits sensibles alors même que le spiritualisme avait recommencé à luire dans les théories, parce qu'ils n'ont pas encore assez éprouvé les inconvénients et reconnu les erreurs de leur méthode dans la pratique.

DIVISION DE L'OUVRAGE

A cette question : quels sont les rapports de la morale et de l'économie politique? il n'est aucun ouvrage qui ait répondu; le problème est tout neuf. La science aboutit enfin aujourd'hui, dans cet ordre de connaissances, à poser la question par laquelle elle aurait dû commencer. N'ayons pas honte de l'avouer : tant qu'on n'aura pas fait le départ entre les questions de l'économie politique, tant qu'il ne sera pas établi que tel problème est du domaine de l'expérience, et que tel autre relève du raisonnement; qu'à celui-ci il faut chercher une solution dans les faits, à celui-là dans les idées; que l'un ne peut s'éclairer que par en haut, et qu'il a son secret dans les profondeurs de l'âme; que tel autre doit rester soumis aux recherches empiriques, il n'y a point de science, de résultats, de vérités, ou plutôt l'économie politique n'est qu'un recueil provisoire d'observations; un esprit supérieur saisira de temps à autre par une vigoureuse étreinte un système de rapports, mais la science ne s'élèvera pas sur un plan concerté en commun par tous ceux qui y travaillent. S'il faut à chaque pas recommencer d'éternelles discussions sur la méthode à appliquer, le plus sage sera encore de prendre le parti de la plupart des économistes contemporains, et de laisser la question en blanc : or voici la conséquence déplorable qui résulte de cette abstention. Tandis qu'une sage réserve invite la prudence à ne point aborder prématurément ces questions délicates situées sur les extrêmes limites de la science, un but de propagande intéressée, un besoin de conséquences aventureuses sollicitent les esprits chimériques à plus de hardiesse; entre le silence des grands écrivains et la témérité confiante des utopistes, le public qui mesure presque toujours la justesse de la pensée à la décision de la parole, échappe à la science véritable qui demeure sans disciples, et il tombe sous l'empire du mensonge qui reste sans contradicteurs.

On se propose, dans cet ouvrage, de parcourir les questions de l'économie, de faire voir que la plupart d'entre elles ne sauraient être résolues ou même éclaircies que par l'étude de l'âme et avec les données de la morale; qu'en vain leur chercherait-on une réponse dans les investigations les plus patientes, les analyses les plus consciencieuses, les statistiques les plus fidèles, elles ne sauraient s'y éclairer que de fausses lueurs, et la science s'y laisser prendre qu'à de fausses analogies. Il convient de montrer enfin à l'économie politique le secours qu'elle peut attendre des sciences de l'esprit. Descartes a créé toute une nouvelle branche des mathématiques, en appliquant l'algèbre à la géométrie; il appartient à notre époque de donner un essor nouveau aux sciences sociales par l'application de la métaphysique et de la morale aux problèmes économiques. L'exécution de cet immense travail est à la fois en dehors de notre question et au-dessus de nos forces; nous nous contenterons de tracer le chemin, et de montrer quels sont, dans l'économie politique, les problèmes qui relèvent de la morale.

Pour y parvenir, on se propose d'énumérer les unes après les autres les questions principales que traite l'économie politique, et d'établir directement que les plus essentielles ne doivent se résoudre que par la morale, et non point par l'étude expérimentale des faits sociaux.

On se propose d'aller plus loin, et de faire voir que ces dernières questions, bien loin d'emprunter leurs lumières aux faits, les dominent et les éclairent; que, suivant les solutions qu'elles reçoivent et les conséquences qu'elles apportent, l'économie politique change tout entière d'aspect, de tendance et d'esprit.

Cette démonstration s'accomplira en quatre parties correspondant aux grandes divisions de l'économie politique :

1° Production;

2° Échange;

3° Consommation;

4° Impôts.

DU

SPIRITUALISME

EN ÉCONOMIE POLITIQUE

PREMIÈRE PARTIE

PRODUCTION

Quelles sont relativement à la production agricole les questions sur lesquelles l'empirisme est condamné au silence ou à l'erreur?

Il conviendra d'examiner séparément :

Les conditions générales de la production;

Puis les trois grandes sortes de productions :

La production agricole;
La production manufacturière ;
Enfin la production morale, les lettres, les sciences, l'enseignement, chapitre si souvent omis dans les livres d'économie et si glorieusement rétabli par Say.

I

CONDITIONS GÉNÉRALES DE LA PRODUCTION.

Toutes les questions qui se rattachent aux conditions générales de la production dépendent de la morale et ne sauraient se résoudre que par elle.

Toutes les sauvages conséquences auxquelles ont été conduits certains systèmes sur le capital, le travail, la propriété, l'hérédité ne sont que l'inévitable résultat de leur effort insensé pour se passer des lumières qui ressortent de l'étude de l'homme moral.

Quelle est l'origine de la production et comment débute-t-elle? Suffit-il d'ouvrir les yeux et de regarder ce qui se passe autour de nous? Aujourd'hui plus justement encore qu'au moyen âge on peut répéter le vieil adage : « nulle terre sans seigneur ; » tout ce qui existe est occupé; il n'y a pas au jour présent dans les pays civilisés, demain peut-être sur toute la surface du globe, il n'y a pas un objet *possédable* si l'on veut me permettre ce mot, qui ne soit en effet possédé et qui n'ait son maître.

Produire, dans l'état actuel des choses, c'est exercer l'activité humaine sur ce fond préexistant, c'est faire fructifier ce capital, en augmenter le revenu par un meilleur emploi ; l'homme arrose la terre de ses sueurs et elle lui rend au centuple ce qu'il y a mis de son courage et de son activité.

Au sein de cette société organisée où la propriété garantit à chacun son bien, où l'hérédité en assure la transmission, où la loi en protége l'usage, naît le prolétaire, c'est-à-dire celui qui trouve tout occupé et qui n'a rien, auquel manque par conséquent une matière sur laquelle puissent s'exercer son activité et son industrie. A-t-il droit à l'instrument du travail, c'est-à-dire à un capital que la société lui avancerait puisqu'elle a confisqué tout ce qui existe, au détriment de celui qui naît en dehors de la transmission légitime de la propriété constituée? A-t-il *droit au travail* comme on l'a tant écrit et tant répété?

Ainsi à l'origine même de l'économie se lève dans toute son anxiété un problème redoutable et décisif; c'est le terrible argument du grand exterminateur moderne de la propriété, argument qu'il a reproduit partout et sous toutes ses formes : A, B et C se partagent une île en trois parties égales : B aliène sa portion de territoire à ses deux frères; ils meurent tous les trois laissant chacun deux enfants : la justice ne serait-elle pas que la terre se subdivisât en six parties, comme la justice avait été auparavant qu'elle se divisât en trois? Si les héritiers du bien paternel, qu'avait accru le bien de leur oncle commun, distribuent la totalité de l'île en quatre quarts dont ils prennent chacun la moitié, que deviennent les enfants de B? où iront-ils porter leurs peines? où sera le champ qu'ils féconderont de leur travail? Le droit à une part de la propriété n'est-elle pas leur droit même à la vie? La conséquence rigoureuse de ce raisonnement c'est le partage des terres de Lycurgue; c'est pis encore, c'est le socialisme.

Voilà où conduit l'étude des faits lorsqu'on s'y renferme; le voilà ce cadavre d'une science à laquelle on a retiré la vie morale qui l'animait! L'origine de la production est-elle en effet un travail à partir de quelque chose qui existe, ou un travail à partir du néant?

La nature est-elle un capital dans lequel l'homme n'ait qu'à puiser à pleines mains pour se faire sa part et qu'il lui suffise de mettre en coupe réglée, une esclave obéissante qui aille au-devant de ses désirs, écoute ses ordres et prévienne ses commandements? Empire dont se flatte notre orgueil, chimère qu'imagine notre misérable vanité, et pour tout dire en un mot, prétention terrible que la révolte armée impatiente de souffrir, oppose à la possession légitime incapable de répondre!

Il faut donc chercher si en dehors de l'hérédité la naissance confère à l'homme un droit quelconque sur ce qui est, si la vie lui a été imposée comme une tâche ou offerte comme une jouissance.

Si l'homme en arrivant sur la terre n'a rien trouvé

qui fût approprié à ses besoins et prêt à les satisfaire, si au contraire la nature a été armée de toutes pièces contre lui par la main même du Créateur, si elle a été livrée en pâture aux végétaux nuisibles ou inutiles, abandonnée aux bêtes féroces; si les animaux qui depuis ont accepté son joug et reconnu son empire, fuyaient son approche ou menaçaient sa vie; si la terre végétale elle-même, comme l'a montré un illustre géologue, est une conquête de l'humanité, la production n'a pas pour point de départ une richesse préexistante, un capital qu'il s'agisse d'accroître, elle vient du néant et le premier agriculteur est vraiment le créateur de son champ comme Homère de l'Iliade. On demande dès lors où est le droit de celui qui naît au milieu d'une société civilisée et déjà riche, à posséder quoi que ce soit du capital que les siècles ont créé. A quel titre prétendrait-il se dérober à la condition première de l'homme, et pourquoi faudrait-il parce que la solidarité de la famille a ménagé un capital à l'enfant qui naît dans la richesse, qu'il en fût détourné quelque chose au profit de celui que Dieu appelle à la vie du sein de la misère? Ne rentre-t-il pas dans les conditions premières de l'humanité? Que dis-je? N'est-il pas exempt par le fait même de cette civilisation prétendue inhumaine envers lui, des maladies pestilentielles qui naissaient chaque année d'un sol mal assaini? N'est-il pas protégé contre les bêtes féroces qui ont regagné leurs montagnes ou leurs forêts? N'a-t-il pas dans la loi qui règne et dans la justice qui le regarde, une garantie gratuite contre toute oppression et toute tyrannie du plus fort? Que de choses fait pour lui cette société qu'il trouve impitoyable! De prime-abord il échappe aux angoisses et à l'indigence primitive du genre humain; sa misère est déjà plus riche et elle profite à son insu de la civilisation dont elle se plaint.

Que les enfants de B cessent donc de réclamer; ils trouvent l'île déjà défrichée et en plein rapport; même au point de vue matériel ils sont plus heureux que leur père; si leur activité n'a pas à s'exercer sur le sol qui est occupé et cultivé par les propriétaires, n'ont-ils aucun moyen de gagner leur vie et sont-ils déjà de l'école des physiocrates? La nature de leur travail ne fait que changer, leur existence n'en est pas moins garantie, même par l'épargne et la richesse d'autrui. Si les fils de A et de C sont plus riches, si la prévoyance de leur famille leur a laissé des épargnes plus considérables et leur a fait des loisirs plus doux, en quoi la condition des fils de B en est-elle diminuée? Cette condition ne doit pas être comparée avec celle de leurs contemporains mais absolument avec la condition qui les aurait attendus à l'origine des choses, où tout était encore à commencer et où il n'existait rien. Leur prétendu droit de premier occupant ne saurait donc leur être restitué qu'avec cette clause de réinstituer la misère commune du premier moment. Où est le réclamant qui oserait revendiquer cette primitive indigence et qui envisagerait de sang-froid cette lutte primordiale contre l'hostilité universelle de la création?

Il résulte de ces réflexions non point si l'on veut une solution de cette question formidable, mais l'aperçu des idées qui y conduiraient; ces idées comme on le voit, relèvent toutes de l'ordre moral; on ne pourra s'entendre sur ces difficultés si imprudemment soulevées et si incomplétement débattues qu'à la condition d'avoir examiné quelle est l'origine de la production, quelles sont les conditions dans lesquelles l'homme y est appelé, quel en est le but et le résultat, si l'instinct du plaisir et le stimulant du besoin ne sont qu'un moyen accessoire dont Dieu se sert pour l'appeler au combat de la vertu et au mérite du sacrifice; si l'attrait de la jouissance suffit à le soutenir, ou si l'austérité du devoir doit prêter la force de ses obligations aux langueurs de sa paresse et à la résistance de ses passions; si le travail porte en lui son amère saveur ou s'il ne doit être jugé que par les agréments qu'il prépare ou assure à notre soif de jouir; si le travail est une création qui fasse de l'homme le véritable auteur de ce qu'il enfante à la réalité et si le droit de posséder n'est pas l'inévitable et sainte conséquence du mérite de produire; si la naissance seule assure un droit à un partage égal ou proportionnel des biens totalisés, ou si elle ne fait que renouveler d'âge en âge et d'homme en homme l'appel que le Créateur adresse à chacun de nous en vue de l'éternité; si la justice de ce monde est la répartition matérielle de ce qui est par les soins d'un pouvoir chargé de distribuer ce qui ne lui appartient pas ou la protection inviolable de l'inégalité fondée sur le droit de posséder et le droit de tester; si la transmission des biens après la mort est la consécration authentique des droits de la personnalité humaine dans le respect d'une volonté immortelle ou bien la perpétuité d'une injustice et une incessante violation du droit de tous à la possession commune. Faut-il renvoyer ceux qui murmurent à la Providence qui a ménagé aux hommes des conditions inégales et qui établit la hiérarchie des fortunes et des intelligences? Est-ce à l'économiste à reprendre l'œuvre du ciel, et sans tenir compte des droits que l'éternelle raison atteste, des inviolables principes qu'elle consacre, à reconstruire la société sur le principe de l'égalité des jouissances et à la mesure des besoins individuels?

Ces questions que j'abrége ne représentent-elles pas le problème même de la destinée humaine transporté des étroites limites de notre personnalité dans la sphère de l'ordre social? Qui oserait ici abaisser son regard vers la matière? Quels tableaux de statistique répondraient à de tels problèmes ? Qui ne sent le besoin de se retourner du côté des principes du juste et du droit sans lesquels la science de la richesse se réduit tout d'un coup à une hypothèse et se trouve coupée par le découragement dans son pied et à sa racine? qui sèmera le champ, qui bâtira l'usine, qui entreprendra un commerce, si derrière la richesse qui s'accumule, en face de l'aisance qui s'établit, entre vos enfants et votre cœur sur lequel vous les pressez, vous voyez passer le bras formidable de la révolte qui demande le partage et qui s'arme contre votre fortune du succès même de votre travail. Non, ce n'est pas assez de prendre la propriété comme un fait, le travail comme une contrainte, la jouissance matérielle comme un but; l'économie politique ne serait alors qu'un arsenal d'arguments à l'usage des sophistes; c'est à elle au contraire qu'il appartient, appuyée des incontestables vérités de la morale, d'établir avant toute étude des faits que la propriété et l'hérédité sont des droits, le travail un devoir et le bien-être un moyen. Si le but de la vie est la vertu, tout se mesure à cette autre règle; les besoins ne sont plus des principes, les désirs des arguments, les passions des droits; la production naît du travail imposé par la chute; l'effort de l'homme n'est plus la poursuite effrénée du plaisir à travers le luxe, mais la résignation à la loi divine du sacrifice et de la réhabilitation.

Ces questions sont si profondément morales et si inaccessibles à toute autre méthode que pour combattre les solutions que j'indique, il faudrait discuter la condition de l'homme et chercher au fond même du mystère de la création la pensée et l'économie de la Providence dans la réalisation du genre humain ; ce n'est donc pas même ici la morale proprement dite qui suffit à la tâche ; il y faut cette morale transcendantale qui rattache l'homme à son premier principe pour avoir la raison de ses manifestations dans l'ordre social.

II

DE LA PRODUCTION AGRICOLE.

Lorsque l'économie politique a ainsi déterminé les conditions premières de la production, qu'elle en a expliqué l'origine, assuré les moyens et montré le but, il semble que pour traiter des différents ordres de productions, il suffit de s'en tenir à ce qui est et que toute l'économie relève désormais de la méthode empirique ; il semble qu'il n'y ait plus qu'à étudier les systèmes agricoles, les découvertes manufacturières, les moyens d'échange, le prix des services intellectuels, qu'à tirer de l'exacte statistique des faits la loi de leur progrès, et que la vue du passé donne d'elle-même la perspective de l'avenir comme on connaît la direction de la ligne droite dont on a suivi la première partie; il n'en va point ainsi : à chacun de ses pas l'économie rencontre de nouveau quelque question morale qui l'arrache aux réalités matérielles et la rejette dans le domaine de la philosophie.

L'économiste qui aborde l'étude de la production agricole n'a qu'à porter ses regards un peu au delà du centre de l'Europe, ou même chez nous un peu en arrière du temps où nous vivons pour trouver partout, au nord comme au midi, dans l'Asie et l'Afrique comme au delà de l'Océan, dans l'histoire du moyen âge comme dans celle de l'antiquité, le travail libre en face du travail esclave, le servage avant la liberté, la défense aux nobles tenanciers et possesseurs d'aliéner le fief et de vendre la terre, le principe des substitutions territoriales pratiqué et réglementé chez des peuples libéraux et constitutionnels, la possession de la terre attachée à la personne du propriétaire à ce point qu'elle devient inaliénable, et par une fiction de la loi inviolable et inamovible au lieu d'être regardée comme une valeur sur laquelle on crée, on transmet, on perd ses droits. Par une erreur contraire, tandis que le sol était identifié à la personne du possesseur par la tenure féodale, le même principe recevait une application inverse par l'inféodation du serf à la terre, tellement que la propriété étant invendable pour le premier elle devint *non acquérable* pour le second; le paysan était possédé par la terre, il faisait corps avec elle. La terre devient dans cette hypothèse autre chose qu'une possession; elle perd les caractères essentiels d'une valeur créée, elle ne saurait se perdre ni s'acquérir, elle est mise hors de page; et réciproquement le travail étant dû à un étranger au lieu de s'appartenir à lui-même, l'activité est confisquée *à priori* dans tous ses développements, le travail n'a plus de récompense; ses résultats acquis d'avance à autrui n'apportent pas même au serf l'espoir d'un affranchissement; la production agricole est frappée à sa source de stérilité et de mort aussi bien par l'inertie de l'obéissance passive que par le désespoir de la révolte intérieure. Faut-il que l'économie politique accepte ce qu'elle voit, qu'elle se contente de l'approuver et de le reproduire? Où prendrons-nous les vraies lois de la production, faut-il les tirer d'un examen passif et purement statistique, et si par hasard le travail des nègres du sud est plus profitable que celui des colonies émancipées, arguer de la masse des produits en faveur de la moralité des moyens? Faut-il que l'économie se résigne à servir d'interprète et de défenseur aux injustices du passé et du présent? N'aura-t-elle pas un mot pour l'avenir? Ne doit-elle pas chercher les principes en dehors même des faits? Si la liberté doit coûter quelque chose au genre humain, n'est-il pas de son devoir de provoquer le déficit pour contribuer à ramener dans les voies de la morale le régime de la production agricole? Non, je n'admettrai jamais que la totalisation des denrées versées par un pays sur le marché du globe constitue, en faveur du système de travail qui les a produites, l'ombre d'une démonstration et l'apparence même d'une preuve. L'économie politique n'est point un écho, elle doit des lois aux faits, et en cette occasion encore elle ne peut les déduire que des principes du droit et de la justice éternelle.

La question de la grande et de la petite propriété, de son influence sur le mode de culture et le chiffre de la production, a été aussi bien des fois agitée et la constitution de la propriété modifiée en vue de tel ou tel résultat : depuis la terre patrimoniale des Germains, en passant par la loi salique des Francs et le droit d'aînesse de nos codes anciens, il est facile de reconnaître qu'il a été beaucoup fait en faveur de l'héritage paternel et en vue du maintien de son intégrité. Aujourd'hui encore chez plusieurs peuples du nord de l'Europe il est interdit de détailler par la vente ou de partager même dans l'héritage commun tout terrain inférieur à une étendue déterminée; pareillement le régime des majorats territoriaux a été soutenu par des considérations agricoles aussi bien que par des raisons purement sociales ou aristocratiques. L'économie politique n'a-t-elle rien à dire sur toutes ces questions; si elle veut les traiter n'a-t-elle aucun éclaircissement à demander aux principes du droit naturel, cette partie élevée et profonde de la morale? Quelles sont les limites du droit de l'État relativement à la vente ou à la transmission de la propriété; le droit des parents est-il illimité, l'État peut-il garder la famille de leur caprice ou leur imposer comme une obligation une faveur à laquelle leur cœur répugne? Ne faut-il dans cette question de la grande et de la petite propriété considérer que les intérêts matériels de la production eu égard à la quotité des résultats, ou bien n'y a-t-il pas d'autres principes engagés qui dominent le problème et qui doivent présider à l'organisation territoriale? Faut-il s'armer des faits économiques contre les enseignements du droit, et sous prétexte des intérêts matériels porter la main sur les inviolables priviléges de la personne du père et du citoyen? — Il ne suffit donc pas à l'économiste de colliger les faits et de recueillir les résultats en ce qui concerne le morcellement du sol, la division des propriétés ou l'aménagement de la grande culture; la question touche à d'autres droits et relève d'autres principes; les chiffres doivent baisser pavillon; c'est par la solution morale que l'économiste doit dominer la question matérielle; armé de lois absolues il doit y accommoder les faits : la science a été instituée non pour accepter mais pour réformer.

De la production agricole je passe à la production industrielle.

III

DE LA PRODUCTION INDUSTRIELLE.

La production industrielle comprend ; la production manufacturière, la production industrielle proprement dite, et la production commerciale.

Un mot pour nous entendre sur la valeur des termes, l'économie politique n'étant point encore malheureusement une science dont les programmes soient arrêtés et les expressions acquises : expliquons seulement nos définitions par des exemples sans vouloir les faire accepter pour des démonstrations.

La production manufacturière s'exerce sur ce qu'on appelle vulgairement les matières premières ; le travail qui la réalise s'accomplit le plus souvent avec l'auxiliaire d'une machine, exemples : règne minéral, le fer, le cuivre, l'argent, les grandes industries métallurgiques : règne végétal, le coton, le lin, le chanvre : règne animal, la laine, la soie, etc.

Dans la production industrielle proprement dite, les ouvriers ne sont généralement plus solidaires d'une machine qui les groupe et les centralise; le plus souvent leur travail s'accomplit indifféremment ou dans la communauté de l'atelier ou dans la solitude de la chambre. Ce qui caractérise l'industrie proprement dite c'est de prendre pour point de départ des objets déjà manufacturés, objets dont elle forme un tout parfaitement distinct des éléments qu'elle a mis en œuvre; exemples : une paire de souliers, l'impression ou la reliure d'un livre, un chapeau, une table. Il faut se contenter de ces explications et ne pas perdre de vue que ce chapitre offre une élasticité immense; par ses deux extrêmes il touche d'un côté à la production manufacturière, de l'autre à la production commerciale.

Cette dernière ne fait guère éprouver de changement aux objets; tels elle les reçoit du producteur, tels elle les offre à la consommation : le libraire déballe la caisse de livres qu'il reçoit de Paris et toute sa peine se réduit à les prendre et à les étaler aux vitres de son magasin; le marchand de mercerie vend au détail les boutons et les crochets qui lui viennent par grosses des fabriques; le marchand de papier débite feuille à feuille ce qu'il achète en rame. Toutefois il est juste d'appeler production, même cette simple transmission par des intermédiaires en apparence inutiles, car leur travail a un but, leurs services ont une réalité; qui écrirait au fabricant pour avoir la minime parcelle de produits dont il a besoin à jour et à heure fixes? Où prendrait-on, au moment d'ajuster un châle ou une cravate, les quelques épingles qu'on n'a pas sous la main. Détailler c'est ajouter à l'objet que le boutiquier tire de la fabrique une valeur réelle par l'économie qu'on procure au consommateur et la commodité qu'on lui offre.

Quelles questions l'économie politique est-elle appelée à discuter et à résoudre à l'endroit de ces trois sortes de productions, questions pour lesquelles il lui faut de toute nécessité avoir recours à la morale?

La production manufacturière, industrielle, commerciale se développe dans des nations et des civilisations diverses ; pour ne point parler de la différence des croyances, des mœurs, des idées, tenons-nous en à l'organisation politique. Nulle industrie, quelle que fût sa nature, n'a jamais été complétement libre; il se produit par la force même des choses des rapports entre le pouvoir et le travailleur : suivant le degré de la civilisation, la nature de l'industrie, l'espèce des produits, leur intérêt ou leur danger social, l'État intervient avec plus ou moins de libéralité ou de rigueur dans l'économie même de la production. A l'origine cette intervention a été très-loin; les motifs religieux ont devancé ou appuyé les raisons politiques : qu'on se rappelle les castes de l'Inde, l'hérédité fatale des professions en Chine, en France les corporations, les maîtrises, les jurandes, les chefs-d'œuvre, tout le livre des métiers d'Étienne Boileau; qu'on jette les yeux aujourd'hui sur ces nombreux rapports administratifs et gouvernementaux qui étendent la main sur toute espèce d'industrie. Faut-il, pour discuter ces questions de liberté et de servitude, s'en tenir à la balance par doit et avoir de ce qui se produit en plus ou en moins; n'est-ce pas le respect de la personne et le sentiment victorieux de la responsabilité humaine invoqués par le moraliste qui doivent élever les âmes et enseigner à l'art comme au métier le respect du citoyen? C'est dans notre cœur et non autre part que l'économiste doit chercher la liberté.

Descendons des généralités aux trois espèces de productions industrielles : cet ordre d'études, conforme à l'ordre des industries, présente l'avantage d'accompagner pour ainsi dire la matière depuis sa forme brute et en quelque sorte inanimée, jusque sur le seuil même de la consommation.

PRODUCTION MANUFACTURIÈRE.

Elle comprend :

§ 1. Les matières premières sur lesquelles s'exerce l'activité humaine;

§ 2. Les machines dont elle emprunte l'auxiliaire et qui lui servent d'instruments;

§ 3. L'organisation même de la manufacture, ses conditions administratives, son régime intérieur;

§ 4. Le bénéfice, la question des salaires ou de la rémunération du travail.

A chacun de ces paragraphes je vois naître des questions sur lesquelles les faits se taisent et qui sont, comme on les a justement qualifiées, des questions de principes.

§ 1. — Matières premières.

Les matières premières peuvent se diviser en deux catégories :

1° Celles qui sont possédées *ipso facto* et par cela même qu'elles ont été recueillies : la soie qu'on arrache au ver si laborieusement élevé; la laine réservée au propriétaire comme l'agneau et comme le lait de la brebis; le bois qui appartient au maître de la forêt, etc.

2° La houille, le minerai et en général toutes les matières que la terre dérobe dans son sein et enserre à d'énormes profondeurs; celles-ci ne sont point possédées *ipso facto* et en vertu du droit pur et simple de propriété; la législation elle-même a consacré cette différence. La propriété de cette richesse est-elle attachée au sol ou bien les profondeurs de la terre recèlent-elles comme un second domaine? Dans ce cas, qui en revendiquera la possession, de l'État considéré suivant les cas et l'organisation politique comme le maître ou comme l'administrateur des biens vagues et retombant dans le domaine public, de l'inventeur du gisement, ou de l'industriel qui l'exploite? L'inventeur a-t-il le droit de vendre sa découverte, ou ce droit n'a-t-il de fondement que dans une exploitation réelle à laquelle sa découverte même lui constituerait un véritable privilége? Si la mine ne se creuse et ne se débite par les mains et au profit d'une entreprise particulière qu'avec l'autorisation et par l'octroi de l'État, le gouvernement n'a-t-il pas le droit d'intervenir dans l'aménagement de cette richesse publique pour surveiller et défendre les intérêts généraux? N'est-ce point sur ces principes que se fonde l'intervention de la puissance publique dans la concession des mines, leur régime, leurs conditions administratives d'exploitation; la législation houillère offrirait à cet égard un curieux spécimen de l'intervention officielle. Pourtant, malgré l'énergique surveillance de l'État, on n'ignore point l'activité toute-puissante des grandes compagnies, l'adresse de leurs combinaisons et les gémissements légitimes ou injustes du public dans certains bassins carbonifères. Ces exemples ne suffisent-ils pas pour montrer toute l'impuissance des chiffres sur de telles questions? Dirons-nous comme Aristote l'avait fait de l'esclavage, que le meilleur est encore ce qui est, et prendrons-nous la mesure de la production pour la limite du droit? S'agit-il seulement du prix de revient de chaque mètre cube sorti de la mine? Les intérêts les plus respectables et les principes les plus élevés ne sont-ils pas engagés dans la question, le droit de l'État, des exploitants, des propriétaires du sol? Où sera le fil conducteur au milieu de ces prétentions qui se contredisent et de ces revendications qui se combattent, entre ces droits qu'on invoque et ces intérêts après lesquels on s'acharne? Il appartient à l'économie politique de prononcer sur ces grands problèmes; elle seule, indépendante entre l'État jaloux de ses priviléges et les particuliers tout pleins de leur égoïsme, est appelée à éclairer par ses enseignements les législateurs qu'elle préserve tour à tour de l'abus ou du relâchement du pouvoir, l'opinion publique dont elle combat les préjugés et rectifie la direction. Comment aboutir à ce résultat si l'économiste, sans méconnaître les faits dont il faut tenir compte, n'est en même temps moraliste et philosophe pour saisir les limites des droits dans la nature des pouvoirs?

§ 2. — Machines.

La matière première est ordinairement traitée dans les manufactures par vastes quantités; ce travail, de notre temps surtout, ne s'accomplit guère sans l'aide d'une machine qui remplace la force humaine par une force naturelle ; le moteur ordinairement découvert ou approprié par la science, physique, chimie, météorologie, est amené à son point d'application par un système de fonctions qui constitue le mécanisme proprement dit : si la connaissance du moteur relève des sciences naturelles, son appropriation ou son adaptation à un effet déterminé est l'affaire des sciences exactes, statique, dynamique, mécanique.

Cette question des machines passionne non plus seulement le savant qui disserte mais les multitudes qui frémissent et qui frappent ; c'est un problème qui a été discuté les armes à la main, et les machines comme de vrais ennemis ont été attaquées avec la flamme et avec le fer, elles ont été arrosées de sang humain.

C'est ici qu'a été convaincue de son néant l'économie matérialiste et utilitaire ; c'est à peine si de nos jours elle a trouvé quelque chose à dire contre des préjugés qui, à une autre époque, avaient été les siens. La question des machines est une question morale ; c'est à ce point de vue seulement que s'expliquent son passé, son présent, son avenir.

La machine, on l'a dit mille fois, supprime l'ouvrier ; en même temps qu'elle multiplie les produits elle en diminue le prix de revient ; il y a donc tout à la fois abaissement dans le prix de vente par la simplification de la fabrication et multiplication indéfinie des produits par la substitution de la confection mécanique à la confection manuelle; la quantité des produits ainsi indéfiniment accrue ne trouve au premier moment dans la consommation que des besoins limités et un écoulement restreint; la production, comme un torrent dans un canal trop étroit, reflue et déborde, le trop-plein se perd et loin de féconder ravage ; l'appât du bon marché, résultat de l'abaissement du prix, ne suffit pas à compenser la dépréciation de la marchandise. D'un autre côté le travail manuel s'efforce de lutter contre le travail mécanique; les organes s'épuisent à cette rivalité impossible ; en vain l'ouvrier solitaire multiplie-t-il ses privations et ses labeurs; en vain arrache-t-il à son sommeil les heures du repos, à sa nourriture le nécessaire, la machine poursuit sa course impassible, ses fonctions se régularisent, ses effets se perfectionnent, ses débouchés s'établissent, et l'enthousiasme du progrès dérobe aux contemporains les gémissements obscurs des victimes.

Voilà ce que dans l'ancienne organisation industrielle la judiciaire des maîtres fabricants, jurés et experts n'avait pas manqué de prévoir; aussi dans les corporations, avec les maîtrises et les jurandes, un progrès, une découverte, un perfectionnement n'étaient pas seulement un danger mais un délit; rien de plus absurde mais rien de plus logique; au point de vue du principe la conséquence était de toute rigueur ; la corporation n'avait de raison d'être que dans le maintien des traditions de l'art afin que chaque confection s'exécutât suivant les règles, et qu'un objet, s'il avait l'inconvénient de coûter cher, eût au moins le mérite d'être bien fait, d'avoir passé par toutes les filières et les cérémonies du métier : inventer un moyen qui diminuât ce travail, un procédé qui abaissât les prix, qui changeât quoi que ce fût et surtout qui eût la prétention d'améliorer, quelle imagination vaine et irrationnelle puisque les métiers n'étaient organisés qu'en vue de prévenir la concurrence, d'écarter les changements et d'empêcher les améliorations! Produire mieux, plus vite, à meilleur marché, c'était porter atteinte à l'institution dans son essence même : si on ne supportait pas un charpentier et un serrurier de plus, comment admettre qu'un seul homme se permît de faire la besogne de deux?

C'est en vertu de cette logique que furent légiférées des peines sévères contre le métier à tisser des bas ; c'est au nom de ces principes que la mécanique Jacquart fut brûlée à Lyon par la main du bourreau, sur la place des Terreaux qui avait le privilége des exécutions criminelles ; heureux son inventeur d'avoir échappé ce jour-là aux coups de pierre dont il était poursuivi ; l'un des prud'hommes jurés qui, forts du raisonnement que je viens d'indiquer, condamnèrent le métier maudit, me disait encore à moi-même, il y a quelques années, dans sa verte vieillesse : « Le plus beau jour de ma vie, monsieur, a été celui où j'ai fait cette bonne action ! »

Qui ne connaît les scènes dramatiques occasionnées dans les districts manufacturiers de l'Angleterre par l'introduction de la mull-jenny ; qui n'a lu le récit des agitations causées par l'installation des moulins à vapeur et des machines à battre, ou l'histoire lamentable des tisserands de Flandre, annales funèbres des martyrs de l'industrie ou récits palpitants de leurs efforts coupables et de leurs convulsions désespérés. Dans les mauvais jours on voit les ouvriers se réunir et s'ameuter contre la manufacture nouvelle qui les menace et les écrase comme autrefois ils marchaient à la conquête du donjon féodal ; ils apportent à ce combat les mêmes passions, les mêmes espérances, le même instinct de la liberté, et pendant que la machine locale succombe, mille autres se relèvent, les procédés de fabrication se perfectionnent ; ils n'ont fait que de se rendre coupables contre la propriété d'autrui d'un crime inutile ; l'idée que l'intelligence avait réalisée et qu'on ne brise pas avec les roues renaît et ressuscite ; il leur faut plier, la force ne leur réussit pas et la résignation la plus prompte est la meilleure.

Avec les années la production se régularise, la consommation s'étend, les besoins se multiplient ; les machines, qui semblaient avoir à tout jamais réduit le nombre des travailleurs, en peu de temps le décuplent et le centuplent; les fonctions de l'ouvrier ne sont plus les mêmes; son salaire s'est augmenté en même temps que son travail diminuait; on lui demande son temps et non plus sa force; le travail qui épuise tend à disparaître pour faire place au travail qui occupe sans user; la civilisation ne demande plus à l'homme que son intelligence, les forces purement physiques devenant de plus en plus aptes à faire tout le reste.

Si, du passé où tant d'erreurs ont régné, du présent où dominent encore tant de préjugés, nous portons les yeux sur l'avenir, s'il nous est permis par une hypothèse hardie et chimérique de nous représenter un monde où les machines feraient tout, aussi bien qu'elles font déjà tant de choses, quel serait le sort de l'homme? Faudrait-il le plaindre de manquer de travail, ou le féliciter d'avoir atteint le véritable terme du développement matériel de l'humanité? La terre, dans cette supposition, serait redevenue le paradis terrestre; l'homme serait rendu aux loisirs de l'Éden; sans doute, comme aux temps de l'âge d'or, la terre ne donnerait pas d'elle-même tout ce que la nécessité des besoins physiques contraint l'homme à lui demander; sans doute l'arbre ne courberait pas son fruit au-devant de sa main, les montagnes ne s'abaisseraient pas spontanément devant sa route; qu'importe, si dans ce pays des chimères industrielles la science était assez avancée pour que nous vissions s'opérer en quelque sorte à commandement, et sans avoir presque besoin d'y toucher, toutes les merveilles que notre civilisation réalise à force de travail et de temps; alors l'homme s'appartiendrait tout entier, toute son activité tournerait à son perfectionnement moral. Le premier qui chargea un âne déchargea un homme, les chemins de fer ont tué les roulages, les vapeurs remplacent les navires à rames et à voiles, l'électricité succède aux télégraphes de Chappe; continuent les progrès, et plus l'homme sera remplacé dans le travail matériel, plus l'idéal de l'humanité sera à la veille de s'accomplir.

Voilà ce que l'économiste ne doit jamais perdre de vue dans cette question des machines; s'il ne s'élève jusqu'aux hauteurs de la morale, que répondra-t-il au travailleur qui gémit et qui allègue ses intérêts privés; qu'aurait-il répondu aux prud'hommes experts qui mettaient en avant l'organisation du corps des métiers? Opposer l'intérêt public à l'intérêt particulier, c'est faire en matière de démonstration une bien triste besogne et ne pas aller loin, car il reste encore à établir comment et pourquoi l'intérêt particulier doit le céder à l'intérêt public : si, au contraire, on parle de son devoir à l'ouvrier qui pleure ou qui frémit, si on lui met la résignation dans le cœur avec cette conviction qu'il ne saurait porter atteinte au droit d'autrui pas plus qu'à son existence ou à son bien, tout change de face; les peines les plus lourdes deviennent plus légères à la résignation ; ce qui fait le plus grand mal dans ces crises, c'est ce vague des idées qui rallume dans les cœurs un reste de confiance et leur permet d'espérer encore contre tout espoir ; au lieu de se rendre à un devoir moral ils luttent contre un fait matériel ; il faut que ce fait les écrase et les réduise par la force brutale, tandis que le devoir les aurait convaincus par la puissance de l'obligation. Il faut mettre dans la tête du travailleur qui souffre qu'il n'y a pas plus à marchander avec la liberté de l'industrie qu'avec le devoir de respecter sa mère ou d'élever son enfant ; que les obligations de la conscience, pour ne reposer que sur le devoir et la bonne volonté, ne sont pas moins inévitables pour toute liberté qui respecte les décrets de Dieu, que le lever et le coucher du soleil auxquels nous ne pouvons rien. Cette conquête des consciences à laquelle le langage des chiffres vient prêter son appui, est le véritable but et le véritable triomphe de l'économie politique dans son application à l'enseignement populaire ; là où les instincts et l'ignorance conseillent ou écoutent la révolte, il lui appartient de rétablir les vrais principes de la conduite et de faire voir que si l'épreuve doit être acceptée pour des raisons purement morales, en définitive, elle tourne au profit économique du genre humain ; mais je tiens pour certain que les chiffres n'ont de valeur aux yeux du peuple comme à ceux du savant que par la théorie qui les a ralliés à la cause du bien.

3. — Organisation réglementaire.

La puissance publique doit-elle intervenir dans l'organisation de la manufacture ; si elle intervient, comment en tracer les limites, et comment distinguer jusqu'où l'appui qu'elle prête au maître ou à l'ouvrier est légitime? à quel moment son autorité cesserait d'être protectrice pour devenir abusive? Touchons rapidement les questions à propos desquelles la pratique soulève ces difficultés; voyons de quel ordre d'idées dépend leur solution.

L'intervention de la puissance publique dans l'organisation de la manufacture peut être considérée sous quatre points de vue :

— Premièrement, en tant qu'elle détermine les conditions d'existence de l'industrie;

— Secondement, en tant qu'elle accorde sa protection à l'enfant, à la femme ;

— Troisièmement, à l'ouvrier contre le maître;

— Quatrièmement, au maître contre l'ouvrier.

Lorsqu'une usine s'organise, qu'une manufacture

se fonde, il ne faut pas oublier qu'elle s'établit au milieu d'un pays civilisé où les intérêts de chacun trouvent leur limite dans le droit d'autrui et où l'usage même de la propriété est soumis à des restrictions; c'est ainsi que chacun n'est vraiment le maître de son bien que jusqu'à concurrence des nécessités gouvernementales juridiquement constatées; c'est ainsi qu'il est défendu de mettre le feu à sa maison, fût-elle dans un lieu isolé et inaccessible, de faucher sa moisson en herbe ou même de la vendre sur pied ; il ne suffit pas que les voisins aient le droit de réclamer contre un dommage qu'ils subissent, il leur est loisible de s'y dérober avant d'en avoir souffert; on les invite à dire leur avis sur l'établissement de toute industrie présumée capable d'apporter le moindre dérangement ou le moindre tort au pays environnant : la loi, jalouse de garder autrui, et pleine du sentiment des droits civils admet à l'enquête de *commodo* et *incommodo* non pas seulement toute partie intéressée de près ou de loin, mais tout citoyen auquel il plaît d'en connaître et d'émettre ses idées à cet endroit. La loi va plus loin, et les nombreux degrés de juridiction, les épreuves soigneusement contradictoires, les entraves dont elle entoure l'autorisation d'un établissement insalubre ou dangereux témoignent assez du soin qu'elle a voulu imposer aux fonctionnaires de prendre pour mobile toute autre chose que l'intérêt privé du fabricant. Elle ne limite pas son propre droit à la nécessité d'une permission administrative ; mais cette permission, renfermée dans des bornes étroites et subordonnée à des conditions rigoureuses, est comme un contrat synallagmatique passé entre cette industrie particulière et l'état représentant des vœux et des intêrets de tous. Au besoin, lorsqu'il y a un intérêt évident à ce qu'une amélioration se réalise, à ce qu'un perfectionnement soit adopté, l'administration se croit fondée à prendre des arrêtés en dehors même de ce contrat. C'est ainsi qu'on a imposé aux manufactures l'obligation de brûler leur fumée, aux compagnies de mines celle de fournir leurs ouvriers de lampes Davy; peut-être, tant l'opinion publique est portée à appuyer la justice de ces prétentions, trouve-t-on encore que l'État ne va pas assez loin ; cependant si le bon sens, surtout en France, se rallie à cette pratique et appuie énergiquement les prescriptions du pouvoir partout acceptées et suivies, qui ne sait combien ces errements sont éloignés de la pensée et de la pratique de vingt autres peuples parmi lesquels il en faut compter d'aussi puissants et d'aussi riches que nous? Qui ignore les séductions du laissez-faire et du laissez-passer même quand l'intérêt public y est compromis gravement, la sécurité diminuée, la liberté réduite pour ainsi dire à se protéger toute seule; qui n'a étudié dans les journaux d'Amérique les avantages et les inconvénients du revolver en matière de discussions économiques et industrielles ; qui ne connaît l'histoire de ce français, lequel, au retour d'un voyage au Nouveau-Monde, se jetait en pleurant de joie dans les bras du premier gendarme qu'il rencontrait sur le quai du Havre ? Il ne faut pas s'y tromper, la question n'est point aussi simple qu'elle le paraît, et si nous avons là-dessus nos convictions faites, il faut avoir habité l'Angleterre et les États-Unis pour se faire une idée de ce que l'opinion contraire peut avoir de résolu et de tenace ; *en avant* : la liberté, le soi-même, l'individu qui se suffit, qui se défend, qui se protége, qui ne relève, comme le fier baron du moyen âge, que de Dieu et de son casse-tête : une vigueur d'initiative dont nos sociétés européennes n'offrent plus d'exemples ; des nations tout entières emportées par l'effroyable somme de ces impulsions réunies. Qui prononcera entre les deux systèmes ; entre le principe d'autorité appliqué à la protection du corps social et le principe de l'indépendance personnelle, même au milieu d'une civilisation ; entre le maintien de l'antique pouvoir de l'État, quel que soit le nom qu'il emprunte et le *self-government* poussé jusqu'à son extrême limite et remis sur le cou de chaque individu ?

Jamais je ne jugerai un tel problème au point de vue des intérêts matériels ; je dis que cette question est toute morale et que la cause du droit ne doit pas ici non plus accepter le jugement du fait.

L'antagonisme de ces deux systèmes se retrouve non pas seulement au début de la manufacture, mais à tous les moments de son existence; la question générale se reproduit à chaque détail; il est inutile de la poser de nouveau, mais il convient de faire remarquer combien la morale domine ici l'économie, puisqu'on ne saurait entrer dans aucune étude de la production manufacturière sans s'être décidé, sans être capable de soutenir à l'encontre de l'opinion qu'on écarte ou la nécessité ou le péril de l'intervention publique, sans avoir déterminé enfin l'exacte mesure de leurs devoirs et de leurs droits.

C'est à ce dernier point de vue que nous signalerons les difficultés rencontrées par l'économie politique lorsqu'il s'agit de discuter les règlements protecteurs : 1° Des enfants et des femmes; 2° des ouvriers contre leurs maîtres; 3° des maîtres contre les ouvriers.

1° Enfants et femmes.

Qui osera dire que la question de production ait préoccupé avant tout nos législateurs lorsqu'ils ont réglementé le travail des enfants dans les manufactures ainsi que les contrats d'apprentissage ; qui ne reconnaît partout l'énergique revendication des principes de la morale, cette même intervention du pouvoir public qui protége les biens du mineur par une hypothèque exceptionnelle, qui défend le fœtus contre les atteintes de l'avortement, qui limite la puissance paternelle et châtie au nom de l'État l'abus d'un pouvoir sacré. Qu'on veuille bien prendre la peine de suivre, attentivement et point par point, cette loi si belle dans la théorie, si délicate dans la pratique, hélas! encore si insuffisante à ce double point de vue; a-t-elle pour but d'augmenter ou de restreindre la production? n'est-ce pas qu'il s'agit précisément de mettre des bornes à l'insatiable avidité du producteur et que les intérêts de la marchandise ont dû céder devant les droits de l'humanité? L'État a dû considérer que sans parler des orphelins mal défendus par l'indifférence des tuteurs, les enfants ne trouvaient pas toujours dans la dureté ou l'ignorance des parents de suffisantes garanties, que les plaintes de la petite victime n'arriveraient pas toujours au cœur de sa mère, et que, souvent même l'oreille des parents serait plus sensible au bruit de l'argent qu'au cri de la nature : il est alors entré résolûment dans la voie, il a pris en main les droits dont ils usaient mal ou imparfaitement, et créant à l'enfant un protecteur dans le code, il a restreint du même coup la puissance du père et la liberté du fabricant. Les économistes qui ont prêté à cette mesure un appui si généreux et si décisif, qui ont fait triompher les droits de la personne humaine dans l'enfance opprimée et lentement assassinée, ont-ils tiré des chiffres les considérations éloquentes que l'enquête a soumises aux pouvoirs publics? Avons-nous été assez loin? Faut-il rabattre de notre générosité et mettre le pied sur nos craintes; faut-il faire pour la femme ce que nous avons fait pour l'enfant; faut-il, malgré la sainteté du lien conjugal et l'émancipation que le christianisme a valu à l'épouse, la regarder encore comme une opprimée dont un sexe plus fort exploite la faiblesse; au besoin, faut-il la défendre contre elle-même et contre l'abus qu'elle peut faire de sa débile énergie et de son impuissant courage? graves problèmes que l'économie politique doit résoudre et qu'elle ne saurait même agiter sans tenir les yeux fixés constamment sur les règles immuables de la morale.

2° Protection des ouvriers contre les maîtres.

Faut-il maintenant abandonner à l'ouvrier, libre, majeur, sain de corps et d'esprit, le soin de protéger son indépendance et de faire lui-même les conditions de son travail? Au premier abord, il semble que les contrats soient libres et que l'État n'ait rien à y voir; l'économiste pourtant sait bien que les choses ne se passent point ainsi et que là, comme partout, il y a au-dessus des faits des questions graves à discuter; la loi ne reconnaît pas les engagements abusifs et contraires à la morale ; l'État ne donne point les mains à ce que le travailleur coure des dangers inutiles · si une découverte de la science vient amoindrir ou supprimer le péril journalier qu'apporte l'exercice de sa profession, elle ne lui permet plus, qu'il y consente ou non, l'usage des anciens procédés, elle lui impose les nouveaux ; si une précaution utile diminue le danger d'une construction, la voirie n'accorde la permission de bâtir qu'à la condition d'imposer aux manœuvres, même contre leur gré, la précaution imaginée. Si, par des mesures d'ordre public et de sûreté générale, un livret est imposé à l'ouvrier et offre une garantie aux maîtres, la loi défendra au patron d'y inscrire aucune mention qui, de près ou de loin, permette une induction fâcheuse. L'intérêt de l'État pour l'ouvrier va naturellement si loin qu'un gouvernement s'est risqué, il n'y a pas bien des années encore, à prendre plus directement en main la cause du salarié ; il a voulu régler les conditions et la durée du travail, fixer un maximum de peine et un minimum de rémunération. Qui ne se souvient des assises de l'erreur tenues solennellement dans une auguste enceinte étonnée de ce langage ; qui n'a présents les raisonnements pleins d'apprêt, plus véhéments encore dans la naïveté de l'improvisation que dans l'inexactitude calculée de leur reproduction officielle ? Quelle erreur avait conduit à cette conséquence étrange de prétendre, au nom même de la liberté, arracher toute indépendance à l'industrie? Qui répondra à ces déclamations furieuses dont le bruit s'est éteint et perdu dans les hautes et les moyennes régions, mais dont l'écho gronde encore dans les bas-fonds de la société? Qui fera la part exacte des devoirs de l'État dans la protection de l'ouvrier et, d'une main ferme, tracera la limite au delà de laquelle la philanthropie politique entre dans le pays des chimères criminelles? qui préviendra les murmures des masses? qui les déshabituera de ce préjugé funeste qui consiste à regarder l'État comme un père chargé de pourvoir aux besoins particuliers et non pas seulement de veiller aux intérêts généraux de tous? C'est l'extrême opposé à l'extrême des doctrines américaines; le travailleur se considère alors comme en tutelle; c'est l'État qui doit le nourrir, le vêtir, l'employer, le payer; il ne s'agit pas ici d'une question d'école, mais des ateliers nationaux, dernière expression et rigoureuse conséquence du système; les ateliers nationaux me font penser aux tribus barbares destituant leur chef dès que la pluie manque aux biens de la terre.

Le rôle de l'économie politique n'est point d'attendre les bras croisés l'issue de ces dangereuses expériences et de laisser courir les aventures au pouvoir; son vrai rôle n'est pas d'attendre des leçons, mais d'en donner. On l'a dit depuis longtemps : l'expérience, qui coûte si cher, est la leçon des imbéciles ; on a dit encore, et avec non moins de vérité : l'expérience ne prouve rien. Sans parler de ce que coûtent de pareils essais, n'est-il pas trop facile, au lendemain d'une tentative avortée, de se rejeter sur le défaut d'organisation, sur le mauvais vouloir des administrateurs, sur l'incapacité des chefs, l'indiscipline des subordonnés, les manœuvres et les machinations ténébreuses des partis? Voilà pourquoi, en matière d'économie politique, l'expérience, loin de fermer la bouche aux opposants, ne fait souvent qu'ajouter à l'ardeur de leur foi et à l'impatience de leurs désirs ; c'est à un autre point de vue que de pareilles questions doivent être traitées ; c'est du haut de la théorie qu'il convient de prononcer sur les obligations réciproques des peuples et des gouvernements ; que le moraliste s'autorise de l'immuable vérité pour garder le pouvoir des tâches impossibles et des défaites honteuses, le peuple des désirs chimériques et des désappointements furieux ; pour enseigner au premier la modération qui préserve son patronage de la tyrannie, au second la justice qui sauve son obéissance de l'ingratitude.

3° Protection du maître contre l'ouvrier.

L'État intervient en faveur du maître comme en faveur de l'ouvrier ; le maître jouit sous le contrôle de l'autorité d'une sorte de délégation de la puissance publique; comment qualifier autrement ce que dans nos manufactures on appelle le règlement, règlement affiché à tous les étages et à la porte de toutes les salles; sans doute, les dispositions qu'il contient peuvent être prises comme les clauses d'un contrat passé entre les ouvriers et le maître, et chacune des conditions pénales, comme un dédit dans un marché à forfait; ce serait pourtant rester en dehors de la vérité que de s'en tenir à cette appréciation; il faut bien considérer en effet que, vu l'organisation de l'industrie, l'unité de commandement et la supériorité d'intelligence d'un côté, vu, de l'autre côté, la diversité des positions et la nécessité de s'en rapporter, le règlement perd de plus en plus le caractère d'une convention synallagmatique, et prend dans la réalité, comme aux yeux de la population qu'il gouverne, tous les caractères d'une charte octroyée ou plutôt imposée, d'un code pénal; toutes les amendes pour infractions sont d'ordinaire au profit du maître; et pour l'application de l'article au délit, c'est encore lui qui demeure juge et partie dans sa propre cause. Cette question des réglementations domestiques est une des plus graves que puisse se poser l'industrie; cette difficulté et cette gravité s'accroissent encore lorsqu'on examine de quelle manière les deux systèmes opposés de la protection et de la liberté y ont répondu.

Dans le premier système, celui de l'autorité, la loi est du côté du maître, elle interdit aux ouvriers toute coalition ; dès lors elle interdit toute grève, car la cessation commune du travail ne saurait avoir lieu sans une entente préalable et sans des mesures concertées entre les participants. Tout acte d'opposition est donc chimérique puisqu'il demeure isolé, et l'ouvrier réduit à l'unité ne peut qu'accepter et non débattre par le refus du travail ou la menace de ce refus la quotité du salaire ; son maître, au contraire s'appelle légion ; c'est dans l'intérêt de ce dernier qu'a été créé le livret ; c'est encore dans l'intérêt du maître et de l'état, autant au moins, il faut le dire, que dans l'intérêt de l'ouvrier qu'ont été modifiés les statuts et le régime administratif des sociétés de prévoyance et de secours mutuels ; on y voit partout la main ferme et prévoyante de l'État ; ce sont autant de garanties contre les désordres politiques et les insurrections industrielles, que des appuis, des secours et des lumières ménagés aux membres inscrits.

A ce système, dont la réflexion et la pratique nous révèlent chaque jour et les avantages et les inconvénients, s'oppose le système de l'indépendance tel que l'Amérique et l'Angleterre l'appliquent sous nos yeux, ou plutôt tel qu'il s'offre de lui-même sans que personne s'en inquiète ou y mette la main : les ouvriers libres et armés vis-à-vis du pouvoir qui se tait et du maître qui résiste, les scènes qui palpitent dans les romans de Charles Dickens et de mistress Gaskell, et qui sont les scènes de l'histoire, les souvenirs mêmes de l'observateur ; ces grèves fortement constituées, soutenues par de solides réserves, prévues par le budget des sociétés mutuelles, appuyées sur une caisse garnie d'avance à cette intention ; les coalitions énergiquement gouvernées et imposant leur sentence non plus seulement au patron dont on refuse le travail mais au camarade qui le demandait, aux ateliers des villes les plus lointaines qui n'y songeaient pas ; la liberté respectée dans l'association pour être cruellement violée par elle dans l'individu ; le souci de la légalité dans la résistance, et la loi muette attendant de la misère de celui qui souffre, de l'habileté ou de la fermeté de celui qui résiste le dénoûment de ces crises. Singulier spectacle pour nous avec nos mœurs et nos idées : contraste frappant des institutions et des peuples ! La science n'a-t-elle de nouveau qu'à regarder faire, ou entre ces deux extrêmes n'aurait-elle pas une solution à chercher ; ne lui appartient-il pas de provoquer là quelque détente, ici quelque préoccupation du pouvoir, et n'est-ce pas encore là une question de morale déguisée sous les apparences de l'économie politique ?

J'en dirai autant de ce privilége reconnu par la loi au maître d'être toujours cru sur son affirmation ; privilége immense, peut-être expédient nécessaire; l'institution des prud'hommes et la composition de ces tribunaux, ne sont-ce pas encore là des questions de morale et de principe avant d'être des questions de pratique et d'utilité?

§ 4. — Salaires.

Enfin, l'économie politique a vu discuter bien récemment une question que de nombreux essais ont laissée pendante et incertaine; il s'agit de savoir si les ouvriers peuvent et doivent être admis à participer aux bénéfices. La pratique offre souvent quelque chose d'analogue : une maison de commerce qui fait un inventaire heureux ne manque guère, à cette époque solennelle, d'ajouter quelque gratification extraordinaire au salaire convenu des employés les plus actifs; dans une manufacture une somme est répartie entre les ouvriers, chacun est ainsi invité par la récompense à se réjouir du succès et à prendre plus à cœur des intérêts devenus communs. Cet usage patriarcal n'intéresse pas le fond du problème; on demande si l'ouvrier rémunéré par un salaire quotidien peut alléguer un droit quelconque à un dividende tant minime soit-il sur les bénéfices, ou si avec le boni le plus fabuleux il est bien légitimement payé dès qu'il a reçu jour par jour la rétribution convenue; on demande s'il n'y a pas une injustice en principe, et une maladresse en pratique à tenir ainsi le salarié en dehors des intérêts de la maison; tel réclame ce dividende au nom de la justice, tel dans l'intérêt bien entendu du fabricant; tel, enfin, allègue contre cette prétention la nature même de la paye quotidienne qui constitue au travailleur une véritable prime, une avance privilégiée sur la valeur mercantile du produit, prime qui l'exonère de l'incertitude de la vente, de l'avilissement de la marchandise, des chances de l'écoulement, du hasard de la liquidation, prime qui ne saurait, contre toute justice et toute raison, lui laisser le bénéfice de la chance heureuse alors qu'elle l'affranchit de toute éventualité défavorable.

Ce problème n'est point de ceux qui se décident par les faits; il ne s'agit pas de tentatives plus ou moins heureuses en raison de la nature des industries, de la diversité des circonstances, de la bonne volonté des maîtres et de la prospérité des affaires, mais de déterminer dans son fonds la nature même, la portée, les conditions de l'association entre le maître et l'ouvrier, d'attribuer à chacun dans la répartition du salaire ce qui lui revient de droit et non ce qu'il lui plaît de réclamer ou de céder : on aperçoit encore la morale derrière l'économie politique.

Ici se terminent nos réflexions sur la production manufacturière; nous allons aborder l'étude de ce que nous avons appelé la production industrielle proprement dite, après avoir touché un mot de deux problèmes essentiels qui se rattachent à l'une et à l'autre, je veux parler des marques de fabrique et des brevets d'invention.

Il est à remarquer que si ces questions, comme tant d'autres si fréquemment agitées, si vivement débattues, n'ont pas reçu de solution [1], c'est qu'elles n'ont point été résolûment abordées par le côté moral; partagés entre les inconvénients et les avantages, les esprits demeurent en suspens, hésitant encore entre des raisons contraires.

Le gouvernement a-t-il le droit de contraindre l'industriel à signer son produit?—Le premier acheteur a contre le vendeur une garantie, c'est la facture; elle mentionne la qualité comme la quantité de la marchandise; l'origine et l'identité seraient difficilement contestées; ici le recours est possible, et la responsabilité du manufacturier sérieuse, mais le consommateur n'est point le marchand en gros; entre la première création de l'objet manufacturé et son emploi dans la vie réelle, il se place presque toujours au moins un intermédiaire : à cette seconde vente la responsabilité disparaît; la honte du fabricant est à couvert sous le voile de l'anonyme; le détaillant se plaint d'avoir été trompé, il se pose lui-même en victime auprès du consommateur dupé et,

[1] On remarquera que j'écrivais avant la loi sur les marques de fabrique.

grâce à ce double jeu, achète à vil prix ce qu'il revend comme première qualité, sans que l'acheteur ait un moyen pratique et immédiat de contrôler ses assertions. Avec la marque de fabrique, tout rentre dans l'ordre et chacun porte le poids de ses œuvres, le détaillant est intéressé à se pourvoir aux meilleures maisons; si le consommateur paye plus cher, il sait ce qu'il achète et peut réclamer la marque du producteur favori. Est-ce dépasser le droit de l'État en matière de gouvernement et de juridiction commerciale que de créer cette nouvelle entrave à la mauvaise foi, de prêter cet appui à la loyauté; comme aussi ne conviendrait-il pas dans un intérêt politique et national qu'on vérifiât les exportations à l'étranger et qu'on préservât ainsi notre commerce au long cours des hontes qui le déshonorent sur tant de marchés? C'est à l'économie politique à interroger, à la morale de répondre.

La question des brevets d'invention n'est ni moins vivante, ni moins controversée : les brevets sont-ils en même temps un impôt et une protection ; sont-ils une prime levée par l'État, tant sur l'industrie sérieuse que sur la vanité et la sottise humaine; la chance d'un hypocrite brevet de perfectionnement pris contre le premier inventeur n'est-elle pas un péril presque aussi dangereux à courir que le manque de protection; le nombre des années auxquelles s'étend la durée du brevet, la nécessité de le renouveler ne sont-ce pas là autant de contradictions flagrantes avec les intentions protectrices de la loi et l'inviolabilité de la propriété représentée par la découverte; faut-il, comme le soutient avec tant d'énergie un économiste célèbre, voir dans toute création de l'esprit en matière d'industrie, de science et d'art, un monopole éternel que soit éternellement appelée à garantir une protection désintéressée? La loi sur les brevets est-elle à améliorer ou à refondre? Problèmes délicats qui impliquent une délimitation exacte des droits et des devoirs réciproques des citoyens entre eux dans la commune patrie, une connaissance approfondie des obligations de l'État, tant vis-à-vis des particuliers qui invoquent son assistance contre les contrefaçons, que vis-à-vis du public qui demande la jouissance gratuite, lorsque la rémunération de la découverte lui paraît suffisante et le droit exclusif périmé.

PRODUCTION INDUSTRIELLE PROPREMENT DITE.

Nous avons vu que la production industrielle proprement dite, comme nous l'avons appelée, comprend une échelle de produits bien différents les uns des autres, depuis l'horloger qui tire un ressort de montre d'une tige d'acier, et malgré la matière première qu'il emprunte à un autre producteur, crée pour ainsi dire la marchandise qu'il fabrique, jusqu'au marchand de papier qui se contente de couper en deux le grand format de la couronne, et qui, après une préparation sommaire, revend séparément les deux moitiés. Aujourd'hui, l'industrie est libre, et l'économie a inauguré au profit du consommateur le grand principe de la concurrence. Chose singulière, c'était au nom du consommateur, et dans son intérêt, qu'avaient été inaugurées les anciennes corporations des arts et métiers; il n'est pas d'ordonnances, tant celles qui sont recueillies au livre des métiers d'Étienne Boileau, que les nombreux édits portant constitution de priviléges ou organisation de confréries qui n'énumèrent compendieusement les avantages qu'en doit retirer le public; nous oublions aujourd'hui qu'il a fallu une révolution pour réfuter cette doctrine et pour établir le principe de la liberté.

Il reste quelque chose de ce régime qu'on appelle le monopole en fait d'industrie; est-il une question plus à l'ordre du jour? Nous assistons à des expériences sur le commerce de la boulangerie, de la boucherie, sur la vente du poisson, etc.; n'y aurait-il pas quelque intérêt et quelque utilité cientifique en dehors de ces expérimentations économiques dont les erreurs peuvent coûter au peuple de son argent, et au pouvoir de son autorité; n'y aurait-il pas quelque opportunité à se souvenir que ces questions de monopole ont un côté qui touche à la personne humaine, et qu'au fond il s'agit de réclamer une obéissance légitime ou d'imposer une tyrannie injuste?

L'économie politique doit aussi examiner les raisons que l'État allègue pour intervenir dans un grand nombre d'industries qui n'ont jamais été monopolisées et qui, cependant, pour une raison ou pour l'autre, ont été privées de toute espèce d'indépendance. Nous sommes tellement habitués, en France, à trouver le gouvernement partout, que nous ne concevons pas un endroit public sans un garde municipal au dedans et un factionnaire à la porte; il n'y a point de café, de restaurant, de bal public, d'obscur cabaret, de somptueux spectacle, qui n'ait besoin d'aller quêter une autorisation; on contrôle le départ, l'arrivée, le parcours, les lanternes, les vitres, les banquettes d'un omnibus, d'une diligence, d'un wagon; on se perd dans ce dédale de prescriptions et d'arrêtés. Quel contraste avec d'autres pays! On sait ce qui se passe dans certaines maisons des quartiers suspects de Londres; on ne peut pas dire, même par allusion, même dans un livre de science, quelles danses, quels costumes, quels plaisirs s'offrent au public sous l'inviolable abri du toit privé. L'État a-t-il le droit de prendre en main la cause de la morale et de la santé publique et de créer, comme il l'a fait, cette police sans nom, cette surveillance ténébreuse sur des dangers honteux, surveillance dont se passent d'autres grands pays? Parfois, la loi se fait directement le représentant des citoyens et prévient elle-même la fraude dont ceux-ci auraient quelque peine à se garantir tout seuls; je citerai pour exemple le contrôle des matières d'or et d'argent, et les règlements qu'on peut voir affichés dans toutes les boutiques des orfèvres. D'autres industries sont dominées par des intérêts politiques ; informez-vous de la valeur d'une imprimerie suivant la rigueur ou la tolérance des lois sur la liberté de la presse; cherchez ce qu'un avertissement ou une condamnation peut coûter à la propriété foncière d'un journal. Si l'économie politique veut se tenir au niveau de sa mission, elle doit régler en souveraine ces questions débattues, et après avoir constaté les faits par l'observation prononcer leur arrêt au nom de la morale; on saura ainsi ce qui doit être à côté de ce qui est, et l'économie politique respirera les grandes idées des hautes régions philosophiques.

PRODUCTION COMMERCIALE.

Nous arrivons, suivant l'ordre de notre travail, à la production que nous avons appelée production commerciale. Celle-ci ne crée ni la matière première, ni le produit vendu; elle se borne à détailler et à mettre ainsi à la disposition de l'acheteur la plus minime portion de l'objet qu'il puisse réclamer. Jadis l'industrie de la revente avait la plupart du temps, comme l'industrie de création, ses corporations, ses maîtrises et ses jurandes, quelque peu logique que fût cette organisation au point de vue du principe fondamental de l'institution des corps et métiers. Même de nos jours, elle est loin d'être toujours libre; par exemple, lorsqu'il s'agit de comestibles, c'est l'autorité qui détermine le lieu, le jour, l'heure, la minute de la vente; elle réglemente la place des voitures et des paniers, le pesage, le mesurage, la livraison, le chargement, le déchargement. L'étude de ces détails constituerait une partie bien curieuse et bien négligée de l'économie politique; tout ce luxe d'arrêtés et de mesures de police mériterait d'autant plus l'examen de la science que ces industries du dernier ordre sont généralement exercées par des citoyens peu aisés, fort ignorants de leurs droits, fort épouvantés par les règlements, fort humbles dans leurs réclamations; le silence de l'économie autorise souvent l'arbitraire de subalternes maladroits ou interressés; c'est à elle qu'il appartiendrait de régler ces règlements.

L'économie et la morale ont fait, en matière d'industrie commerciale, de nouvelles et importantes conquêtes; il n'y a pas bien longtemps qu'on applique la loi sur les sophistications, l'altération, la diminution frauduleuse de la qualité ou de la quantité des marchandises vendues; ces lois sont encore aujourd'hui dans la jurisprudence le sujet d'un débat fort vif, dans lequel s'est généreusement jeté un célèbre et spirituel romancier; ces malhonnêtetés commerciales sont-elles fraude ou vol; quelle est la nature du délit? Faut-il s'en tenir à la qualification actuelle, sauf à interpréter le code dans toute sa rigueur; faut-il changer la qualification de l'acte, aggraver par la définition législative le degré de la culpabilité et augmenter d'autant la pénalité? Est-ce assez que la Cour de cassation ait décidé, par exemple, que l'amende d'un faux pesage pouvait être multipliée par le nombre des pains pris en flagrant délit d'inexactitude, commentaire plus conforme aux habitudes de la jurisprudence anglaise qu'aux strictes et sévères traditions de nos magistrats; est-ce assez que les juges s'ingénient à aggraver la flétrissure de l'arrêt et à tirer un châtiment nouveau des conséquences d'une publicité calculée? C'est ici à la morale et au droit à prêter l'autorité imposante du devoir aux réformes qu'il appartient à l'économie de provoquer et de réaliser dans la pratique.

Je ne veux point quitter cette matière de la production manufacturière, industrielle et commerciale, sans faire remarquer le privilége constitué en faveur du négociant par le registre de commerce; si la législation des faillites lui crée des obligations étroites par rapport à la tenue de ses livres de comptes, et si dans l'éventualité d'une liquidation malheureuse il lui faut obéir aux prescriptions du Code de commerce, qui, par compensation, ne mesure d'un coup d'œil toute la portée de l'avantage qui lui est fait en matière de dettes et pour le recouvrement de ses factures? le livre fait foi : créance exceptionnelle et en quelque sorte inique, où la partie réclamante est presque la seule écoutée; c'est à la science de montrer sur quels principes de justice repose cette exception.

Notre époque a pour ainsi dire vu naître les sociétés anonymes, et le flot des actions industrielles va montant toujours sans qu'il soit encore possible, même aux plus habiles, de prévoir ou de mesurer les effets de l'inévitable réaction ; c'est dans l'intérêt de la production que ces sociétés existent ; en retour elles ont reçu chez nous des priviléges énormes ; tout le monde sait que la dette contractée vis-à-vis d'un tiers n'est garantie que jusqu'à concurrence de la totalité des actions et que les créanciers n'ont pas de recours contre les personnes, tandis que Pierre, Paul et Jacques, associés dans un acte nominatif, sont engagés pour la totalité de leur fortune privée et à moins d'être simples commanditaires, ne sauraient risquer cent francs sans exposer tout leur avoir. Les sociétés anonymes sont favorisées encore par rapport à la transmission de leurs valeurs[1] et affranchies de toute patente personnelle. Il appartient à l'économie politique d'examiner si, au point de vue moral, les sociétés anonymes satisfont à toutes les exigences que réclame la bonne foi publique, si leurs grands services doivent fermer les yeux de la science sur leurs grandes iniquités, si les droits sont bien égaux entre les simples citoyens et ces puissantes compagnies et si l'oppression anonyme ne serait pas la plus irresponsable et, par conséquent, la plus dangereuse de toutes les oppressions, les grands dommages matériels, ici comme ailleurs, ne résultant jamais que d'une grande erreur morale.

Le petit détail n'est qu'une des formes de la production commerciale; lorsque le transport a lieu à de grandes distances, lorsqu'il s'agit, par exemple, non plus de répondre au consommateur quotidien, mais de combler le déficit d'une récolte ou d'alimenter l'industrie dont vit une nation, c'est là le commerce d'importation et d'exportation ; l'effet de l'activité humaine n'y est plus la production mais l'échange; les questions relatives à ce commerce élevé sont donc renvoyées à notre seconde partie et, pour achever la première, je passerai à la production morale.

[1] On n'oubliera pas que j'écrivais en 1856.

IV

DE LA PRODUCTION MORALE.

Rien ne caractérise mieux les tendances matérialistes de l'économie politique telle que le sensualisme nous l'avait faite, que la suppression systématique de tout ce qui portait le sceau de la pensée; si l'économie politique trace des lois à la production, si elle doit se préoccuper des besoins de l'homme, le corps est-il le seul à parler; le cœur, l'esprit, la pensée, ne réclament-ils rien? L'homme ne vit pas seulement de pain; malheureux celui dont l'intelligence n'a pas soif du vrai, le cœur et l'âme du beau et du bien! A ce point de vue, l'économie politique doit se préoccuper du vrai et du beau en tant que ces manifestations morales exprimées au dehors rentrent dans l'ordre de la production matérielle; ici l'économie politique ne relève pas seulement des sciences philosophiques, elle s'y trouve comprise tout entière.

En passant des nécessités du corps aux désirs et aux aspirations de l'âme, je trouve que l'homme civilisé réclame trois conditions essentielles en vue desquelles la société a été organisée.

1.° L'instruction ; 2° l'éducation ; 3° l'ordre.

— L'instruction se donne par les corps enseignants libres ou officiels, civils ou religieux, à tous les degrés de l'enseignement primaire, secondaire, supérieur.

— L'éducation, qui comporte la formation de la volonté et du cœur, est transmise aux jeunes générations par les mêmes intermédiaires ; la religion la fonde dans l'enfant et l'achève dans l'homme fait ; l'art a une destination semblable, malgré ses oublis de lui-même, malgré les erreurs dans lesquelles il tombe, et les corruptions qu'il propage.

—L'ordre que maintiennent l'administration et le gouvernement, paix domestique protégée par la force sous la responsabilité de l'État et de ses fonctionnaires.

Pour répondre ex professo à tous les problèmes. que nous venons d'indiquer, il faudrait sans doute entrer franchement dans le domaine des sciences philosophiques et entreprendre un traité de droit naturel, de jurisprudence, d'administration, de pédagogie ; mais l'immense portée, la profondeur ou la délicatesse de ces problèmes ne doivent point non plus les faire écarter de l'économie lorsqu'ils y ont leur place marquée et qu'il suffit de quelque attention pour démêler le côté par lequel ils y rentrent.

Les prêtres qui enseignent la religion et administrent les sacrements, les professeurs qui forment les intelligences et les caractères, les poëtes, les peintres, les sculpteurs, les artistes qui parlent au cœur, les administrateurs qui font marcher les affaires, les magistrats qui font respecter les droits, ce sont là autant de classes de citoyens qui ne rendent à la société aucun service matériel; cependant le vrai, le bien, le beau, le juste, sont incontestablement des besoins individuels et des nécessités sociales; voilà pourquoi nous reconnaissons, avec quelques-uns des économistes les plus éminents, que ce sont là des fonctions productives et qui, à ce titre, peuvent et doivent rentrer dans le sujet qui nous occupe.

DE L'INSTRUCTION.

La force de l'homme est bien courte; s'il n'avait pour lutter contre la création et pourvoir à tant de besoins que les ressources de son corps, il y a longtemps qu'il aurait succombé, mais Dieu lui a donné l'intelligence. « L'homme, a dit excellemment Bacon, ne peut qu'en proportion de ce qu'il sait. » Voilà pourquoi le développement de nos facultés, la méthode et la certitude de l'esprit, ce sont là autant de conquêtes qui ne sauraient s'accomplir dans l'ordre moral sans que notre empire sur la matière s'étende et s'affermisse. Ce ne sont pas seulement les connaissances appelées vulgairement pratiques, ce ne sont pas les éducations industrielles, et comme notre siècle a eu la barbarie de les appeler et de les instituer, *professionnelles*, qui tournent au profit de l'utile : dans la recherche désintéressée de la vérité et sur les grandes voies de la science, les découvertes pratiques vous sont données par surcroît : veiller à la supériorité intellectuelle des jeunes générations, c'est du même coup pourvoir à leur grandeur et à leur prospérité matérielle. N'oublions pas que le genre humain recommence sans cesse ; si les progrès de la civilisation ont entraîné les peuples bien loin de l'ignorance et de la faiblesse qui causaient leurs erreurs ou leurs découragements, et les ont élevés au-dessus de leur primitive impuissance, il n'y a pas plus dans le berceau de notre petit enfant que dans le berceau du premier né de l'humanité ; c'est à l'instruction à lui faire franchir l'intervalle des siècles et à ramener son âme des antiques ténèbres du passé encore répandues sur son intelligence, à l'éclat et à la lumière de notre moderne civilisation.

Faut-il regarder les hommes dévoués et supérieurs qui se consacrent à cette tâche comme des industriels indifférents qui n'auraient rien à démêler avec les intérêts les plus sacrés de la famille, de la civilisation, de l'avenir ; l'économie politique doit-elle pratiquer à leur égard le système du laissez-faire et du laissez-passer? Ici, ce n'est plus seulement une question pleine d'intérêts, mais de passions, dans laquelle les droits les plus saints et les plus augustes semblent entrer en lutte et troubler, par les contradictions où ils la jettent, l'intelligence la plus ferme, la volonté la plus droite. C'est cette question qui, sous le nom de liberté de l'enseignement, a fait d'abord l'épouvante et ensuite le remords de tout un règne, qui a tenu tant d'années les pouvoirs en suspens, les consciences en éveil, les partis en armes : le droit d'enseigner appartient-il à l'État, qui en userait comme d'un privilége, et ne le déléguerait que sous condition? a-t-il été dévolu par Dieu au père de famille qui, seul, en aurait la responsabilité, et à qui il appartiendrait de choisir sans contrôle ses représentants? Faut-il, entre ces deux thèses absolues, chercher un compromis? Le concours de l'État peut-il faire défaut à l'ignorance du père de famille; le bon vouloir suffit-il toujours pour le bien agir? Dans cette matière, plus que dans toute autre, n'y a-t-il pas pour l'enfant des conditions générales de bien-être et de moralité dont on ne saurait admettre que le père ait l'intention, la volonté ou même le droit de se départir? Exercer en cette occasion la surveillance par le ministère de la loi, n'est-ce pas continuer cette tutelle qui étend sur le mineur, jusqu'au sein de la famille, la main protectrice du pouvoir pour le garantir au besoin même de la tyrannie ou du crime de ses parents? Les conditions auxquelles l'enseignement se distribue, les fonctions, les droits, les attributions des particuculiers, des chefs d'institution, des professeurs salariés par l'État, constituent autant de problèmes essentiels sur lesquels l'économie politique ne saurait garder le silence, et qu'elle ne peut entreprendre de résoudre sans la morale.

Il y a plus : l'intérêt social est tellement engagé dans cette question qu'il ne suffit pas à l'économie politique de débattre l'organisation de l'enseignement, il lui reste à examiner si l'État ne serait pas en droit d'exiger une certaine instruction de tous les individus. Il importe à la société, par des raisons faciles à saisir, de voir diminuer le nombre de ceux qui, privés de la lecture et de l'écriture, ne communiquent qu'imparfaitement avec leurs semblables; de prévenir, autant qu'il est en elle, les tentations auxquelles la brutalité d'une intelligence entièrement vide expose incessamment la volonté. Pour parler le langage de l'économie, la culture de l'intelligence et l'acquisition d'une certaine somme d'idées est-elle un produit que chacun soit libre d'acquérir ou de négliger, ou bien n'est-il pas plus permis d'y renoncer au milieu d'une société civilisée qu'au soin de couvrir sa nudité? L'État doit-il agir par voie de persuasion et offrir l'instruction au pauvre comme une charité, ou armer son droit de l'autorité de la loi et du pouvoir de la contrainte? On sait à l'aide de quels moyens et par quelle aggravation d'impôts la plupart des États de l'Allemagne rendent la lecture et même l'écriture obligatoire dans les familles. Certaines théories ont été plus loin encore ; elles ont soutenu le droit des peuples à la gratuité de l'instruction, la substitution absolue de l'État au père de famille, quelque chose d'analogue à la discipline spartiate introduite dans le régime intellectuel des nations. Ne suffit-il pas de maintenir un certain niveau d'études, de choisir un programme de connaissances, de demander à la porte de toutes les carrières principales un diplôme qui en conquière l'entrée? L'État a-t-il le droit de règler les questions, l'examen, les juges; peut-il ainsi garder entre ses mains la clef des carrières administratives, financières, politiques, bien plus, de certaines professions relativement libres, telles que la médecine, le notariat, le barreau? Si, de l'enseignement primaire ou moyen, nous passons à l'enseignement supérieur, reste à chercher comment s'organiseront les cours publics auxquels la jeunesse est appelée, à quelles conditions le professeur sera appelé à parler; quels titres et quels droits il conférera à ses élèves, de quelle liberté il jouira au triple point de vue religieux, moral, scientifique ; s'il sera l'agent de l'État, un fonctionnaire, presque un magistrat ; ou un spéculateur privé, attendant de la fortune, de sa parole, la rémunération de son enseignement et la garantie de son avenir.

Il ne faut pas, dans toutes ces matières, demander à l'économie politique plus qu'il ne serait possible peut-être à aucune science de donner. Qui osera prétendre ici que la philosophie elle-même ait conquis toute la vérité et que les dissentiments des penseurs soient à la veille de finir ? L'habitude systématique de discuter ces questions au point de vue de la métaphysique pure a contribué à rendre les hypothèses plus hardies et les conjectures plus téméraires. L'économie politique est appelée à un grand rôle si elle ne dédaigne pas, comme elle l'a fait trop souvent, les études philosophiques qui lui sont indispensables : à elle d'éclairer par les lumières de la morale l'amas toujours un peu confus des résultats statistiques ; à elle de contrôler par les lumières de l'expérience les théories aventurées d'un dogmatisme purement théorique.

DE L'ÉDUCATION.

L'éducation est la formation de l'homme moral comme l'instruction est la formation de l'homme intellectuel ; la première s'adresse à l'âme, au cœur, à la volonté ; la seconde à l'intelligence et à l'esprit seulement.

Néanmoins elles tiennent l'une à l'autre par des

liens si étroits qu'aux mêmes hommes est ordinairement remis le double soin de pourvoir à la formation simultanée du caractère et de l'esprit chez les jeunes enfants; les professeurs sont alors chargés de faire pénétrer dans l'âme de la jeunesse, non-seulement cette froide et pâle lumière qui montre la vérité, mais aussi cette flamme intérieure à laquelle s'allument les dévouements et les sacrifices moraux.

Sur qui pèsera la responsabilité, à qui appartiendra le privilége de cette noble tâche?

Il y a un ordre de vérités que la science humaine n'enseigne et ne démontre point, et qu'au nom d'une autorité supérieure le prêtre propose à la foi sur la tradition vivante de la parole divine. A la différence des vérités philosophiques qui ne dépassent guère l'étroite enceinte de la spéculation, et dans la pratique offrent plutôt à la bonne volonté des conseils qu'à la raison des ordres, les vérités religieuses sont des préceptes étroits qui étreignent l'homme dans ce qu'il a de plus intime, mettent la main sur sa volonté, règlent ses désirs, lui imposent ses résolutions et l'introduisent à ce combat que nul ne peut combattre dans la vie sans l'avoir livré d'abord au dedans de lui-même à ses vices et à ses passions. Le plus incrédule des philosophes tremble pour la pureté, je dirai presque la santé et la vie, de l'enfant que la religion n'a point protégé et que la parole de Dieu n'a point nourri: le plus déterminé des esprits forts recule d'épouvante à l'évocation hideuse d'une société où la religion ne serait plus : ce ne sont ni les lois, ni la force, ni les spéculations de la science, ni les efforts de la philanthropie qui ferment les portes de l'abîme où gémit la misère, où gronde la souffrance, où murmure la jalousie; c'est la résignation qui prie sur le seuil, qui retient les vagues dont la marée envahirait les sommets sociaux, qui ouvre aux aspirations des malheureux des aspects infinis du côté des horizons du Ciel. Voilà ce que n'ignorent ni le magistrat sur son tribunal, ni le prince sur son trône, ni quiconque a mission de gouverner les hommes; voilà ce que les sociétés se rappellent quand sonne l'heure des tempêtes sociales et quand monte le flot des révolutions; la frayeur leur rappelle Dieu ; elles se retournent vers lui, lui seul rend la paix aux cœurs des hommes et aux gouvernements des nations.

Les croyances religieuses sont donc un besoin moral pour les peuples, comme pour les philosophes et les penseurs; les premiers trouvant dans les désordres de leur conduite, les derniers dans les égarements de leurs systèmes, le châtiment de leur doute et la preuve de leur néant. Oh! oui, c'est un besoin bien profond que ce besoin de l'infini qui entraîne tour à tour la foi et la vertu au martyre, ou le découragement et le désespoir au suicide; qui ranime l'âme par le sentiment du devoir et l'espérance d'une autre vie, ou abandonne le cœur aux hontes de la corruption et aux profanations de la volupté; qui appelle la lumière d'en haut sur notre berceau et fait luire une aurore sur notre tombe! S'il n'y avait pas constamment dans un peuple, malgré ses convulsions et ses vertiges, un fond inébranlable de religion, c'est-à-dire d'espérance, de justice et de force, la civilisation ne serait plus qu'un cadavre fardé, capable de résister quelque temps encore aux ravages de la mort, mais n'ayant plus au dedans de lui l'âme qui en soutient la vie.

Si la religion est venue du ciel, c'est sur la terre qu'elle est descendue, c'est au milieu de nous qu'elle vit; c'est au sein de la société qu'elle s'organise. Qu'on me permette cette expression, qui n'a rien d'injurieux dans ma bouche pas plus que dans l'Évangile, les ministres du culte sont, eux-aussi, des producteurs, des manœuvres, *des ouvriers de la vigne du Seigneur*; au point de vue purement humain, ils doivent attendre que l'économie politique leur assigne leur rang et leur place dans l'ordre de la société civile, qu'elle règle les rapports des prêtres et des établissements religieux avec les pouvoirs politiques et les diverses classes de citoyens.

Trois partis s'offrent à l'esprit, et tous trois se réalisent dans l'histoire : ou bien l'État se confond avec le pouvoir religieux, les dogmes sont une loi et les obligations de la foi des devoirs civils; ou la religion et l'État se prêtent un mutuel appui et, sans méconnaître la liberté de conscience, sans faire violence à une tolérance plus ou moins étendue, s'entendent dans une commune action malgré leur indépendance réciproque; ou, enfin, le pouvoir vit dans une séparation absolue de tout ce qui de près ou de loin touche au culte; il appartient à chaque citoyen de pourvoir individuellement en toute liberté et suivant son caprice, à la satisfaction de ses besoins religieux dont l'État ne se mêle aucunement.

Chacun de ces trois partis entraîne pour la religion une organisation temporelle bien différente. C'est dans l'histoire, surtout, qu'il faut chercher les renseignements relatifs à la première forme : l'alliance intime, je dirai presque l'identité du pouvoir civil et du pouvoir religieux, l'empereur se disant, comme Constantin, un évêque laïque, le pape s'intitulant le souverain des rois; combinaison qui a eu son plus célèbre apologiste dans le Dante, sa personnification la plus éclatante dans Grégoire VII. Système théocratique indépendant de la foi et que l'histoire peut tour à tour approuver ou combattre, en lui rappelant ses erreurs ou ses bienfaits; d'un côté l'inquisition, la Saint-Barthélemy, de l'autre, l'Église comme une bonne mère veillant sur le berceau de l'humanité, la nourrissant du lait des bonnes doctrines, réhabilitant le travail par les ordres monastiques, relevant le servage par l'égalité des hommes dans le ministère divin, s'armant du droit d'asile et de la trève de Dieu contre la violence des puissants, sauvant jusqu'aux lettres profanes et conservant dans la juridiction ecclésiastique le dernier germe de la légalité d'où devait renaître le droit moderne. L'organisation des couvents, des juridictions religieuses, les rapports des évêques avec le pape, des prêtres avec les évêques, des fidèles avec le prêtre, le règlement territorial des possessions de main-morte, la dîme, les redevances, les censives, les abbayes, les droits romains : toutes questions d'économie politique du premier ordre qu'il serait insensé de résoudre au point de vue moderne. Il faut, dans les questions d'histoire surtout, se garder de la prévention et savoir se faire, sans renoncer aux principes absolus, le contemporain du passé afin d'en devenir le juge.

A côté de ce système s'offrent encore deux organisations dont l'examen provoque les plus hautes considérations morales. Qu'on nous pardonne la crudité des termes imposée par les nécessités de la science aux répugnances de notre cœur ; la religion, dans ses fonctions temporelles, doit-elle être regardée, par un pouvoir indifférent ou libre penseur, comme une industrie que ses ministres exercent à leurs risques et périls ; ou bien l'alliance du trône et de l'autel, pour me servir d'une expression restée fameuse, repose-t-elle au fond sur la solidarité inéluctable des deux grands pouvoirs essentiels à la société, le pouvoir religieux et le pouvoir politique? L'idéal de la société doit-il être l'Amérique, où l'on change de religion parce qu'il y a un courant d'air qui donne sur votre banc à l'église; où, comme le raconte le pieux Barnum, l'on intitule gravement un culte du nom de la rue où il s'exerce, mieux encore, du numéro de la maison, pour prévenir les erreurs et pour éviter la concurrence et les contrefaçons! Plus sérieusement, faut-il penser que l'État n'a rien à faire et que c'est à chacun de s'arranger comme il lui plaît; faut-il regretter que nos traditions nationales nous aient fait une autre situation, qu'elles aient créé parmi nous un vaste ensemble de faits et de rapports dont la société porte partout l'empreinte et qui attestent non pas la chimérique indépendance, mais l'alliance rationnelle de la religion et de l'État. Rien de plus intéressant à suivre et à commenter que la condition économique et légale de la religion au sein de nos sociétés contemporaines tant protestantes que catholiques : l'élection, la juridiction, la hiérarchie religieuse, le régime des couvents et la constitution de la personne civile dans la communauté, l'administration des conseils de fabrique, les chapitres, le salaire donné par l'État, le serment, le régime des bulles, l'appel comme d'abus, etc., toutes ces institutions sont beaucoup moins radicales et infiniment plus compliquées que le régime de la libre dissidence et du *self-government* en matière religieuse ; c'est à l'économie politique à examiner si elles ne sont pas infiniment plus satisfaisantes au point de vue de la logique et de la civilisation. Même dans ces limites si étroites et si indignes de la majesté du sujet, même en fermant le temple et en voilant le sanctuaire, même en prenant la religion pour ce qu'elle n'est pas, c'est-à-dire pour une des institutions de ce monde, l'économie politique trouve encore la tâche assez grande, et sous l'humble forme de cette organisation extérieure à laquelle il lui faut réduire cette discussion, malgré elle, elle retrouve tout entière la question de la destinée morale de l'homme, le problème fondamental de la civilisation tel que la métaphysique le soulève dans les régions de l'idéal, tel que l'histoire l'agite dans les domaines du passé, tel que la religion le résout dans les enseignements de la foi.

Au-dessous des sentiments religieux se placent les émotions profanes, lesquelles sont, à proprement parler, le domaine de l'art ; c'est un besoin pour l'homme d'être intéressé, attendri, élevé ; l'art parle toutes les langues, s'adresse à tous les sentiments, remue toutes les fibres du cœur humain, soit que, grandissant la pensée jusqu'au niveau de l'infini, il rattache ses créations au Dieu qui l'inspire, soit que traînant son génie dans la fange, il orne de fleurs la couche de l'adultère et tienne en main la torche fantastique dont s'éclaire la débauche; tous les peuples et toutes les sociétés ont vu se multiplier à l'infini les œuvres qu'a enfantées cet infatigable déploiement de l'activité humaine; c'est une production incessante, qui augmente, qui déborde, et dont la réglementation appartient de droit à l'économie politique dès qu'elle aura résolu les problèmes moraux dont cette réglementation dépend.

La *propriété* littéraire et artistique est-elle une propriété? Question étrange et qui mérite d'être débattue puisqu'il a fallu tant de siècles pour y aboutir. Comment s'exercera sur elle la protection de la loi, à quelles limites faut-il l'étendre ou dans quelles bornes la resserrer, où commencera le domaine public pour une œuvre d'art? Faut-il renfermer dans une loi *commune* la *romance* de spectacle, la façade du monument qu'on vient de daguerréotyper, et jusqu'au portrait dont l'artiste a dérobé la ressemblance? La question des droits d'auteur en matière d'association entre des arts différents, la rémunération des paroles et de la musique, par exemple, la part du dessinateur et de l'ouvrier, du peintre, du graveur, du ciseleur, sont autant de points à examiner, et ce ne sont pas dans l'économie politique ceux qui intéresseraient le moins notre siècle; j'en dis autant des sociétés littéraires industrielles, de la pluralité indéfinie de collaboration, de la cote mobile des valeurs artistiques et romancières. Depuis qu'on a peu d'idées, on y tient beaucoup comme à tout ce qui est rare : une couverture de papier de telle couleur, un titre bizarre, un adjectif placé avant ou après un mot, une enseigne plus ou moins comique, un pseudonyme, constituent de véritables propriétés artistiques en matière d'industrie ; un coup de couteau donné dans le dos plutôt que dans la poitrine, un précipice imaginé à droite plutôt qu'à gauche du chemin, une femme qui se fait détacher les mains en trois fois et non pas en une, deviennent à leur tour de véritables propriétés industrielles en matière d'art. Le devoir de l'économie politique est de simplifier ces chicanes, d'améliorer la législation, de mettre un frein aux cupidités ignobles des écrivains, et un terme aux vols infâmes des contrefacteurs.

L'art doit-il être encouragé par l'État? Il appartient à l'économiste d'examiner lequel des deux systèmes doit être préféré : de celui qui remet aux mains du gouvernement cette responsabilité avec tant d'autres, ou de celui qui supplée, par le zèle des particuliers et la puissance de l'association, aux Louis XIV et aux Auguste. Il serait intéressant de comparer les destinées de l'art, d'une part, sous les grands régimes impériaux et monarchiques, et d'autre part sous les institutions aristocratiques des républiques italiennes du moyen âge ou dans l'indépendance brutale du régime américain.

L'économie politique a encore à se préoccuper des limites que l'art doit trouver dans la puissance ou dans les mœurs publiques; faut-il le régler dans son développement ou l'abandonner à sa licence; faut-il livrer la presse aux créations immondes d'une littérature démoralisée, ou punir celui qui viole la pudeur de son auditoire comme on punit le passant qui porte atteinte à la décence publique; est-ce assez que l'achat soit volontaire pour que le mal d'une œuvre infâme ne puisse être imputé qu'à l'acquéreur? Convient-il que l'État autorise la tentation incarnée dans les séductions du burin, du ciseau ou de la plume? Si les lois répriment avec la sévérité qu'elles doivent à la société et à la morale les conséquences pratiques de la corruption et de la débauche, convient-il à l'État qui investit le magistrat de son pouvoir et l'arme du glaive de la justice, de couvrir de son silence l'attentat moral à la pudeur de l'âme et la prostitution de l'art à l'apostolat du vice? Parvenue à la hauteur de ces considérations morales, l'économie politique aura à reconnaître avec douleur que des complaisances hypocrites pour le vice poli, le goût de l'élégance et de la forme ont trop fait oublier aux modernes la sévérité de nos pères; la science n'a pas seulement ici à justifier des répressions légitimes mais à réformer une organisation impuissante, à reprendre par sa base le régime de l'art dans les conditions de la société. S'il n'appartient pas à la loi d'être prude, il est de son devoir d'être chaste.

DE L'ORDRE.

Pour qu'une nation existe et, pour qu'elle dure, il ne suffit pas que l'instruction et l'éducation soient données à la jeunesse, continuées ou offertes à l'âge mûr; la société a d'autres besoins moraux à satisfaire sans lesquels il n'y aurait point de civilisation; il faut qu'il soit pourvu aux nécessités de l'ordre par une administration, aux décrets de la justice par une magistrature, au maintien de la paix par une force; l'armée, les tribunaux, les fonctionnaires civils et politiques, doivent être considérés dans une économie exacte et complète comme apportant leur contingent aux intérêts de la cause commune : production morale dont les conditions, pour être découvertes et tracées, exigent les efforts réunis de l'économie et de la morale.

§ 1. — Administration proprement dite.

L'administration doit-elle être distincte du pouvoir politique? Exemple : Un garde champêtre reste garde champêtre sous la république comme sous la royauté, durant la présidence comme pendant l'empire ; ses attributions sont les mêmes, elles sont définies et ne relèvent nullement de l'organisation du pouvoir politique; pourvu qu'une destitution ne l'atteigne pas, peu importe que le gouvernement passe par toutes les nuances démocratiques, aristocratiques, constitutionnelles, sa position ne change pas, il ne cesse pas d'être ce qu'il est. Un pacha, envoyé par le sultan avec les pleins pouvoirs de la tyrannie orientale, emploie à son tour des subalternes destinés à agir dans sa main et qui ignorent la veille ce qu'ils feront le lendemain ; cette administration se ressent non plus seulement des idées, du caractère, de l'âge du despote, mais de ses mauvaises digestions ou des vilains rêves de ses nuits ; le pouvoir administratif se confond ici avec le pouvoir politique. Entre ces deux extrêmes se placent tous les intermédiaires, depuis le système américain qui fait dépendre d'une élection présidentielle la destinée de l'humble employé de la poste aux lettres, jusqu'aux traditions anglaises qui, malgré les difficultés de la pratique, distinguent avec beaucoup de bon sens les fonctions politiques sujettes au remplacement de celles qui n'ont pas ce caractère ; jusqu'à la ténacité française, enfin, qui s'inféode à la position, s'incarne dans une fonction administrative et en fait tellement son bien, sa chose, son fief, qu'elle résiste aux changements de systèmes, de pouvoir, aux tempêtes politiques, aux bouleversements sociaux, prête à tout entreprendre, à tout subir, à tout promettre, à tout jurer, plutôt que de jamais lâcher prise.

Dans quelle mesure doit s'accomplir la séparation légitime du pouvoir politique et de l'ordre administratif, et en même temps se maintenir leur indispensable subordination? Une fois ces distinctions établies, comment faudra-t-il procéder à l'organisation du pouvoir administratif?

Diviserons-nous les fonctions administratives en fonctions gratuites et fonctions rétribuées, telles que nous les offre la société au milieu de laquelle nous vivons : d'un côté le préfet qui reçoit un salaire de l'État avec un conseil rétribué, de l'autre le maire avec ses adjoints et son conseil gratuits; faut-il tendre à multiplier les fonctions gratuites et électives, représentation directe de l'administration des citoyens par eux-mêmes, ou amoindrir cette autonomie et concentrer les fils dans les mains du préfet, agent direct de l'État? Qui ne reconnaît le problème de la centralisation : la centralisation, arme terrible et à deux tranchants, qui, tour à tour, resserre et accroît les forces vives d'un pays, les réunit dans une même impulsion, les anime d'un même esprit et les emporte d'un même essor, ou, au contraire, les étreint et les resserre jusqu'à les paralyser. Cependant, si le lien se dénoue entièrement, si les clochers des paroisses ou les cheminées des manufactures deviennent les nouveaux donjons de mille gouvernements particuliers, il faut en revenir au moyen âge, aux fueros espagnoles, aux chartes françaises, à l'unité du beffroi, et à la marqueterie des provinces sur notre carte géographique.

Il appartient à l'économie politique de définir la nature, de tracer la limite, de déterminer le mode d'investiture de ces fonctions, depuis l'élection populaire avec les hasards de ses entraînements et quelquefois la préméditation de ses violences, jusqu'au bon plaisir des caprices despotiques. Comment préserver l'élection de ses excès, accorder la liberté du choix avec la garantie de la capacité? questions délicates qui touchent à la nature même du pouvoir et intéressent à la fois les droits des sociétés et la liberté des individus.

La durée, la rétribution des fonctions exercées sont encore des détails qui dépendent des considérations les plus hautes et entraînent les conséquences les plus graves : nos magistratures gratuites sont, comme il devait arriver, essentiellement temporaires, nos emplois rétribués sont presque à vie; à l'expiration du service actif, la pension de retraite en prolonge la rémunération par delà sa durée effective. Quelles sont les limites du droit acquis vis-à-vis de l'État, où s'arrête la légitime dépendance à laquelle le fonctionnaire est tenu, quelle sera la loi de l'avancement; comment éviter l'arbitraire des nominations, le scandale des passe-droits, l'abus des destitutions; quelles seront les garanties réciproques de l'État, de ses employés et enfin de ses administrés; qui jugera leurs contestations et qui réglera leurs différends, quelle est la limite de la protection due par le gouvernement à l'agent qui lui obéit, comme aussi quel est le point où l'inviolabilité des fonctionnaires porterait atteinte aux droits du citoyen qui demande justice contre lui? La question même des salaires n'implique-t-elle pas des considérations de premier ordre? Supposons pour un instant un système où les places les plus hautes soient les moins rétribuées; où les fonctions inférieures reçoivent, toute proportion gardée, un traitement relativement plus considérable, et dites-moi quelles seront, par rapport à la société et à l'influence de l'élément aristocratique, les conséquences de cet ordre de choses. Faut-il multiplier le nombre des emplois et diminuer la quotité des services attendus, ou augmenter la besogne pour augmenter le traitement? Faut-il que les employés des administrations soient, comme chez nous, musiciens aux barrières, écrivains dans les journaux, vaudevillistes au théâtre, teneurs de livres, instituteurs, négociants, avocats, étudiants; ou que l'État exige et concentre à son service l'homme tout entier, qu'il occupe et paye chacun de ses moments, ne lui laissant que le repos et non pas le loisir? Arrêtons ici nos questions; aussi bien est-il trop visible qu'en cette matière de l'administration l'économie politique, réduite à ses propres forces, ne saurait aboutir à aucun résultat.

§ 2. — Justice.

La justice répond à un besoin d'une nature plus haute ; elle est la véritable garantie de l'ordre dont l'administration n'est que le mécanisme, elle domine les sociétés; celles-ci ne périssent point par les désordres visibles; ce ne sont pas les perturbations ou les souffrances matérielles qui les jettent dans la décadence; elles périssent parce que chacun de ces désordres révèle et atteste une violation des rapports moraux, des devoirs et des droits que notre âme a besoin de sentir respectés ; les civilisations qui résistent à la famine, à la guerre, à la conquête, meurent d'avoir été injustes. La justice est donc une des fonctions les plus essentielles de l'existence sociale : il appartient à l'économie politique de chercher comment elle s'accomplit, par quelles mains et dans quelles conditions.

Je retrouve ici les mêmes questions que nous avons déjà posées : les fonctions judiciaires sont-elles distinctes des pouvoirs politiques? Le despote remplace toute loi; il est lui-même, dit-il, le droit vivant ; cette loi, arbitraire comme le caprice, incertaine comme le hasard, déraisonnable comme les passions de l'homme, n'est ni l'expression ni la garantie des droits réels, elle en est la violation flagrante et le plus hautain démenti ; voilà pourquoi le préteur romain, malgré l'omnipotence de la conquête, publiait son édit lorsqu'il entrait en charge, se faisant à lui-même sa loi ; il ôtait ainsi à ses arrêts le caractère d'une improvisation quotidienne et cherchait à leur communiquer l'autorité de la loi écrite ; en effet, pour être, comme l'a dit Justinien, la définition des rapports divins et humains, les codes doivent être autre chose que la volonté ou l'intelligence d'un individu ; la vertu même et le génie ont leurs défaillances ; l'histoire ne l'a que trop prouvé.

Dans le passé, l'autorité judiciaire se mêle au pouvoir politique sous des formes diverses ; chez les Romains, elle fait partie de l'autorité paternelle ; de sanglants arrêts s'exécutaient à l'ombre muette du foyer domestique ; le père était le juge et souvent le bourreau ; au moyen âge, le droit de haute et de basse justice témoignait de la possession du fief ; le nombre et l'élévation des potences à la porte du castel mesurait la qualité du gentilhomme dans l'échelle des hiérarchies sociales ; alors ce droit est un privilége ; c'est par la revendication des causes, par l'appel à la cour du roi que le pouvoir monarchique attaque avec le plus de succès l'organisation et l'indépendance féodale. A mesure que la société se transforme, le pouvoir judiciaire, concentré entre les mains de l'État, s'exerce par délégation et par l'office des magistrats.

Comment aura lieu cette délégation ; quel jugement faut-il porter sur les différentes transformations que l'histoire nous raconte? Ici ces gens de loi, que le fier duc de Saint-Simon nous montre assis aux pieds des nobles hommes, et vers lesquels le grand seigneur tenant justice voulait bien pencher son oreille pour entendre un conseil; première origine des parlements ; là, le bailli délégué du possesseur de fief, depuis le farouche Gessler qui faisait courber les têtes libres des Suisses devant le chapeau historique, jusqu'au bailli des opéras-comiques dont les enfants eux-mêmes apprennent à se môquer : les magistratures, tantôt conférées par le caprice, tantôt vendues pour de l'argent; les offices devenant un moyen de recette, et les charges héréditaires livrées au plus offrant. Est-ce ainsi qu'il sera satisfait à ce besoin du droit qui vit au cœur des nations et que les souffrances de l'iniquité seront épargnées au genre humain?

Une fois ces fonctions débarrassées de tout ce qui leur ôtait leur indépendance et diminuait la sûreté de leurs arrêts, ne fût-ce que par la légitimité du soupçon, l'économie politique rencontre de nouvelles questions sur lesquelles elle ne saurait se taire ; quelle doit être l'origine, l'organisation, la durée, la condition de ces fonctions ? Suivant la réponse, toutes les conséquences changent d'aspect, et la justice de direction et d'influence. Les fonctions judiciaires peuvent-elles être conférées par l'élection populaire, devenir temporaires et en quelque sorte réciproques entre les citoyens, rester gratuites et à peu près indépendantes du pouvoir? Fera-t-on des juges, des tribunaux, je dirais presque des bourreaux d'occasion : on connaît la loi de Lynch et la façon dont elle se pratique. Les juges seront-ils à la nomination de l'État? où et comment l'État trouvera-t-il contre lui-même un moyen pour se préserver de la faveur et du népotisme, pour opposer l'inviolabilité des règlements à l'impatience et à l'impudeur des sollicitations ; comment sera sauvée l'impartialité de l'arrêt par l'indépendance du juge : l'inamovibilité doit-elle faire de la fonction un titre personnel qu'il lui appartienne de déposer librement, ou l'âge doit-il apporter la présomption d'impuissance à une époque prévue de la vie ? Quelle doit être la position pécuniaire du magistrat ; faut-il que des traitements élevés, ou au moins suffisants, appellent à cette carrière tous ceux qui s'en reconnaissent les lumières et le courage ; ou bien faut-il que des émoluments dérisoires et disproportionnés avec l'instruction et le temps exigés, en éloignent quiconque n'a pas derrière lui sa fortune et maintiennent ainsi un certain niveau aristocratique au moyen de ce subterfuge inaperçu ? Chacune de ces questions, comme beaucoup d'autres encore, doit être appliquée tour à tour à l'analyse de chacune des fonctions de la justice, car il ne saurait y avoir de solution absolue et de formule universelle; il faut étudier directement la nature des besoins moraux pour y accommoder les institutions ; la justice de paix, le jury en matière politique, civile, criminelle, administrative, les juridictions ecclésiastiques, les tribunaux administratifs, commerciaux, les conseils contentieux, militaires, etc., etc., sont autant d'organisations qui doivent être appréciées au point de vue de leur effet moral : leur aptitude à satisfaire aux conditions d'une justice stricte constitue au point de vue économique leur effet utile.

Enfin, reste à traiter du prix de revient de la justice et de son mode de payement; on me passera ces expressions qui, partout ailleurs, seraient paradoxales et qui ici sont exactes; la justice est-elle un service rendu à des particuliers dans leur seul intérêt ou une fonction sociale qui regarde l'État ? N'arrive-t-il pas toujours qu'elle intéresse à la fois les individus qui la réclament et la société qui la rend; ne la voit-on pas, suivant qu'elle peut être considérée tour à tour ou comme une condition de salut public, ou comme un auxiliaire utile des intérêts et des droits individuels, rendre gratuitement ses services, ou faire payer ses arrêts? Quels seraient, en matière civile, les inconvénients des tribunaux gratuits, et en matière criminelle le danger de l'action personnelle de la victime ou de ses ayants droit; pourquoi n'est-il plus question des épices, excepté dans la comédie des *Plaideurs*,— sur quel principe se fondait en droit et se justifiait en pratique ce perpétuel effort des édits royaux pour restreindre l'abus ou faire disparaître la coutume des cadeaux et presque des visites? Le magistrat doit être payé; comment cet argent lui arrivera-t-il? Faut-il que le juge ait, comme le gendarme, son droit dans l'arrêt ou le procès-verbal; ou, comme les tribunaux d'exception de l'ancien régime, sa part dans la confiscation des biens après livraison de la tête condamnée? Ne faut-il pas pourvoir à ce que le salaire ne soit ni couvert de boue, ni taché de sang, à ce que la fonction elle-même soit rémunérée, abstraction faite de tout ce qui pourra advenir en vertu des devoirs de la charge.

Reste un dernier point à régler, ce sont les limites auxquelles doit s'arrêter l'action de la justice. Si elle va trop loin, si elle outrepasse la satisfaction légitime qu'elle doit à nos intérêts et à nos besoins moraux, elle fait naître un danger pour l'État, elle peut même fournir le prétexte ou devenir la cause de graves désordres; qu'on se rappelle les parlements au bon temps du cardinal de Retz. Faut-il qu'on sacrifie comme autrefois à la justice les droits du citoyen et que l'innocent tremble devant elle à l'égal du coupable; qu'elle dispose en maîtresse souveraine de nos libertés, de nos biens, de notre honneur et de notre vie; lui laisserons-nous relever les chevalets de la question ordinaire et extraordinaire; refuserons-nous la liberté sous une caution, soit pécuniaire, soit morale; prolongerons-nous sans terme les longueurs de la détention préventive; étendrons-nous sans précaution le pouvoir de faire des lois sous formes d'arrêtés? Il ne saurait être donné satisfaction aux sentiments de la justice et aux prescriptions de la conscience qu'à la condition absolue de ne violer aucun droit, de n'y toucher même jamais sans une nécessité flagrante, enfin de tenir compte de ce qui est à côté de ce qui doit être.

§ 3. — **Force armée.**

Le maintien de l'ordre, ou la paix, est le dernier des besoins de la civilisation qu'il nous reste à examiner; je ne sais comment appeler la force instituée pour correspondre à ce besoin; je n'oserai point dire que ce soit là une production véritablement morale, et cependant ce n'est point un fait purement physique qui aboutisse à un résultat matériel; il suffira au lecteur qu'on se soit ici expliqué et entendu avec lui. Il faut que la force soit à la disposition du droit, autrement les arrêts de la justice ne sont plus que des menaces ridicules; l'art, la science, que des tentatives impuissantes au milieu d'une anarchie sans remède; le travail lui-même un effort impossible sans effet utile, sans sécurité et sans espoir. La force est donc indispensable, à cette condition qu'elle ne s'armera pas au profit de l'injustice et qu'elle ne créera pas sur les ruines de la liberté écrasée le règne douloureux de la nécessité morale, mille fois plus terrible que l'empire muet de la fatalité physique. Comment doit être organisée cette force si nécessaire et pourtant si redoutable, pour garantir les fonctions vitales sans y porter atteinte, les couvrir d'une protection invisible et aboutir enfin par une tranquillité incontestée à se rendre elle-même inutile? Que faut-il penser des trois formes essentielles qu'elle a revêtues dans les sociétés modernes : force armée, police, garde nationale ; quelles sont les attributions de chacune d'elles ; l'institution de la garde nationale est-elle une erreur généreuse, une convenance ou une nécessité politique? Relativement à l'organisation de l'armée, sera-ce un droit exclusif de porter les armes comme du temps de la chevalerie ou un devoir commun rigoureusement exigé comme dans la landwehr prussienne, une charge dont la substitution à prix d'argent sera tantôt tolérée et tantôt encouragée (système français), une industrie, un emploi auquel pourvoiront les ressources de l'État (système anglais), une fonction et comme un divertissement temporaire pour lequel on comptera, en cas de besoin, sur l'influence de l'opinion publique et sur la bonne volonté des particuliers (système américain). La police se confondra-t-elle avec l'armée, sera-t-elle une institution à part avec ses agents et ses ressources; sera-t-elle autorisée à se ménager le concours invisible d'auxiliaires ignorés; fera-t-elle ouvertement appel à la bonne volonté des *gentlemen, transformera-t-elle tout à coup le* passant en un agent actif au moyen d'une injonction légale imposée par la baguette du constable? Quelles seront les limites à garder entre le régime de Londres, où les policemen ne cessent jamais d'être à la portée de la voix ou de la crécelle les uns des autres, le régime de Paris, où il n'est guère possible de regarder un peu loin sans apercevoir l'uniforme d'un garde municipal, la tranquille police de nos foires cantonales où règne le paisible baudrier du garde champêtre, enfin la violente organisation des sociétés américaines habituées au régime du pistolet? Il ne suffit pas que la paix règne, il faut qu'elle règne par des moyens légitimes et sans compromettre ni droits, ni devoirs, ni intérêts. L'économie politique n'arrivera à organiser cette fonction délicate que par l'étude approfondie des rapports moraux que la force est appelée à garantir dans l'ordre matériel, et le maintien de ces rapports moraux sur lesquels s'établit le règne de la paix est la condition absolue de toute production, de tout échange, de toute richesse.

Il suffira d'avoir lu ce qui précède pour être saisi de la grandeur et de l'importance des services que la morale est appelée à rendre à l'économie politique dans cette étude de la production ; si, par un effort de statistique impossible à réaliser, on parvenait à saisir et à représenter mathématiquement, à évaluer à une fraction de centime près tout ce qui se tire de l'agriculture, de l'industrie, du commerce, ce tableau si exact et si complet du revenu, chef-d'œuvre de recherches et de méthode, suffirait-il aux besoins et répondrait-il aux questions de l'économie politique? Il n'est pas donné aux esprits médiocres de couper les ailes à la science, elle prend son vol loin d'eux et ne laisse entre leurs mains qu'une ombre vaine; ce qu'il y a de plus intéressant dans l'économie politique, ce ne sont pas les chiffres et les faits, mais les doctrines qui les mettent en œuvre et leur donnent presque toute leur valeur; les chiffres sont semblables en eux-mêmes à ces projectiles indifférents que ramassent et se renvoient deux armées ennemies, et qui servent tour à tour à faire brèche sur le rempart de l'assiégé et sur la batterie de l'assiégeant. Les faits ne sont point lumineux par eux-mêmes ; pour devenir visibles, il faut qu'ils soient éclairés convenablement ; mais alors, comme des surfaces polies, ils semblent multiplier l'éclat des feux qu'ils renvoient et augmenter indéfiniment la clarté; cette lumière supérieure, l'économie politique, doit, comme le Prométhée antique, la ravir au monde d'en haut.

FIN DE LA PREMIÈRE PARTIE.

SECONDE PARTIE

ÉCHANGE

Préliminaires.

Après la production vient l'échange et après l'échange la consommation ; la production est le point de départ, la consommation le terme de l'économie politique; l'échange joue le rôle d'intermédiaire entre ces deux extrêmes.

L'échange est tantôt un fait matériel qui s'accomplit à un certain moment et par la livraison effective des marchandises troquées ou vendues, tantôt et abstraction faite de la livraison, un fait moral qui suppose la constitution du crédit et l'emploi d'une valeur.

Je transporte mon blé sur le marché et de là chez le preneur; voilà la vente et la livraison effective : j'achète une part d'intérêt dans une compagnie de bateaux à vapeur; on me donne une action dont je touche la rente et que je transfère, j'accepte en payement d'une vente un effet de commerce que je négocie au prix d'un escompte : voilà le fait moral à côté du fait matériel.

L'échange réel, ou la livraison, soulève trois ordres de questions relatives :

1° A la liberté ou à la réglementation des échanges ;

2° Aux moyens de transport, tels que les routes, les voies ferrées, les canaux, les fleuves, les mers, etc. ;

3° Aux garanties matérielles de l'échange par livraison : assurances, police du roulage, législation commerciale, droit maritime, etc.

L'échange moral comporte à son tour l'examen de trois problèmes fondamentaux :

1° Conditions pratiques de l'échange moral ; constitution de la valeur et du crédit : monnaie, billets, papiers de commerce, etc.

2° Mécanisme de l'échange moral ; banques publiques et privées, etc.

3° Lois de l'échange moral ; escompte, intérêts, etc.

I

CONDITIONS DE L'ÉCHANGE RÉEL.

Pierre vend à Paul une marchandise ; cette marchandise passe de la poche de Pierre dans la poche de Paul ; vente, livraison, transport ; voilà l'échange matériel tout entier. Reprenons le premier de ces faits : Pierre, le vendeur étranger, demande deux sous ; Paul, l'acheteur indigène, consent à les donner ; arrive le gouvernement qui met la main sur l'objet et qui demande à Paul, non plus deux sous, mais trois sous, dont dix centimes pour Pierre et cinq pour lui gouvernement ; Paul alors, après une indignation convenable, tourne le dos à Pierre et s'en va trouver Jacques qui lui donne pour deux sous et demi le même objet plus mal fabriqué et moins solide.

Pourquoi le gouvernement impose-t-il la marchandise de Pierre? pour favoriser le travail de Jacques. Qui paye plus dans l'intérêt de Jacques? c'est Paul. Si Paul réclame, Jacques s'écrie : vous allez me ruiner! Si Jacques obtient gain de cause, Paul s'en va partout répétant qu'on le vole : en deux mots Jacques demande l'aumône, Paul la refuse ; le gouvernement intervient qui y trouve son profit et l'impose par la force ; Paul paye et Pierre est mis à la porte; voilà toute la question de l'échange telle qu'elle s'agite depuis longtemps déjà entre les protectionnistes et leurs adversaires.

Chose étrange, les partisans de la protection comme ceux du libre échange empruntent leurs arguments presqu'au même ordre de faits et font valoir à peu près les mêmes raisons, ces raisons, comme ces faits, viennent tour à tour (grâce au commentaire) étayer les doctrines les plus contradictoires; spectacle plein d'enseignements pour qui méconnaîtrait la nécessité de remonter à des considérations d'un autre ordre et de sortir de la réalité matérielle pour la dominer.

Que disent les protectionnistes. « Ce que nous « voulons, après tout, c'est le véritable intérêt du « consommateur ; il lui importe de n'être pas tribu- « taire du marché extérieur et livré à la merci du « producteur étranger. Sans parler des vicissitudes « des guerres et de l'incertitude des relations, sans « parler de ce que coûtent à la richesse nationale ces « perpétuels débours dont on pourrait si aisément « s'affranchir, où le vendeur du dehors rencontre- « ra-t-il un contre-poids à sa cupidité? Une fois maî- « tre du marché, sûr du tribut qu'il impose à nos « habitudes il élèvera insensiblement ses prétentions, « et pour n'avoir pas voulu prévoir l'inévitable effet « de l'empire qu'on lui a donné, le consommateur « sera mis en coupe réglée. Ne vaudrait-il pas bien

« mieux se prémunir de longue main contre cette « hausse exorbitante et préparer à notre profit une « concurrence efficace, dût-elle d'abord nous coûter « quelque chose ; la société ne dit point, comme « Louis XV, après moi le déluge ; il lui appar- « tient au contraire de voir de haut et d'aperce- « voir de loin. » Voilà la raison d'être du système prohibitif ou protectionniste ; son vrai but est de créer à l'intérieur une force capable de lutter contre la production extérieure, et au moyen d'un sacrifice actuel d'exonérer le pays des charges que lui prépareraient dans l'avenir l'invasion et la conquête des industries du dehors. « L'étranger lui-même, « ajoute-t-on, est par ce système réduit à travailler « pour nous ; pourvu qu'une prohibition sans misé- « ricorde ne soit pas stipulée au tarif, il ne perd pas « toute espérance de nous faire accepter sa marchan- « dise ; il s'épuise en efforts et en rabais pour sup- « porter la taxe d'entrée et satisfaire malgré le droit « d'importation aux exigences du consommateur ; il « livre donc ainsi ses produits à l'extrême limite du « bon marché. Grâce à l'abaissement du prix, l'in- « digène peut encore user du produit exotique intro- « duit sur le marché national en dépit de la protec- « tion ; en même temps les revenus des douanes sont « pour l'État une source de richesses qui ne coûtent « rien aux nationaux, un impôt dont ils sont dégre- « vés et que paye pour eux le producteur étranger.

« Le consommateur a donc tout intérêt à l'existence « de l'industrie protégée; par la concurrence elle « maintient la liberté du marché et provoque l'abais- « sement des prix ; elle assure à l'État, aux dépens « des peuples rivaux, un revenu dont elle affranchit « le citoyen. »

Les libre-échangistes ont des arguments d'égale force et peut-être un langage plus véhément; on ressent chez eux l'ardeur de la conquête et de l'attaque, et non plus la confiance et la mollesse de la possession. « Comment, reprennent-ils à leur « tour, mais c'est l'intérêt du consommateur qui « crie pour nous! Que m'importe que mon vendeur « soit Norwégien, Espagnol ou Ottoman, pourvu que « le produit me soit livré à bon compte et que je ne « surpaye pas? Cet avenir formidable dont vous nous « menacez, cet épouvantail de l'exploitation de notre « marché est démenti par toute l'histoire, et les étran- « gers ne manqueront pas, à défaut de producteurs « nationaux capables d'entrer en lice, de se faire « entre eux cette concurrence que vous invoquez à « notre profit. Où est mon intérêt à encourager de « ma poche une industrie à laquelle s'opposent les « traditions commerciales, les habitudes indigènes, « les préjugés locaux, contre laquelle quelquefois « s'arme la nature et combat la nécessité même des « choses? ce sera moi qui irai la nourrir de mon sang « et m'ôter le pain de la bouche pour la faire vivre!

« J'irai me résoudre à des produits inférieurs quand « les marchés étrangers regorgent et ne demandent « qu'à déborder sur le nôtre ! je paye plus cher afin « d'avoir, non pas meilleur, mais plus mauvais ! « Vous parlez de la concurrence, mais c'est juste- « ment cette concurrence qu'on a pour but de pré- « venir. L'horreur du monopole étranger vous a « précipités dans le monopole indigène ; et comme « la protection a été calculée pour que l'industrie « nationale y trouvât une protection efficace même « dès ses plus informes commencements, il lui suffit « de la moindre impulsion en avant, de l'ombre « même d'un progrès, de la puissance seule de la « routine pour la fortifier encore contre tout assaut « de l'étranger. Quant à l'impôt à l'entrée, et à votre « prétendue source de revenus, c'est évidemment le « consommateur indigène qui l'acquitte : le vendeur « du dehors n'opérant jamais sans qu'il y ait pour « lui certitude de gain, le tarif de la douane est vrai- « ment le tableau des rabais qu'il pourrait faire s'il « n'y avait pas de droits d'entrée. Ainsi l'acheteur « national exploité au profit du producteur national, « une prime constituée à la routine et à la paresse, « une guerre impitoyable à tous les produits avanta- « geux du dehors, produits dont la mise en vente « vous ferait en quelque sorte profiter des libérali- « tés de la Providence envers des peuples traités « moins rigoureusement que vous, voilà les effets

« constants et inévitables du système prohibitif. »

« Au reste, ajoutent encore les libre-échangistes, « les effets de la prohibition et de la protection n'ont « pas toujours été aussi soigneusement dissimulés « et le temps a donné là-dessus de grands enseigne- « ments; rapprochez par exemple les préambules « des édits de Colbert et les discussions des cham- « bres de 1823 ; mesurez l'intervalle qui a été fran- « chi et comparez les intentions économiques du « ministre de Louis XIV avec les desseins politi- « ques si hautement avoués de l'Assemblée mo- « derne; l'ensemble des lois protectrices que vit « émettre cette période de la Restauration n'avait-il « pas pour but une espèce de capitation habile- « ment calculée au profit de la grande propriété, « quelque chose comme un retour vers la dîme féo- « dale, un droit du seigneur économique prudem- « ment déguisé sous la forme inoffensive d'un tarif « protecteur? Ces motifs que les passions politiques « osèrent alors professer et qui font reculer quelque- « fois les théoriciens les plus résolus sont un des « effets normaux de toute protection ; elle aboutit « inévitablement à l'aristocratie de la terre, du bois « ou du fer, à la féodalité manufacturière ou agri- « cole. »

Au bruit de ces discordes qui retentissaient du haut en bas de la société, le public s'est ému, les passions se sont ameutées ; les reproches les plus injustes, les dénonciations les plus calomnieuses se sont mises de la partie; le libre échange a été attaqué par toutes les armes; l'opinion publique a passé à son égard par tous les retours et par tous les degrés de l'indifférence, de l'enthousiasme, de la défiance, de la haine et de l'horreur; après les longs triomphes que ses professeurs avaient, il y a quelques années, promenés de ville en ville, on a lu, dans des journaux accrédités, de longues thèses destinées à propager ce mauvais bruit que cette doctrine de la liberté était la doctrine du socialisme, que l'anarchie gouvernementale avait de secrètes affinités avec l'affranchissement des transactions. Pendant ce temps précisément, la faim, cette conseillère impérieuse, venait battre en brèche et mettre à néant l'échelle mobile toujours rappelée sur le papier et toujours ajournée dans la pratique; les besoins des grandes industries, et en particulier des chemins de fer, faisaient céder sous la pression de la nécessité la barrière immobile des taxes à l'entrée; le gouvernement en décorant un économiste célèbre bien connu par la décision de ses idées en cette matière, par les combats dont il s'était honoré, par l'indépendance dont il n'avait cessé de faire preuve en face des intérêts compromis, en le décorant pour ses *articles de journaux* présentait le spectacle inouï d'un pouvoir tout-puissant qui comprend les besoins de la société mieux qu'elle-même, tandis qu'à une autre époque un obscur député avait fait, à lui seul par ses remuements multipliés et silencieux, reculer le gouvernement devant l'association douanière avec la Belgique.

Je vais paraître bien chimérique à quelques hommes du métier, à ceux qui vous renieraient volontiers parce qu'on n'a pas cessé d'apercevoir le ciel tout en les suivant sur la terre, tandis qu'on se vante ici d'accorder aux faits tout ce qui leur est dû mais qu'on s'honore de leur refuser tout ce qui ne leur appartient pas : c'est pour avoir méconnu les lois de la Providence dans l'ordre de l'économie politique et voulu réduire au calcul obscur et vide des intérêts matériels les principes vivants de la morale, que tant d'économistes en sont encore réduits dans cette question à répéter ce qui s'est dit, à reprendre indéfiniment des théories sans principes et des raisonnements sans conclusions.

Dieu a destiné l'homme au travail, non pas seulement l'individu auquel il adresse ses ordres personnels par la voix mystérieuse de la conscience, mais la société à laquelle il a imposé des lois en dehors desquelles elle ne saurait vivre. Suivant qu'elle s'en écarte ou y rentre, elle sent tour à tour la corruption qui la dévore, les révolutions qui la remuent, la langueur qui l'abat ; ou, si elle abandonne les chemins de la mort, elle retrouve l'ardeur des conquêtes intellectuelles, la jouissance des biens de l'âme, le calme et les forces de la paix. Tout ce qui ramène ou maintient les sociétés dans ces conditions de moralité tend à l'accomplissement des destinées de la civilisation, et concourt aux desseins de Dieu; tout ce qui même au plus humble degré de l'organisation et de l'administration sociale contrarie ces vues providentielles, entraîne des conséquences funestes. Ces lois primordiales gouvernent les nations comme les individus; elles donnent la clef du problème.

A l'origine, la protection n'est qu'un fait moral : le citoyen d'une terre déshéritée et attardée dans l'essor universel de la civilisation s'était assis découragé ; laissant tomber ses bras fatigués avant le travail par le désespoir, il avait manqué de courage pour entreprendre; tout un ordre de développements faisait défaut à son activité industrielle, tout un ordre d'idées à son patrimoine moral; la protection est comme un sacrifice volontaire qu'une nation s'impose pour se convier elle-même au travail, c'est, pourrais-je dire, quelque chose d'analogue à la résolution des colonies américaines se privant spontanément, au début des guerres de l'indépendance, du thé et du tabac. Ne parlons pas de disette, de domination sur le marché indigène, de prétentions exorbitantes qu'on évite, ou d'intérêts qu'on se ménage pour l'avenir; je crois que la thèse serait difficile à suivre dans tous ces détails et les craintes bien discutables s'il fallait les évaluer en chiffres; mais la protection n'en est pas moins dans cette mesure un fait salutaire qui crée le travail par l'encouragement et provoque l'effort par l'espérance ; c'est une industrie, un monde qui sort du néant ; alors la protection est tout entière dans le sens du progrès et de la civilisation.

Au bout de quelque temps la scène change ; la victoire du travail a fait une position dominante aux humbles protégés, l'enfant a grandi ; tandis qu'il pourrait se tenir debout et marcher seul, afin de s'épargner la fatigue, sa paresse s'appuie sur la lisière qui le tient et il tend les bras afin qu'on le porte. La protection n'a plus à le protéger ; la même loi morale qui la justifiait la condamne ; lorsque les tarifs font aux privilégiés une position de rentiers et leur garantissent des profits certains en dehors de tout effort et de tout progrès, lorsque le monopole est organisé et qu'il n'y a plus qu'à dormir sur cet oreiller commode, la protection n'aboutit plus à l'initiative féconde du travail, elle devient une prime en faveur de la paresse ; alors ces industries languissent ; le chiffre des bénéfices n'atteste plus la vigueur de l'entreprise, mais l'iniquité de la loi ; et une nation qui, victime des illusions, s'obstine aux errements du passé, ressemble dans la grande concurrence des peuples à un coureur qui s'attacherait de son plein gré des semelles de plomb avant d'entrer dans la lice.

Notre conclusion est que les arguments du libre

échange, comme les arguments de la protection, ont avant tout une valeur et une portée morale ; que suivant les temps et les lieux la protection est tour à tour funeste par son injustice, ou féconde par sa moralité, et que pareillement le libre échange peut être, suivant l'occurrence, un suicide ou un progrès.

II

MOYENS DE TRANSPORT.

Quel que soit le régime auquel on soumette l'échange réel, qu'on lui laisse la plénitude de sa liberté, que la prohibition en écarte certains produits ou que les tarifs en effarouchent d'autres, l'échange réel a lieu, et il convient d'aborder l'étude des voies et moyens par lesquels s'effectue le transport ou la livraison. L'examen des forces qui accomplissent ce transport est un des côtés par lesquels l'économie politique confine à la physique et à l'histoire naturelle, suivant que les agents de la circulation matérielle sont empruntés au règne des forces inanimées et soumis aux lois de la mécanique, ou bien qu'ils sont mis en réquisition dans le règne animal, et dépendent de la domestication des espèces ou du perfectionnement des races.

Les voies par lesquelles s'effectue le transport sont continentales ou maritimes :

§ 1er. Les voies continentales peuvent être partagées, si l'on veut, en voies naturelles et voies artificielles : les premières contiennent les routes proprement dites et les fleuves ; les secondes les chemins de fer et les canaux ; noms de sens commun qui n'impliquent point comme on l'entend de reste, ou que l'art n'ait rien fait pour aider la nature, ou que la nature n'ait rien prêté à l'art.

§ 2. Les voies maritimes comprennent le régime des mers publiques, des mers intérieures, des détroits.

Quelle féconde perspective d'études au milieu de tant de questions à peine effleurées ; si notre sujet nous commande de laisser de côté l'économie politique elle-même pour n'insister que sur ses rapports avec la morale, cette partie ne nous offrira ni moins de grandeur ni moins de portée dans les problèmes qu'elle soulève et dans les recherches qu'elle provoque.

Suivons l'ordre que nous venons d'établir.

§ 1. — Voies continentales.

Les voies continentales, que nous avons appelées plus particulièrement naturelles, comprennent les routes ordinaires et les fleuves, voies de terre et d'eau, aussi impraticables du reste les unes que les autres si le travail n'avait pour elles absolument rien fait, ou, à défaut de travail, si l'usage même n'améliorait le sentier comme la berge. Le droit de passage met l'économie politique en demeure de discuter un des points les plus controversés dans les livres des légistes et dans l'histoire même de l'humanité ; on connaît le titre des servitudes dans les codes romains et la jurisprudence qui faisait du droit de passage non pas seulement une dépendance, mais une attestation ou même une conquête de la propriété ; on sait combien la loi de la prescription était ou jalouse, ou accommodante, suivant qu'on la considère au point de vue du propriétaire attentif à l'interrompre, ou de l'usufruitier impatient de la conquérir ; on sait ce que nos codes en ont conservé, quel est le régime des partages au point de vue des besoins de l'exploitation et quelles réserves leur sont imposées par la prévoyance de la loi. Au moyen âge, comme il arrive aujourd'hui encore chez plus d'un peuple que nous qualifions de civilisé, les Turcs, par exemple, le seigneur châtelain mettait sa lance en travers de la route, il fallait payer pour aller, payer pour revenir, payer pour monter et descendre la montagne, traverser le gué, franchir le défilé. Remarquons-le bien, cet impôt n'était point une prime d'assurance qui garantît des dangers de la route la marchandise taxée et rétribuât la protection de l'épée ou le travail de l'ingénieur ; nullement : c'était un nouveau droit fondé sur la possession de la terre et sur le prêt du sol fait au passant, ou plutôt encore sur la force du château, la hauteur du rocher, la profondeur du torrent, droit qu'on ne songeait guère à discuter qu'à main armée et qui paraissait au propriétaire aussi légitime à exercer que profitable à maintenir. Où est la légalité, où est la justice entre le possesseur du sol qui s'y retranche et le passant qui demande à le traverser? ce n'est pas là seulement une question d'intérêt, mais de droit public.

Il est évident que ce problème ne peut être résolu qu'en remontant à la nature même de la société et aux droits réciproques qui en résultent; l'homme n'existe point isolément; *il naît au sein de la société et il y demeure*[1]; il est aussi chimérique de le concevoir et d'en parler comme s'il existait à l'état abstrait, que de l'imaginer respirant et se développant sous le récipient d'une machine pneumatique; un ensemble de liens moraux, la langue, le sang, les traditions, les croyances, le rattachent fortement à ceux qui ont été avant lui et préparent d'avance ses rapports avec ceux qui doivent le suivre; cette solidarité morale en dehors de laquelle le cœur ne saurait s'épanouir, ni l'intelligence prendre son essor, implique un perpétuel rapprochement dans l'ordre physique. Si, par hypothèse, la propriété se renfermait dans les bornes de ses domaines, si chaque héritage confinait directement l'héritage du voisin sans qu'il y eût entre les deux une voie ouverte pour le passant, la conséquence de cet état de choses serait l'isolement complet de chacun sur une terre inaccessible. Voilà pourquoi une constitution fameuse et qu'on peut, malgré le peu de temps qui la sépare de nous, ranger parmi les essais antiques, définissait

[1] Expression de Joseph de Maistre.

entre autres la liberté, *le droit d'aller et de venir*. Sans discuter la valeur de cette courte représentation de la dignité humaine, au moins est-il vrai de dire que le droit d'aller et de venir, non pas absolu, mais réglé par l'usage et tempéré par les intérêts, ouvre un passage à la circulation publique. C'est à ce point de vue supérieur que doivent être jugées et les prétentions du château assis sur le défilé, et la requête du voleur assis sur le grand chemin en compagnie de son escopette ; nulle rétribution ne peut être demandée qu'au nom d'un service public, et que dans l'intérêt ou avec l'autorisation de l'État.

A ce point de vue, l'économie politique a le droit de se prononcer hautement sur la moralité de certains impôts auxquels se résignent les caravanes, question dans laquelle l'influence française aura, soit dans l'Orient, soit en Afrique, à dire bientôt sa toute-puissante opinion ; on peut lire dans les derniers récits de la princesse Belgiojoso ce qui se pratique à l'heure même où j'écris ces lignes ; c'est un singulier moyen de n'être pas volé durant le voyage que celui qui consiste à l'être d'abord au point de départ.

C'est ce caractère de nécessité publique conféré à la circulation par la nature même de l'homme qui remet entre les mains de l'État l'administration des voies qui servent à l'échange, leur entretien, leur police ; il appartient au pouvoir de demander à chaque citoyen des sacrifices dans l'intérêt commun et de suspendre pour un instant même les droits les plus inviolables dès que cette interdiction provisoire a un but; le citoyen de son côté a son recours dans des garanties qui varient suivant la forme des gouvernements. Cet emploi de la puissance publique va fort loin et touche de près aux entrailles mêmes de la civilisation; pour décider si l'État a le droit d'interdire telle espèce de circulation le dimanche, il faut entrer dans les plus intimes rapports de la religion avec le droit civil et politique; il en sera de même pour savoir si une cérémonie religieuse pourra officiellement disposer de la voie publique. A chaque instant dans une rue le pouvoir municipal, préfectoral, militaire, interdit, suspend, rétablit le passage, en règle la direction, défend le trot aux voitures, leur ordonne de suivre la droite, de venir d'un côté, de descendre de l'autre; un particulier peut appeler à son secours l'autorité et la force pour faire prendre la file aux équipages qui se rendent à son petit bal; on règle la largeur des roues, le poids des chargements, l'itinéraire de tels ou tels transports, l'heure où sur certains points la circulation est interdite à de lourds fardeaux, quelquefois à toute espèce de véhicules: tout est prévu dans l'intérêt du passant; le pot de fleurs est exilé de son étroit appui et refoulé dans l'intérieur de l'appartement, ou s'il menace encore la tête du promeneur il est barricadé sous peine d'amende; les étalages rentreront dans les magasins à la voix du commissaire de police et ne sortiront plus insolemment des boutiques pour accrocher le passant distrait ou hâtif; les tentes suspendues à une hauteur convenable n'assommeront plus le promeneur; les maisons privées elles-mêmes qui, dans certaines villes, offrent d'une rue à l'autre un étroit couloir, seront requises d'illuminer chaque soir, de fermer la porte des caves, de retirer les marches saillantes qui pourraient faire tomber le passant. Il appartient à l'économie politique de ne point s'en tenir dans l'exécution de ces mesures et de tant d'autres à la seule considération des intérêts, de remonter au principe qui les domine, à savoir, les droits de la puissance publique en matière de circulation fondés dans leur essence sur les conditions mêmes de la société et les besoins primordiaux de l'homme.

Les voies continentales artificielles, telles que notre civilisation nous les offre, sont les canaux et les chemins de fer; ces voies artificielles se créent et s'exploitent dans des conditions particulières; leur installation, comme leur usage, soulèvent des problèmes sur lesquels nous sommes appelés à jeter les yeux.

J'ai parlé ailleurs du droit sacré de la propriété; j'ai fait voir que la propriété, création de l'homme, fille du travail, mère de la production, est aussi inviolable que l'âme elle-même dont son principe la relevait; elle a eu cependant à subir une rude mais légitime atteinte à propos de la circulation ; je veux parler de la loi sur l'expropriation pour cause d'utilité publique ; j'ai souvent relu avec fruit les débats qui en ont arrêté la rédaction et les renseignements qui en ont établi la nécessité ; j'aimerais à voir ces documents réunis en un petit manuel à l'usage de nos jurys si mobiles et si passionnés, si incertains et si extrêmes, osons le mot, si injustes dans leurs décisions. Il faut avoir étudié de près quelques-unes des difficultés pratiques qui ont amené l'institution de cette loi pour en bien apprécier la portée, il faut connaître l'impitoyable raideur des intérêts privés, l'insanité des avarices, la cruauté froide avec laquelle le particulier exploite, même contre le plus évident intérêt public, l'avantage de sa position et le privilége du propriétaire ; c'était surtout pour les chemins de fer que l'expropriation devenait indispensable ; les conditions scientifiques dans lesquelles ils doivent être établis, les difficultés particulières qu'entraîne la nécessité d'augmenter le rayon des courbes et de réduire l'inclinaison des pentes rendaient impossible toute entreprise fondée sur des transactions amiables ; l'histoire du chemin de fer de Saint-Étienne à Lyon, établi avant la loi de l'expropriation, est moins prodigieuse par l'audace de l'ingénieur qui tenta le premier en France ce mode de transport que par la persévérance diplomatique avec laquelle il fallut poursuivre la conquête ou même ravir par la force la possession du terrain refusé. Ce serait une curieuse et instructive histoire que celle des variations de l'opinion publique sur cette loi encore mal assise et imparfaitement pratiquée. Il appartient à l'économie politique d'offrir sur ce point ses lumières au législateur lui-même pour aboutir d'un commun accord à protéger les intérêts publics contre la rapacité des réclamations sans les satisfaire tyranniquement par l'holocauste impitoyable des convenances et des fortunes privées.

Les voies artificielles touchent de si près aux besoins les plus essentiels de la société qu'on a pu discuter sérieusement la question de savoir si leur création ne devait pas être considérée comme un service public et en quelque sorte comme une fonction de l'État. Il faut ici faire grâce au lecteur des interminables élucubrations qui, à une autre époque, ont été psalmodiées à la tribune, étalées dans les journaux, réunies en brochures, reliées en volumes, à propos de l'exécution des chemins de fer par l'État ou par les compagnies : exécution exclusive, protection, garantie d'intérêts, partage de la construction, etc., etc., tout a été mis en avant, et successivement tout a été combattu, adopté, essayé, abandonné ; l'absence des faits et des chiffres dans une question toute neuve, devait pourtant assez avertir les orateurs et les écrivains de se renfermer dans les principes; l'État ne saurait prendre pour un devoir ce qui peut être fait et mieux fait par un autre que par lui; il ne renonce point à ses droits lorsqu'il laisse agir les entreprises des particuliers; et pourvu que l'intervention de la loi garantisse le public des abus du monopole, personne n'a rien à y perdre. Ici encore se représentent de nouveau les deux systèmes extrêmes du despotisme de l'État et de l'anarchie des particuliers; un gouvernement qui fait tout, un autre qui ne fait rien, de grandes compagnies qui s'arment contre le public et le volent, le brûlent, le massacrent au bénéfice de leur dividende sans que la loi ait rien à y voir; ailleurs, et par contraste, le gouvernement qui bâtit, qui creuse, qui tient le bureau des places et se fait entrepreneur de messageries : erreur de part et d'autre : il n'appartient point à l'État d'agir à la place des particuliers, et comme le communisme l'enseignait, d'absorber tous les travaux pour transformer tous les citoyens en fonctionnaires; réciproquement, il n'est point licite en matière de service public lorsque ce service, par sa nature même, constitue un monopole impartageable, de laisser les particuliers agir à leur guise et confisquer, au nom d'une compagnie, des droits que nul d'entre eux n'oserait s'arroger individuellement. Voilà pourquoi l'État règle le mode d'exploitation, le régime, le tarif, la marche, le chômage des chemins de fer et des canaux.

§ 2. — Voies maritimes.

Les voies maritimes, comme aussi certaines grandes voies continentales, ne conduisent pas seulement d'un point à un autre dans l'intérieur d'un même pays, elles aboutissent à des contrées voisines et leur régime dépend, non pas seulement de la législation d'un peuple, mais du droit des gens et du droit international. Jusqu'où s'étend la possession de la mer pour les puissances riveraines, sur quoi se fondent, où s'arrêtent les droits si multipliés de tonnage, d'ancrage, de pilotage; à qui appartient la police des mers et comment s'exercera-t-elle? Rappelons nous le fameux principe du droit des neutres et les vicissitudes par lesquelles il a passé avant de triompher au Congrès de Paris, la question du droit de visite et les débats célèbres où elle fut agitée plutôt au point de vue des passions que des principes. Quels sont les droits des puissances sur les mers intérieures, soit que ces mers aient leurs côtes entièrement fermées par la puissance possédante, comme la mer d'Azof, soit qu'elles s'ouvrent par une extrémité et servent de chemin vers les possessions d'autres peuples comme le passage du Sund? Le fait est plus fréquent encore pour les fleuves; on sait les difficultés qui se sont élevées en Amérique pour le Rio de la Plata; on connaît la question des bouches et de la navigation du Danube; enfin on peut suivre l'histoire des transports sur le Rhin pendant le moyen âge. Il n'est pas besoin, je pense, d'insister sur chacune de ces questions pour faire ressortir leur importance morale et pour démontrer que la considération des intérêts ne saurait rien résoudre dans cet ordre de problèmes; les seigneurs de Basse-Bretagne comptaient le droit d'épave parmi les plus chers de leurs priviléges féodaux; il était d'usage constant sur tout le littoral d'allumer, dans les directions les plus fausses, des feux trompeurs, aux approches de l'orage, afin de multiplier les naufrages et d'ajouter aux chances des tempêtes les périls de la malice des hommes. C'est à l'économie politique qu'il appartient de remonter aux principes du droit des gens fondés sur la morale éternelle qui précède et domine les intérêts.

GARANTIES DE L'ÉCHANGE RÉEL.

Après les voies et les moyens de l'échange, il en faut considérer les garanties; les anciennes lettres de voiture, au temps déjà vieux des *rouliers*, portaient, imprimé en majuscules, cet entête touchant : *A la garde de Dieu et sous la conduite de....* Aveu naïf des hasards de la route, appel confiant à la protection du ciel : *A la garde de Dieu!* J'aimerais que dans l'ivresse de sa force et l'orgueil de ses découvertes, notre civilisation se souvînt de celui qui lui prête le tonnerre et les vents; en présence des catastrophes de la vapeur, sur mer et sur terre, on pourrait encore écrire le nom de Dieu comme une prière sur nos steamers et nos wagons.

Il appartient à la puissance publique de diminuer les dangers qui attendent la marchandise pendant la durée du transport, de la garantir des fraudes, de la préserver des soustractions, enfin de la faire voyager sous le regard de l'État lorsque entre le vendeur et le destinataire, celui qui vient de la livrer et celui qui va la recevoir, elle demeure abandonnée à elle-même dans les mains du commissionnaire et du conducteur comme suspendue entre l'ancien et le nouveau propriétaire. La législation, en matière de transport, est toute spéciale et particulièrement appropriée sous le point de vue du droit moral comme des avantages pratiques, à la double garantie des intérêts du vendeur et de l'acheteur. De là toutes les dispositions relatives à l'expédition, à l'enregistrement, à la lettre de voiture, à la lettre d'avis, aux formalités en cas de retard, de soustraction ou d'avarie; de là l'attribution aux tribunaux de commerce de contestations, de dommages et parfois de délits qui rigoureusement relèveraient des tribunaux civils ou même criminels. Ce serait une étude intéressante et nouvelle de faire voir comment les prescriptions quelquefois les plus essentielles du droit civil et de la procédure se modifient pour se prêter au double intérêt qui ne cesse d'être en cause dans la livraison effective de la marchandise, intérêt dont la protection encourage l'acheteur par la sécurité et étend la portée du commerce en nouant de plus loin les transactions.

Dans presque tous les pays de l'Orient l'expédient que voici a été imaginé pour garantir la sécurité des routes : lorsqu'une caravane a été pillée, il faut absolument que la compensation du vol se retrouve et que l'avoir des marchands n'ait point à souffrir ; le souverain alors rend responsable le pacha ; le pacha s'adresse au district sur lequel a été accompli le pillage, et enfin tout se termine par une répartition d'amendes, laquelle souvent ne sort pas des limites d'un douar et presque d'une famille. Nous n'en sommes plus là, et pourtant nous punissons de mort le vol commis sur les grandes routes avec armes apparentes encore qu'il n'ait pas été fait usage ni menace de ces armes ; le but est le même, les moyens sont différents ; la société a un intérêt immédiat à garantir la sécurité des communications comme à prêter main-forte à la bonne foi des transactions ; seulement il faut s'arrêter à temps et ne point arriver par la disproportion illégitime des délits avec les peines, à substituer la menace d'une injustice à la répression d'un délit.

Comme le gouvernement, malgré sa bonne volonté, ne saurait préserver de toute chance la marchandise expédiée, les sociétés les plus avancées offrent une institution dont le calcul des probabilités a provoqué la création et dont l'efficacité pratique s'accroît tous les jours, je veux parler des assurances; leur application la plus remarquable, et peut-être la plus ancienne, est relative aux transports et particulièrement aux transports maritimes; l'assurance n'est point un jeu où l'assureur se fie un peu à sa bonne fortune comme le vulgaire se l'imagine et où le hasard ait plus de part que la bonne administration; c'est un contrat dans lequel deux hommes vendent et achètent, à prix débattu, une part de chances adverses rigoureusement appréciable en nombres mathématiques; cette part de chances peut être représentée en numéraire par des chiffres; toute la science repose sur l'établissement de ce rapport exact qui repousse toute idée de jeu; il ne faut point confondre en effet l'incertitude nécessaire des événements humains avec le hasard volontaire des combinaisons aléatoires. Il appartient à l'économie politique de maintenir ce contrat dans la rigueur de son institution; il lui appartient de faire ressortir non pas seulement l'utilité pécuniaire de ces combinaisons au point de vue des valeurs qu'elles garantissent contre les périls du trajet, mais de démontrer la parfaite moralité d'une opération qui a pour but de diminuer la puissance du hasard dans l'industrie des transports et en général dans les opérations du commerce; il appartient à cette science de combattre et de réduire au silence, les assertions dangereuses et les pratiques coupables des spéculateurs : l'essence du commerce dans le fait de l'échange n'est pas une partie insensée dans laquelle la couleur ou le point de la carte décident tout d'un coup de la perte ou du gain ; le succès y est le résultat inévitable à la longue, d'une suite de combinaisons où la volonté la plus énergique et l'intelligence la plus puissante doivent finir par triompher. Voilà pourquoi l'assurance qui supprime la part des accidents naturels, la loi qui protége contre la mauvaise foi ou le brigandage, la science qui perfectionne les voies et multiplie les forces, l'économie politique qui règle les lois morales de l'échange nous permettent de regarder la livraison effective de la marchandise comme s'effectuant dans le monde matériel sous l'empire exclusif des principes moraux.

II

DE L'ÉCHANGE MORAL.

Le type primordial de l'échange est le commerce de la troque tel qu'il se pratique dans nos comptoirs du littoral de l'Afrique; la livraison s'effectue immédiatement et sans intermédiaire contre la livraison d'un autre produit : dans la civilisation, il convient de distinguer entre le fait de la livraison et le fait de la vente; c'est la vente considérée abstraction faite de la livraison, l'échange du produit contre une valeur, que j'appelle l'échange moral; l'âme de ce fait est le crédit sans lequel n'existerait aucune valeur, pas même la valeur monnayée; il convient d'étudier l'échange moral sous trois points de vue :

1° Les *conditions pratiques* de l'échange moral; la constitution des valeurs, leur origine, leurs espèces; la monnaie, le billet de commerce ou le billet de banque, l'assignat, le bon du trésor, etc.

2° Le mécanisme de l'échange moral, le crédit sur lequel il repose, les organes au moyen desquels il fonctionne; les banques privées et publiques, les comptoirs d'escompte, etc.

3° Les lois qui le régissent, le prix de l'argent, le taux de l'escompte, l'intérêt légal, les opérations reconnues, tolérées ou interdites.

CONDITIONS PRATIQUES DE L'ÉCHANGE MORAL.

Je commence par l'étude de la vente prise en elle-même et par la constitution de la valeur. S'il y a dans toute l'économie politique un fait moral, c'est assurément celui que nous signalons : le possesseur libre et indépendant se dessaisit de son bien et consent à le voir dénaturer ou revendre, consommer et anéantir sans avoir reçu autre chose qu'une pièce de monnaie ou un morceau de papier. Quelles que puissent être les garanties intrinsèques et en quelque sorte matérielles d'une pareille valeur, ces garanties sont bien peu de chose et ne suffisent ni à la soutenir ni à la réhabiliter dès qu'elle cesse de vivre par la confiance, de s'échanger par une sorte de bonne foi et de consentement mutuel.

Je suppose un homme complétement étranger aux relations commerciales et à toute espèce d'opérations de crédit ; si le hasard l'amenait tout d'un coup chez un négociant à une fin de mois, chez un banquier au moment de sa caisse, auprès d'un agent de change à l'heure de la bourse, ce vieux propriétaire de campagne, habitué à arpenter sa terre, à mesurer son grain, à manier l'argent sous la forme antique d'écus versés et reçus avec l'appareil des solennités tabellionnaires, ne serait-il pas frappé et comme saisi non-seulement de voir circuler sous la forme de chiffons de papier ces billets de banque contre lesquels le souvenir lointain des assignats n'a cessé de lui conserver une répugnance instinctive, mais encore ces mandats, ces bons et ces titres qui cachent des fortunes dont le chiffre le ferait pâlir. A la vue de ces signatures ajoutées sans réflexion à d'autres signatures, de l'impossibilité presque perpétuelle d'une liquidation instantanée, à la pensée de ces sommes énormes qu'on manie sans avoir un instant la disposition du capital, de cette responsabilité presque sans limites acceptée sans hésitation pour une rétribution qui lui semblerait dérisoire, devant ces garçons de recette qui mettent paisiblement dans leurs portefeuilles des valeurs capables d'enrichir un millionnaire et qui reviennent le soir aussi indifférents que s'ils portaient de vieux journaux, notre propriétaire ne se dirait-il pas tout bas, avec quelque orgueil de sa propre sagesse, je n'oserais jamais en faire autant!

Je l'étonnerais bien, et j'étonnerais peut-être autant que lui certains économistes si je leur disais que ce même raisonnement s'applique à l'argent, valeur réelle, tout comme au papier, valeur purement représentative; ce n'est pas que j'ignore cette vérité si victorieusement démontrée et désormais acquise à la science, que l'argent est une marchandise; mais il n'en est pas moins vrai que l'argent, lui aussi, a beaucoup à demander à la confiance publique et que si c'est une marchandise, à tout le moins faut-il avouer que ce n'est pas une marchandise comme une autre.

Représentons-nous à la place de cet homme que ses habitudes et ses préjugés rendent rebelle à l'usage du papier et qui ne se figure l'avoir que sous sa forme matérielle ou pécuniaire, représentons-nous quelques-uns de ces pauvres nègres avec lesquels nous commerçons à une certaine distance des côtes de l'Afrique, les insulaires d'O'Taïti à l'arrivée du capitaine Cook, les Esquimaux avec lesquels conversait sir James Ross; ce sauvage, à son tour, ne serait-il pas bien venu à répéter pour la monnaie le raisonnement de notre incrédule contre les valeurs représentatives? Quel rapport appréciable y a-t-il au premier abord entre une pièce d'argent et la satisfaction de nos besoins? comment ne pas éprouver quelque effroi en songeant à tout ce que le vendeur donne si volontiers pour ne recevoir après tout en échange que ces petites plaques de métal travaillé? Qu'on y prenne garde; l'habitude constante de trouver dans la pratique une réalisation matérielle de la monnaie par l'achat, nous rend difficile à démêler et à apercevoir ce que la confiance y ajoute; cependant il est hors de doute que sans cette conviction où nous sommes qu'il nous sera facile d'en trouver l'emploi, nous ne l'accepterions point en échange de nos produits, bien que la rareté de la matière, la marque de l'État, l'authenticité de la fabrication, nous garantissent dans la pièce d'argent ou d'or un travail ou une valeur réels. Si donc la monnaie est une marchandise, ce qui lui donne sa valeur usuelle comme moyen d'échange, c'est en définitive l'invariable certitude de sa réalisation immédiate; lorsque nous avons dans notre poche une poignée de napoléons, cette certitude est tellement pleine et entière, que nous regarderions comme aussi insensé d'en faire l'expérience pour en démontrer la légitimité que de jeter par terre un vase de cristal pour vérifier la loi de la chute des corps.

Il y a donc dans l'usage de la monnaie un appel incessant à la coutume, une application perpétuelle du consentemeut unanime. Cet élément de la confiance publique devient visible dans de petits faits qu'il ne faut point laisser échapper : lorsqu'on vous change un écu et qu'on vous rend une pièce étrangère, une drachme de Grèce, un schelling anglais, une pièce de vingt sous génevoise, vous ne vous informez point de sa valeur intrinsèque; peu vous importe ce qu'elle pèserait dans le trébuchet de l'orfévre, vous demandez tout simplement si elle est reçue; ce n'est donc pas le fait matériel qui vous préoccupe mais l'état de l'opinion publique, et cet exemple fait voir ce que la valeur monétaire peut lui emprunter.

On se rappelle l'histoire de ces jeunes gens qui, à la suite d'un pari, offrirent pendant une heure, au coin d'une des rues les plus fréquentées de la seconde ville de France, des napoléons tout neufs, garantis et à cinq francs la pièce, sans trouver d'acheteurs; je sais des marchands qui furent obligés, dans nos montagnes, de se faire assister des gendarmes pour obliger leurs vendeurs à recevoir ces mêmes pièces de vingt francs. Je me rappellerai toujours une brave et antique dame qui, peu de temps après leur émission, grondait sa bonne d'accepter les nouveaux sous et voulait m'obliger à recevoir dix centimes au lieu de cinq, sous ce prétexte que les sous simples étaient *trop petits* (historique). On a pu, il n'y a pas encore bien longtemps, remarquer à Paris l'affluence des pièces de deux sous à l'N, des pièces de quinze et de trente sous avant leur démonétisation; il y avait peu de provinces où elles fussent encore reçues; à Paris, personne ne se refusait à les prendre, sûr de les faire accepter. Il est donc établi que la confiance est nécessaire à la valeur monétaire pour garantir sa destination comme moyen d'échange, et que la plus grande partie de sa valeur réelle relève de cette propriété circulatoire, laquelle est pour ainsi dire toute morale.

Cette confiance réciproque dont les effets nous

échappent par la constance et l'uniformité avec laquelle ils se reproduisent est la base même sur laquelle repose la valeur purement représentative, l'effet de commerce, le billet de banque et, en général, tout ce qu'on appelle *le papier*. Il faut bien croire que l'appréciation et la garantie intrinsèque de la valeur ne sont que des faits secondaires ; s'il était nécessaire, dans toute opération d'escompte, dans toute acceptation, dans tout transfert, dans tout endossement, d'en venir à une évaluation mathématique des chances, on n'en sortirait pas, et il n'y aurait plus moyen avec cette vérification universelle, pratique funeste d'une universelle défiance, de conserver aux opérations de banque leur élasticité et leur efficacité économique. Oui, métaphysiquement parlant, il est possible de supposer jour par jour, et heure par heure, dans la situation financière du banquier le plus prudent, des éventualités et des combinaisons telles qu'il serait ruiné, et avec lui la plupart de ses clients, si ces combinaisons et ces éventualités étaient inopinément réalisées par quelque génie malveillant ; tout comme le paysan qui a vendu sa récolte serait ruiné s'il était payé à la foire avec un sac d'écus faux fabriqués ou réunis à dessein ; cela peut arriver, je dirai plus, cela arrive : est-ce une raison de porter son sac de froment chez le taillandier pour une charrue neuve, ou au charron pour une paire de roues ? Il en va de même des opérations de banque et de la constitution de la valeur représentative; c'est la confiance publique plus que tout le reste qui en fait les frais; cette confiance a son point de départ et sa justification dans les garanties que chaque valeur lui soumet; mais si la confiance ne venait s'ajouter à ces garanties de façon à les rendre vaines dès qu'elle les réprouve, et à les centupler, à y suppléer même dès qu'elle les accepte, il n'y aurait point de valeur représentative possible, il n'y aurait point de crédit : le crédit c'est ce que la confiance ajoute à la valeur réelle.

Je veux encore apporter ici un dernier exemple afin de pousser à bout, s'il est possible, la clarté de mon sujet et de donner mon dernier mot sur la portée de ce fait moral. Vous croyez que César a existé et qu'il a été frappé dans le palais du Sénat; je n'ai pas besoin de citer les orateurs qui ont parlé de ce fait et en ont décrit les moindres circonstances, jusqu'à ce dernier fragment récemment retrouvé qui confirme en les complétant les autres récits de cette terrible scène. Ne vous est-il pas bien permis de supposer que *tous* les manuscrits de *tous* les ouvrages, de *tous* les historiens sont apocryphes ou interpolés, que *tous* les savants se sont trompés dans leurs recherches, *tout* le genre humain dans sa crédulité, *tous* les contemporains dans leur certitude? Une telle supposition est possible comme il est possible, suivant le bel argument de Cicéron, de supposer que les caractères de l'alphabet, précipités à terre en nombre suffisant, s'arrangeront de manière à offrir aux lecteurs les vingt-quatre chants de l'Iliade ! Contester la légitimité de notre confiance, lorsque nous acceptons couramment un remboursement en espèces ou en valeurs, c'est tout simplement se jeter dans les chimères ; c'est le scepticisme en matière d'économie.

Par contre, dans les temps de crise publique, au lendemain des révolutions et à la veille des catastrophes, une partie de ces chances contraires se réalise instantanément ; l'incroyable, présent sous vos yeux, vous autorise à craindre l'impossible ; le crédit meurt avec la confiance. Alors l'économie politique a beau supputer la valeur réelle et faire honte à la raison, l'épouvante des jugements ne connaît plus de bornes. Alors paraissent les systèmes pour mobiliser les valeurs, et les événements enseignent que si les effets sont dans le domaine politique, les causes sont en dehors ; il faut autre chose que des systèmes pour faire rentrer l'opinion publique en elle-même, autre chose que des expédients même ingénieux, que des démonstrations même solides pour raffermir ces âmes ébranlées ; la société est comme une femme qui a peur ; il ne lui faut pas des raisons qui ne servent à rien, mais quelque chose qui la rassure, qui agisse sur l'imagination, qui chasse les fantômes, ramène le calme et raffermisse les cœurs : l'impossibilité d'accréditer les valeurs par des moyens matériels établit suffisamment la nécessité de les expliquer par des lois morales.

L'économie politique distingue parmi les valeurs un grand nombre d'espèces ; je les réduirai à sept principales dont voici l'énumération :

1. La monnaie, valeur intrinsèque en même temps que représentative ;

2. Le papier, comme on l'appelle, non remboursable et non volontaire ; exemple, l'assignat ;

3. Le titre de rente, espèce de papier-monnaie portant intérêt ;

Ces trois premières espèces de valeurs sont constituées au nom de l'État et dans des conditions dont le mode et les garanties varient suivant la nature du pouvoir politique.

4. Les billets des banques soit publiques, soit privées ;

5. Les effets de commerce à échéance ou les mandats payables à vue, avec ou sans endossement ;

Ces deux sortes de valeurs sont la représentation de la fortune des particuliers tantôt réunis en associations privilégiées ou indépendantes, tantôt pris isolément et agissant à leurs risques et périls.

6. Les titres de valeurs industrielles, depuis les cachets de restaurants qui, aux États-Unis, se donnent et se reçoivent comme une monnaie courante,

jusqu'à ces actions dont le transfert exige les plus longues et les plus minutieuses formalités.

7. Le warrant, le connaissement, le récépissé représentatif de la marchandise consignée, déposée dans le dock, le magasin public, etc.

Ces deux dernières valeurs représentent non plus la fortune en général, mais une certaine valeur déterminée et spécifiée, inventoriable si je puis dire : la mine, le chemin de fer, la cargaison d'indigo ou de sucre.

L'étude de ces diverses catégories de valeurs est le domaine propre de l'économie politique et non pas le nôtre ; il nous suffira de quelques courtes réflexions pour indiquer par rapport à chacune d'elles les conséquences morales de notre définition de la valeur et du crédit.

§ 1 et 2. — Les monnaies. — Le papier-monnaie.

La monnaie, valeur à la fois intrinsèque et représentative, qui a son prix en elle-même, dans l'usage et les garanties qu'elle offre à la confiance publique, ne se présente point à nous dans l'histoire ce qu'elle est devenue dans notre civilisation avec les progrès de la raison et de la moralité publiques ; pourtant, chose étrange ! la falsification des monnaies est une pratique moderne dont toutes les ressources de l'érudition n'ont pu découvrir la trace dans l'antiquité ;

il appartiendrait à l'économie de chercher la raison de ce fait remarquable; elle la trouverait non point dans une moralité plus sévère, une science économique plus éclairée, mais dans la nature des transactions commerciales presque toutes réduites, même chez les peuples les plus avancés, à la simplicité primitive de la troque, ou de la production presque entièrement domestique qui tirait du travail esclave la richesse et le luxe des particuliers. Quoi qu'il en soit, l'étude des variations des monnaies, des altérations du titre, des réductions infidèles dans le poids ou des exagérations volontaires dans la quotité dénommée, s'éclaire d'un jour nouveau dès qu'on la considère au point de vue moral.

La monnaie, par l'universalité de son usage dans les transactions, par la variété de ses coupures, par la fixité de sa valeur, devient, comme on le sait, une commune mesure entre tous les produits; dès lors sa fonction est double; non-seulement elle représente la valeur du produit, mais dans une certaine mesure elle la règle; dès qu'une monnaie est sciemment émise, imposée, reçue comme fausse, non-seulement tout ce qui se vend se hausse à la valeur nominale d'une somme qui, diminuée du quantum de l'altération, représente le prix réel, mais la monnaie perd dans l'usage cette confiance publique qui lui imprimait le mouvement de circulation et la faisait d'un côté proposer sans embarras, de l'autre accepter sans défiance;

vous me forcez à prendre pour cent sous un écu qui ne vaut que quatre francs dix centimes; non-seulement je demanderai cinq francs dix-huit sous du produit que j'aurais vendu un écu, mais comme je n'ai plus la garantie morale qui protégeait l'inviolabilité du signe représentatif, comme je ne puis passer au trébuchet ou au creuset chacune des pièces que vous m'apportez, il s'ensuit qu'elles subissent une perte fictive, une dépréciation injuste en fait quant à la valeur intrinsèque de la pièce, mais fondée en droit et reposant sur l'incontestable probabilité du raisonnement moral; on infère malgré soi d'une violation patente et avouée des garanties premières la vraisemblance d'une falsification inconnue; de là un abaissement inévitable dans ce que je pourrais appeler le crédit usager de la monnaie, une hausse correspondante dans tous les produits; de là, incertitude dans la vente et défiance dans les placements, resserrement des besoins et diminution des achats, douloureux symptômes de l'appauvrissement général.

Voilà les faits qu'il appartient à une économie spiritualiste de mettre en lumière; je voudrais qu'on reprît à ce point de vue l'inventaire historique des gouvernements et des nations, qu'on fît voir à côté de la perte sèche de la falsification reconnue la dépréciation morale traduite en pertes aussi réelles et plus dédommageables encore.

L'émission du papier-monnaie, l'impuissance des

garanties les plus solennelles, l'inanité du gage le plus solide, l'inévitable abus des lois violentes appelées au secours des principes erronés, et inutilement armées contre des résistances invincibles ; ce sont là autant de sujets où l'économiste se fera un devoir de saisir la constante action des causes morales ; c'est une grande leçon que cette impuissance à combattre la nature humaine, que cette nécessité de l'accepter telle qu'elle est et de respecter en elle ses instincts, ses terreurs, ses appréhensions. Qu'elle obéisse à l'inspiration providentielle du bon sens, à des préjugés respectables, ou même à des erreurs reconnues, il n'est pas plus donné à la science qu'à la force de faire violence à l'âme, ni par les démonstrations des systèmes, ni par les arrêtés des proconsuls. Il appartient à l'économiste philosophe de reconnaître et de proclamer que, même en matière d'argent, il faut tenir compte des sentiments, des instincts, je dirai même des répugnances et des délicatesses de tous ; on arriverait ainsi à cette conclusion consolante que le crédit des gouvernements s'impose encore moins que celui des particuliers et qu'il est la récompense de sa probité morale plutôt que de son habileté financière.

Quelle curieuse histoire à un point de vue tout opposé, que l'histoire de ces conventions où la loyauté devient une richesse, les vertus d'un peuple un trésor inattendu ; on conserve encore dans les collections ces morceaux de cuir frappé qui servirent d'argent dans des siéges mémorables, monnaie sainte, acceptée par le dévouement du patriotisme et garantie à ses yeux par les espérances du triomphe; on sait que les croisés eurent souvent recours à ce mode de payement; on connaît la somme que Fernand Cortez emprunta sur ses moustaches; Hérodote nous a appris ce qu'on pouvait, en Égypte, se procurer d'argent sur le corps embaumé de son père. Voilà ce que l'économie politique ne doit jamais perdre de vue : si elle veut déterminer la limite du possible dans la mise en circulation des valeurs, elle doit, contrairement aux préjugés des matérialistes, considérer moins encore la facilité des transactions, la richesse du pays ou les intérêts des particuliers que l'état des esprits et les rapports moraux qui existent entre le gouvernement et les gouvernés.

De là cette conséquence digne de remarque, c'est que l'altération de la monnaie si désastreuse lorsqu'elle est imposée par la force à l'impuissance, devient à d'autres époques une affaire de commodité personnelle et en quelque sorte d'agrément général; chacun sait ce qui manque à nos pièces de un ou de deux sous pour représenter exactement cinq et dix centimes; le déficit est écrit dans la loi, et cependant chacun s'en applaudit au lieu de s'en plaindre. C'est par l'examen attentif et suivi de pareils faits que l'économie politique évitera de prononcer sur le passé des absolutions coupables ou sur l'avenir des jugements prématurés.

Faut-il encore une preuve du pouvoir moral d'où résulte la monnaie : descendez, à Paris, dans les tripots de bas étage, ou montez, hélas! dans bien des salons dorés; vous trouverez devant le joueur acharné qui se ruine, le pavillon qu'il vient d'arborer contre la mauvaise fortune; c'est un cigare, un étui de lunettes, une paire de ciseaux à ongles, la moitié d'une carte de visite : étrange monnaie garantie seulement par l'honneur du jeu, le plus triste et le plus faux de tous les honneurs.

Ce sont encore des considérations morales qui règlent la fabrication des monnaies, qui expliquent l'attribution du droit de la frapper au pouvoir et non pas aux particuliers; c'est là un privilége royal et souverain; la garantie et la responsabilité de la puissance publique sont des conditions tout autres que les avantages secondaires de l'uniformité.

L'unité des monnaies qui évite l'incertitude du change contribue à son tour à raffermir la confiance en augmentant la sécurité.

§ 3. — Titres de rentes.

Le titre de rente comme le bon du trésor est un emprunt fait au public, soit directement, soit indirectement et par l'intermédiaire des banquiers. Faut-il dire que le bon du trésor étant remboursable à échéance, le titre de rente ne l'est jamais? Cette question de la conversion a trop occupé le tapis pour être discutée en passant ; j'attribue l'indécision des esprits à l'ambiguïté du mot emprunt, au peu de soin avec lequel il a été défini par la science, au peu de précision avec laquelle il est entendu par l'opinion publique. On se sert volontiers de ces mots : *emprunt forcé!* comme si l'idée d'emprunt n'excluait pas jusqu'à la pensée d'une contrainte, et comme si le plus subtil commentateur pouvait distinguer cette sorte d'emprunt d'une contribution ordinaire sauf la constitution d'un intérêt. Il appartient à une économie politique complète de tracer en cette matière la limite des droits et des devoirs de l'État ; il ne s'agit pas de lui ménager des conditions avantageuses au prix de charges futures et de favoriser inconsidérément le présent aux dépens de l'avenir ; il ne faut pas oublier que dans ce contrat synallagmatique, l'État ou la puissance publique doit être considéré comme un mineur contre lequel il n'y a pas, il ne saurait y avoir prescription ; la solennité des engagements n'en rachète pas le vice radical ; la loi a justement reconnu que les plus authentiques promesses du jeune homme n'ont pas d'effet avant la majorité. Voilà ce que les théoriciens doivent établir une fois pour toutes ; il faut partir de là pour juger souverainement des garanties que l'État a le droit de promettre et le devoir de tenir, comme aussi des engagements qu'il peut contracter de fait mais qui affranchissent la postérité de toute solidarité avec une erreur. Si l'on n'avait à cœur ici de se garder même de l'apparence des chimères, et si l'on ne craignait de briser le cadre qui nous renferme, peut-être y aurait-il lieu de se risquer plus loin; il appartiendrait à l'économie politique de revendiquer les droits un peu oubliés des États, de chercher à la progression constante et infaillible de la dette publique dans tous les pays civilisés un remède certain dans une application discrète mais juste de l'impôt à cette valeur mal à propos privilégiée.

§§ 4 et 5. — Billets de banque. — Effets de commerce.

Comme le papier-monnaie, et plus que lui s'il est possible, le billet de banque et l'effet de commerce n'ont qu'une valeur purement fictive; pris en lui-même, le carré de papier que reçoit le vendeur ne vaut pas l'honneur d'être relevé de terre; autant l'opinion publique se montre susceptible à l'égard de la monnaie, lui refusant toute confiance dès qu'il manque à une pièce quelques grains de métal, autant elle accueille volontiers un papier qui n'offre pas l'ombre d'une valeur intrinsèque. Ce phénomène tient à deux causes : premièrement les garanties qui entourent cette valeur représentative; secondement et plus encore la liberté de la recevoir ou de la refuser à son gré. Cette seconde cause est si évidemment la plus puissante, que la valeur d'un papier ne manque jamais de baisser comme par enchantement malgré la plus évidente consolidation de ses garanties toutes les fois qu'on l'impose à l'acceptation du vendeur, comme aussi il suffit souvent de rendre aux transactions leur indépendance pour raffermir le crédit du billet; nouvelle preuve après tant et tant d'autres de la domination du fait moral sur le fait matériel.

Il ne serait point tout à fait exact de dire que le papier est absolument représentatif, puisqu'à tout moment de son existence le billet de banque est remboursable sur présentation et que l'effet de commerce se solde à l'échéance, en ce point leurs conditions d'existence diffèrent, et il convient d'en parler séparément.

La question de la disponibilité de l'argent dans les banques ou, comme on le dit, de l'encaisse métallique, est une des plus controversées par les économistes contemporains; je n'ai jamais compris, pour ma part, cette proportion tacitement admise d'un tiers entre le numéraire effectif et la circulation des billets : tandis que des hommes compétents y voient un milieu convenable entre le risque imprudent et l'immobilisation inutile du capital, je lis dans l'histoire de toutes les crises financières, d'un côté, que ces proportions n'ont jamais suffi à contenter les remboursements de la peur, de l'autre, qu'en temps normal il n'a jamais été question de besoins qui approchent de ce chiffre. Peut-être y a-t-il quelque chose de peu raisonnable à espérer que dans les désastres de la société les banques seules s'affranchiront par un privilége unique du tribut que toute la nation paye au malheur ; que seules dans la secousse universelle, fortes de leur robuste constitution, elles se tiendront debout sans s'appuyer sur le pouvoir, sans demander à personne les sacrifices que la crise arrache à tous ; faut-il, dans ce but idéal et qui n'a jamais été atteint, neutraliser une partie de leurs ressources et régler la circulation des billets de telle sorte que la matérialité de la représentation soit garantie, abstraction faite de tout crédit ; ce serait un grand abus et une vraie paralysie dans cet instrument actif des échanges ; ce serait méconnaître ce fait moral de la valeur ajoutée au billet par la sûreté de la compagnie, la moralité de sa gestion, l'intelligence de ses opérations financières ; un homme qui tiendrait cinq francs dans une boîte, la déposerait en lieu sûr et ferait un billet de banque avec une clef et une carte attachées ensemble ne constituerait pas une valeur ; l'échange n'aurait rien à voir à cette fantaisie ; ce serait une affaire de goût d'avoir à son choix dans sa poche la pièce de monnaie ou la clef. Le billet n'est donc pas un équivalent seulement du capital monétaire, mais du capital moral, et l'estimation de ce dernier se fait par la confiance publique.

Chez nous l'émission du billet de banque est un privilége, et comme il n'appartient qu'à l'État de battre monnaie, il n'appartient qu'à une compagnie légalement reconnue de constituer cette valeur et de la proposer à l'échange. Ailleurs, l'émission des billets de banque est libre comme la mise en circulation des effets de commerce, lesquels ne sont que des billets de banque remboursables à terme et constitués par des particuliers à leur profit et sous leur responsabilité. Il appartient à l'économie politique de juger cette proscription, d'en faire ressortir les inconvénients ou les avantages, de décider si ce sont des considérations financières ou, comme je l'estime, des vues purement politiques qui ont écarté du marché cette valeur afin de soutenir le billet de la banque reconnue, et d'y trouver en revanche un fonctionnaire et au besoin un appui.

Le billet de commerce, par sa nature toute spéciale, va en augmentant de valeur dans des limites déterminées à mesure qu'il change de mains ; le billet de commerce est à date fixe ; il a son origine légale dans une opération de change réel ; ce n'est point la constitution avouée d'une valeur faite par l'individu à son bénéfice, ce qu'on appelle un *billet de complaisance*, c'est d'abord un payement; seulement ce mode de payement est tel que la valeur est constituée vis-à-vis des tiers, et qu'elle est constituée, chose singulière, non point par l'acheteur, mais par le vendeur. Je remets à X et Compagnie pour 20,000 francs de soie; je livre, et je reçois en payement un effet payable à échéance par X et Compagnie sur mon ordre ; je le négocie, et pour le négocier je m'en fais responsable, je l'endosse ; il est visible que vis-à-vis d'un tiers c'est moi qui constitue la valeur au profit de X et Compagnie, car le tiers n'a peut-être en cette maison qu'une médiocre confiance, tandis qu'il reçoit mon papier comme argent comptant ; ainsi je suis doublement à découvert et par la livraison de ma marchandise entre les mains de X, marchandise qui dans mes magasins constituait une valeur réalisable dont je suis privé, puis par l'endossement du billet qui me constitue responsable des 20,000 francs vis-à-vis de chacun des porteurs, lesquels, en présence d'un refus éventuel de payement de la part de la maison X et Compagnie, sont tous saisis simultanément du droit de venir réclamer à ma caisse le montant de l'effet. Dans le cas de lá faillite de X, ce n'est donc point seulement la soie que je perds, mais 20,000 francs, valeur de cette soie, qu'il me faut solder à l'échéance. Mieux aurait valu en ce cas faire crédit à X et ne toucher qu'au terme convenu.

L'effet de commerce serait donc, comme on le voit,

quelque chose d'exorbitant si l'on ne prenait pas garde qu'au moment de la première négociation j'ai touché le montant du billet, et que par conséquent je ne fais que restituer les 20,000 francs déjà reçus du premier preneur; que, de plus, j'ai l'avantage d'en disposer depuis le jour de la négociation jusqu'à celui de l'échéance; qu'en fin de compte, je ne perds que la valeur de la marchandise, et qu'en supposant la liquidation désastreuse et la faillite de X totale, si j'ai le malheur de n'être pas remboursé de la somme que j'avais avancée et couvert du crédit que j'avais fait, à tout le moins j'ai eu la jouissance de cette somme pendant un temps donné.

Il ne faut donc pas croire, comme on se l'imagine trop souvent, que la constitution du papier de commerce soit toute en faveur de l'acheteur et que le vendeur n'y ait pas aussi des avantages; s'il lui fallait toujours opérer comptant et renoncer à toute affaire à terme, ce serait là un obstacle presque insurmontable aux grands marchés et un désavantage qui ne cesserait point de peser sur le prix de la marchandise.

Le billet proprement dit est surtout en usage dans le commerce du détail; le plus souvent son existence s'achève dans les limites d'une même ville ou à de courtes distances. La lettre de change est une valeur destinée à pourvoir aux relations lointaines; c'est au moyen de la lettre de change que joue le mécanisme des comptes courants.

La lettre de change est la sœur du billet de commerce, elle a la même théorie : j'habite Toulouse et j'ai un créancier à Paris, j'y ai pareillement un débiteur; pour me couvrir de ce débiteur et me libérer de ce créancier, je tire sur le premier avec avis et acceptation et passe à l'ordre du second. Ici ce n'est plus le débiteur qui constitue la valeur sur lui-même et l'offre à l'acceptation de son créancier, c'est le créancier qui lui-même tire sur le débiteur et constitue la valeur représentative de la dette. La lettre de change permet, comme on le voit, d'effectuer les payements à longue distance et par un équilibre de compensation sans que le déplacement de la somme soit nécessaire; dans le payement, elle offre au point de départ une signature de plus; si je présente en remboursement dans une vente où j'ai été acheteur mon propre papier sous la forme de billet de commerce, le vendeur n'a d'autre garantie que mon crédit; si j'offre une lettre de change acceptée par mon correspondant de Londres et tirée par moi, il y a évidemment double garantie et double responsabilité à l'avantage du preneur.

Dans la circulation, la lettre de change se conduit comme le simple billet de commerce, avec lequel elle se confond.

Ainsi se justifie, selon nous, la législation toute

particulière qui régit ces valeurs et la faveur dont elles jouissent dans les transactions commerciales ; en effet elles ne cessent à aucun moment d'offrir une garantie collective ; il suffit du moindre raisonnement pour reconnaître que, dans la série des mutations effectives, chaque endosseur à son tour profite de la constitution de l'effet ou de la lettre de change, et, en partageant la responsabilité de l'échéance, vient multiplier les garanties du payement.

C'est surtout dans l'examen du régime des banques que l'économie politique retrouve les conséquences de ces principes.

Avant d'arriver à ces organes de l'échange, il nous reste encore à parler des valeurs qui représentent, non plus la fortune, la richesse en général, mais une richesse ou un produit spécifié, à savoir les valeurs industrielles et les warrants.

§ 6. — Valeurs industrielles.

L'action industrielle ne rentre plus dans la catégorie ordinaire des moyens d'échange ; c'est une façon particulière de constituer la propriété, d'organiser l'association, et malheureusement, en l'état des choses, de fournir un aliment et un prétexte aux emportements du jeu et aux fureurs de la spéculation. La multiplication effrénée des valeurs industrielles, l'incertitude de l'avenir qu'elles nous font, les avantages si éclatants qu'elles nous apportent, les terribles représailles qu'elles nous préparent, ou, tout au moins, les dures compensations qu'elles entraînent, tout cet ensemble de faits économiques, qui marquent d'un sceau exceptionnel l'époque où nous vivons, demandent, qu'en dehors de l'argent qui se perd ou qui se gagne, des fortunes qui montent ou des ruines qui s'écroulent, nous osions indiquer à nos contemporains quelques-unes des questions morales que soulève la constitution des valeurs industrielles, quoïqu'il paraisse peu opportun de venir, au plus fort de l'accès, disserter de sa fièvre au malade.

La constitution de la valeur industrielle est un mode tout spécial d'association.

Un homme qui ouvre un magasin et entreprend un commerce traite en son propre et privé nom ; il est responsable personnellement de tous les engagements qu'il contracte, et comme il a toute l'autorité de la direction, il concentre sur sa tête tous les profits, ou le cas échéant toutes les pertes ; c'est l'autocratie commerciale.

Deux ou trois négociants ès noms mettent en commun leurs capitaux, leur activité, leurs connaissances ; ils associent leurs capacités commerciales et leur avoir pécuniaire sous la loi d'une charte discutée, consentie, signée par les intéressés, charte qu'on appelle un acte de société; la responsabilité s'accepte par indivis, c'est-à-dire qu'elle est pleine et entière pour chaque collaborateur; l'acte d'un seul les engage tous; la totalité de la fortune de chacun est solidaire de toute opération faite par l'un d'entre eux au nom de la société; responsabilité prodigieuse dont la portée légale engage dans les éventualités jusqu'aux choses les plus expressément en dehors des affaires, une maison, une terre, un mobilier; capitaux qui ne sauraient, en aucun cas, profiter de l'heureuse fortune du commerce.

La constitution de la valeur industrielle a pour but de permettre un autre mode d'association, de pourvoir à certaines nécessités qui défient toute tentative individuelle et dépassent cette responsabilité collective. Qu'il s'agisse en effet d'une entreprise telle qu'elle réclame un budget énorme, d'immenses moyens d'action, qu'elle comporte des sommes au-dessus des fortunes particulières, peut-être même des économies des princes et des rois; que cependant il y ait un avantage évident à centraliser les opérations, à agir par grandes masses, à ne point abandonner aux vains efforts des particuliers une spéculation qui, désastreuse pour chacun d'eux séparément, deviendra, par la concentration et la puissance des moyens, la plus sûre et la plus fructueuse des entreprises, intervient alors la société anonyme, formée au capital de tant et tant de millions. On évite ainsi de réunir dans une interminable raison commerciale les noms de tous les intéressés ; on évite d'engager la totalité de leur avoir dans une monstrueuse et inqualifiable solidarité avec les fautes, les erreurs, les destinées individuelles de tant de centaines d'inconnus. La société anonyme n'engage que le capital de l'action : elle réduit l'autorité dans la proportion des hasards ; des assemblées générales consacrent le droit de voter et de délibérer ; mais cette prétendue république des écus n'est plus guère, dans la pratique, qu'un despotisme où les nouveaux sujets n'ont d'autre droit que le choix du tyran.

Telle est l'origine, telle est la raison d'être de la société anonyme constituée par actions ; c'est, comme on le voit, le levier d'Archimède appliqué à la production et au commerce ; c'est la puissance de la civilisation qui associe, comparée à l'isolement de la barbarie qui divise ; c'est la famille au sein de l'industrie moderne comparée à l'impuissance de Robinson dans son île déserte ; la société anonyme pourvoit à des nécessités que nul autre qu'elle ne saurait vaincre ; les grands capitalistes, qui sont la richesse d'une société avancée en civilisation, ne sont pas nombreux et ne sont pas toujours disposés à engager leur fortune entière dans les chances mobiles des entreprises grandioses ; partout où un grand capitaliste fait défaut par crainte ou par impuissance, la société anonyme trouve sa place; elle entreprend ce que nul autre ne serait en mesure de réaliser; elle réunit et concentre des capacités de premier ordre qui lui apportent leurs lumières, de vastes fortunes qui lui accordent leur confiance et lui abandonnent d'immenses intérêts; ce n'est que sur ces grandes autorités et la foi de ces solides garanties que le public entre dans l'affaire. Comme il n'est pas aussi édifié que les auteurs du projet, qu'il n'a ni les mêmes données pour juger de la valeur de l'entreprise, ni les mêmes sommes à risquer, il n'aventure qu'une faible portion de son pécule; l'action industrielle est réduite à un chiffre modique, elle représente à peu près la somme des chances qu'une fortune ordinaire et même modeste peut aventurer à quelques hasards sans manquer aux sages recommandations de la prudence : tout le monde y trouve donc son compte, les fondateurs enrichis par les actionnaires qui leur ont prêté main-forte, les actionnaires enrichis par les fondateurs.

Il appartient à l'économiste sérieux de ne point se laisser éblouir par la lumière jusqu'à perdre de vue l'ombre qui marche derrière le corps; l'excellence du principe ne suffit pas seule à prévenir le danger ou l'abus des conséquences.

J'aurais tort ici de ne pas distinguer dans la théorie, sauf à les réunir dans la pratique où elles ont le même effet, les sociétés anonymes et les sociétés en commandite par actions.

La société anonyme pure et simple ne saurait être autorisée qu'après enquête et avis du Conseil d'État et par une ordonnance du pouvoir; elle n'a point de gérant responsable, ses actions sont nécessairement au porteur.

La société en commandite, comme son nom l'indique, ne paraît d'abord qu'une commandite en grand : un certain nombre de financiers mettent en commun leur argent et constituent un capital; ils nomment un gérant, qui n'existe pas au même titre dans la société anonyme, et qui est responsable; responsabilité illusoire en présence de l'énormité des sommes et de la multiplicité des intérêts; enfin, le capital dispersé en actions va grossir le nombre des valeurs de bourse. Dans les opérations quotidiennes du marché, personne ne fait aucune différence entre les valeurs purement anonymes et les actions d'une société en commandite. Il est entendu dorénavant que le mot société anonyme dont nous ne cesserons pas de nous servir est un terme générique de la science, lequel comprend aussi les sociétés en commandite, en tant que leur apport dans le commerce des valeurs ne diffère aucunement pour la pratique.

Partout où une société industrielle, sous l'une ou l'autre de ces deux formes, se met inutilement à la place du commerce libre ou de la société commerciale privée, elle attente aux vraies lois de la production et de l'échange ; toute constitution irréfléchie de la valeur industrielle entraîne, quant aux conditions véritables du progrès, à la sûreté des transactions, à l'emploi de l'activité humaine dans l'échange comme dans le travail, à la sûreté des placements, à la valeur du capital, à la variation des titres, des conséquences effrayantes qu'il nous suffira d'ouvrir les yeux pour apercevoir et de signaler pour nous faire entendre.

Un pâtissier fabrique en moyenne pour cinquante francs de gâteaux par jour ; sur ces cinquante francs il réalise cent sous de bénéfice ; il lui est impossible de vivre avec sa famille de ce résultat ; il cherche un acheteur à qui remettre son fonds pour entreprendre un travail plus lucratif; il le cherche et ne le trouve pas ; lorsqu'il lui vient à la pensée de mettre ce fonds en actions : il l'estime, avec les ustensiles, cinq mille francs et constitue une société anonyme au capital de dix mille francs ; chaque action sera de dix francs, total mille souscripteurs ; mais sur ces mille actions il s'en attribue cinq cents pour apport de fonds et pour constitution des ustensiles et de l'achalandage au profit de la société ; de plus il se fait allouer une somme de .... pour continuer l'exploitation du fonds social comme gérant et comme directeur ; il se trouve donc intégralement remboursé par des actions qu'il peut vendre à propos, suivant le succès ou la décadence de l'industrie dont il est le seul informé; et, au lieu de calculer entre le matin et le soir le profit de son travail, de redoubler d'efforts et de vigilance, il passe à l'état de fonctionnaire primé par le fonds social. Telle est l'image et la condamnation de la société anonyme telle qu'on peut la trouver aujourd'hui, je ne dirai pas à la quatrième, mais à la troisième page de tous les journaux.

Pourquoi un bimbelotier de la foire ou un marchand d'allumettes ne mettraient-ils pas aussi leur établissement en actions; il n'y aurait là presque rien de plus déraisonnable qu'aux valeurs de dix francs et de cinq francs dont j'ai les spécimens dans mon portefeuille.

Il y a bien des années déjà, en 1842 ou 43, à Paris, dans la chaire de Notre-Dame, j'entendais prédire l'état de choses où nous sommes embarqués; le Père Lacordaire nous montrait comme une menace de l'avenir le placement aléatoire venant solliciter, sous la forme d'actions de quelques vingtaines de francs, la bourse timide de ceux qui ne savent pas jouer, et tentant jusqu'à nos domestiques. La réalité a vaincu l'imagination du prophète; l'économie politique a grand besoin que la morale vienne à son secours, qu'elle rétablisse les vrais principes si rudement éprouvés et si déplorablement compromis; on ne peut déjà plus, même de bonne foi, parvenir à se rappeler le droit et le juste.

Le travail personnel et original, indépendant dans ses allures et responsable de ses actes, est l'accomplissement d'une des lois les plus sévères et les plus fécondes de l'humanité : « *A chacun selon ses œuvres.* » Cette vérité de la morale chrétienne n'est pas vraie seulement de notre conduite et de notre vertu, elle se réalise dans l'ordre économique et social comme dans la sphère de la volonté et de l'intelligence. « *A chacun selon ses œuvres;* » voilà pourquoi le travail individuel convie tout homme à fournir à sa tâche la plus grande somme de labeur, d'attention et de prévoyance que comportent la force de son âme et les lumières de son esprit. Avec la responsabilité collective vous risquez déjà de voir diminuer l'intensité des efforts et la puissance de la bonne volonté ; une association à deux ou à trois fournit souvent à la paresse ou à la mauvaise humeur de l'un ou de l'autre des intéressés un argument semblable à celui de la femme qui dévore le capital parce que son mari ne fait pas d'économies sur les revenus. Que dirai-je donc de la société anonyme et de l'état moral dans lequel elle constitue ce que j'appellerai pour plus de clarté les membres actifs et les membres passifs de la société?

J'appelle membres actifs, ceux qui, à un titre quelconque, consacrent une part de leur labeur à la direction, au progrès, à la bonne réussite de l'entreprise commune; je ne saurais admettre qu'on trouve la même initiative, le même entrain, la même vigueur dans cet effort collectif que dans un gouvernement autocratique, comme aussi le même ensemble, la même grandeur de vues dans cette direction débattue avant l'action, ou critiquée après l'issue. Je me rappelle involontairement certaines plaisanteries pleines de sens et de verve qu'un éminent polémiste dirigeait contre le labeur appliqué aux intérêts de la cuisine et de la marmite sociales; la seule réponse pratique à l'objection, c'est l'intérêt du gérant et des principaux actionnaires; mais l'objection n'en demeure pas moins entière. Toutefois, et nonobstant cette difficulté, il faut reconnaître loyalement que les exemples de succès ne manquent pas dans cette république des intérêts.

Quant aux membres passifs de la société anonyme, ceux qui se contentent d'intervenir par l'argent qu'ils engagent et les bénéfices qu'ils espèrent, il faut vraiment toute notre habitude des abus pour ne pas prendre garde aux conséquences morales d'une si détestable organisation de la propriété. Dans l'ordre des choses régulier et légitime, tout homme qui entre dans une affaire, quelle qu'elle soit, ne s'engage que sur certaines garanties; il y est tenu par la responsabilité qu'il encourt au double point de vue des intérêts de sa fortune et de l'honneur de son nom; ses capitaux subissent une certaine immobilisation et il a des raisons évidentes et majeures pour veiller de tout son pouvoir à leur emploi. Une industrie, un établissement est une valeur immobilière qui a ses conditions, ses périls, ses charges, et qui lie par les plus vives solidarités le capitaliste commanditaire et l'industriel responsable. Quel est dans la société anonyme l'inévitable effet de la mise en actions? La valeur immobilière se transforme, par une complaisance du Code civil, en valeur mobilière; toutes les facilités de création, de transmission, de banqueroute et de vol lui sont prodiguées; elle en use et elle en abuse avec une aisance, une audace, une effronterie qui doivent provoquer les réflexions du philosophe et les répressions du pouvoir, surtout si les catastrophes de l'avenir doivent se proportionner aux corruptions et aux entraînements contemporains.

S'agit-il, pour les preneurs d'actions, de la moralité, de la capacité des promoteurs de l'affaire, de la certitude ou au moins de la probabilité qu'elle peut présenter, des gains sûrs et lointains fondés sur la patience qui sème pour recueillir, des économies courageuses qui améliorent sans cesse et trouvent dans la caisse du soir les centimes épargnés dans la journée? Est-il question d'une enquête quelconque sur tout ce qu'un bailleur de fonds a intérêt à savoir et raison de demander? De quel air et de quel ton serait-il accueilli? Qu'importe en effet qu'une entreprise soit bonne, sensée, durable, vraisemblable même? Une société anonyme n'est qu'un corridor où chacun passe à son tour sans s'y arrêter; les actions industrielles sont semblables à ce jeu des enfants qui se transmettent tour à tour un sarment dont les points incandescents vont en menaçant de disparaître; qu'importe qu'à son tour on les reçoive si l'on est à temps de s'en débarrasser : « *petit bonhomme vit encore!* » il n'y a de malheureux que le dernier. La question n'est pas que les intérêts soient réguliers, la comptabilité solide, l'avenir sérieusement assis; pourvu que l'action soit revendue avant de s'éteindre, cela ne suffit-il pas à l'acheteur? Si la Bourse voyait émettre des obligations de suicide et des bons de torture payables à échéance, ils ne manqueraient pas de preneurs, même parmi les épicuriens les plus raffinés et les moins désireux de quitter la vie; n'auraient-ils pas l'espérance de les négocier avec prime au profit des Werthers et des Renés de la Bourse, à défaut des Brutus et des Catons?

La conséquence de ce fait, c'est l'absence de tout intérêt de la part du propriétaire momentané au gage transitoire de sa propriété; c'est la constitution de plus en plus fictive du capital, l'absence de toute espèce de rapport raisonnable et fondé entre la valeur intrinsèque de la propriété dont l'action industrielle est la représentation nominale, et le chiffre courant que cette action atteint dans le tarif officiel des cours; tellement qu'il vaut mieux prendre les valeurs chimériques d'un adroit metteur en scène que les honnêtes actions d'une entreprise infaillible à laquelle sa modestie et ses économies de publicité feront perdre du jour au lendemain plus de 30 p. °/₀.

J'ai un parent qui habite la campagne; il apprend les cours par un journal de seconde main, ce qui le met à trente-deux heures de la Bourse, et il trouve encore moyen de jouer! Ses naïves opérations sont suivies parfois de tout petits succès qui réjouissent et allongent ses médiocres revenus; il est vrai qu'il lève et ne traite jamais que des opérations fermes; il m'a écrit il y a peu de temps pour me demander mon avis sur deux sociétés industrielles; les principaux metteurs en œuvre m'étant connus, il tenait à se renseigner de source certaine. Je veux donner une idée de l'anarchie morale engendrée par les valeurs industrielles; le fond de ma pensée est que ces deux entreprises sont deux associations de malfaiteurs avec approbation et privilége du gouvernement, qu'elles mettent en action les chimères du hasard et les revenus de l'impossible; quelle conclusion en tirer pour répondre aux demandes de mon parent? Admirez la logique des idées financières dans le siècle où nous vivons! Je lui ai répondu qu'il fallait se hâter de faire de gros achats et qu'il avait du temps devant lui pour revendre, car l'habileté des manœuvres, l'unanimité de la presse, la profonde illusion du public, tout devait faire présumer un premier succès de bourse et une prime énorme ; la gérance et la publicité étaient suffisamment organisées pour que les principaux actionnaires attendissent quelque temps avant de se tirer de l'affaire et de laisser aux dupes le soin de faire la liquidation. Expliquez donc à un parent qui habite la campagne et qui a du sens commun qu'il faut acheter ce qui est foncièrement mauvais, le tenir pour bon, et se préoccuper uniquement, non pas de ce qu'on possède ou de ce qu'on acquiert, mais de la façon dont on pourra le vendre.

Je m'arrête, et je me résume par pure sobriété ; la matière est riche pour le moraliste qui médite l'àvenir dans le présent, pour le politique qui porte le poids de l'un et de l'autre. La constitution sans garantie et la multiplication sans frein de la valeur industrielle immobilière, à côté de services réels et peut-être indispensables, porte une atteinte profonde à la moralité des nations par l'affaiblissement de l'initiative et de la responsabilité individuelles, par l'incurie qu'elle enseigne aux détenteurs des actions, par le déplacement des causes qui règlent le taux de la valeur, par la prime qu'elles acccordent à l'oisiveté corruptrice de la spéculation au détriment du travail dupé et avili. Voilà ce que l'économie politique matérialiste n'a pas le courage de dire, ni peut-être le sens moral d'apercevoir.

Si ces conséquences morales étaient plus fortement saisies et plus sincèrement expliquées, le pouvoir trouverait la force nécessaire pour régler ces entreprises et réformer ces abus. Qui ne gémit de l'exemption d'impôts accordée à la fortune immobilière et aux valeurs de portefeuille; qui ne réclame ou plus de surveillance de la part de l'État pour prévenir la vente officielle et la mise en action des mensonges, ou bien une pénalité plus rigoureuse en matière d'escroquerie commerciale et de manœuvres frauduleuses? Pourquoi la société anonyme n'aurait-elle pas les effets de la raison de commerce par rapport aux gérants et au conseil[1]; pourquoi la perte du capital, en cas de faillite, ne serait-elle pas au moins double de la valeur exprimée sur le titre; pourquoi les actions ne seraient-elles pas toutes nominatives et les conditions du transfert plus onéreuses et plus longues? Le courant de l'opinion publique, aussi bien que les instincts de la science économique, ont tout fait jusqu'ici pour les sociétés anonymes; il est temps de s'arrêter et de réfléchir; il ne suffit pas que de grandes choses se fassent, il convient d'examiner encore comment elles se font; il est temps de remonter le

[1] Depuis que j'ai écrit ces lignes est intervenue la loi qui réalise une partie de ces améliorations.

courant et de pourvoir à ce qu'elles ne violent pas impunément comme elles le font les grandes lois de la propriété et du travail.

Les valeurs industrielles n'ont donc point, par rapport à l'échange, les mêmes effets que les valeurs précédemment examinées. Il faut ici mêler la critique aux éloges comme elles unissent les dangers aux services.

§ 7. — Warrants.

Le warant est une valeur négociable doublement garantie et par le nantissement de la marchandise entre les mains du dépositaire et par la probabilité de la vente qui doit convertir le gage en argent et amener le remboursement ; ce qui donne à ce système toute l'élasticité convenable, c'est que, par une faveur spéciale, le gage n'est plus soumis ici aux lois civiles qui entourent de garanties et de formalités longues et onéreuses le fait de son aliénation ; au besoin la vente est partielle et le remboursement successif, les transactions commerciales conservent toute leur liberté, et l'acceptation du warrant ne constitue qu'une simple avance de fonds. Le warrant est donc une valeur *suî generis* qui repose sur un gage hypothécaire. Il ne faudrait pas exagérer les services rendus par ce papier et s'imaginer que le capital en marchandises soit doublé, du jour où il trouve cette représentation ; au fond, c'est une facilité commerciale tout entière au profit du propriétaire de la marchandise et une facilité aussi efficace que juste. Le varrant tend à consacrer dans le commerce de l'échange l'indépendance du vendeur, à donner à la marchandise une certaine fixité de prix indépendante des nécessités individuelles. A ce point de vue il a un rôle élevé et une influence bienfaisante ; il tend à garantir ce que j'appellerais volontiers le droit des échanges. Que le prix de la marchandise hausse ou baisse en raison des besoins ou des approvisionnements de la place, en raison de l'abondance ou de la rareté de l'offre et de la demande, rien de plus équitable et de plus normal ; il appartient au vendeur comme à l'acheteur de prévoir et d'apprécier d'avance la portée de ces phénomènes économiques ; mais que le vendeur ait de pressants besoins, qu'il ait à subir une position difficile, à contracter un emprunt onéreux, à pourvoir à des remboursements impitoyables, le voilà paralysé ; il a perdu sa liberté d'action, il n'a plus le pouvoir de se refuser à une transaction qui l'exploite, il est pris à la gorge ; la nécessité de faire face au payement d'une faible somme va le forcer à un marché désavantageux : adieu le bénéfice si légitimement attendu, si sagement préparé. Il y a là quelque chose de fâcheux ; c'est un abus et une iniquité que l'exploitation du malheur. C'est au nom de ce principe si élevé et si vrai que le warrant a été institué; quels que soit le prix ou l'époque de la vente, le possesseur d'une marchandise dont l'état actuel du marché ne lui permet pas de se défaire est affranchi de cette nécessité des transactions improvisées *in extremis* : le fret, la douane, les assurances, l'emmagasinage, le débarquement, les dépenses de consignation, jusqu'à ses dettes personnelles, tout se trouve soldé par l'émission du varrant sans que la marchandise soit compromise par la formalité du dépôt ou avilie par la perspective du remboursement.

Dès que le warrant repose sur un principe d'une aussi haute moralité, on ne s'étonnera pas, à d'autres époques et dans des moments de crise, d'avoir vu essayer ce système, afin de rendre disponible une partie du capital engagé dans des produits sans écoulement. On se souvient des magasins qui furent établis à cet effet en 1848 dans plusieurs villes, et particulièrement à Paris, de la défiance qui les accueillit, de leur lenteur à fonctionner, et aussi des services réels que parfois il leur fut donné de rendre. Il ne suffit pas à un principe d'être vrai pour que l'application en soit toujours prudente; c'est surtout en économie politique qu'il faut se garder de raisonner à outrance : appliquer indistinctement le système du varrant aux marchandises de toute fabrication comme aux matières premières et aux produits qui peuvent en tenir lieu, ce serait risquer de troubler les conditions de la vente et de travailler à l'encombrement du marché; tous les produits de détail, qui suivent de près le mouvement de la consommation et attendent d'ordinaire la demande au lieu de la provoquer, ne sauraient, sans de grands inconvénients moraux et économiques, tomber sous l'application du warrant; la production pour le détail ne satisfait pas seulement le consommateur en lui livrant la marchandise qu'il réclame, mais il entre dans la valeur de l'objet et dans l'habileté du fabricant de l'approprier d'une façon plus spéciale à sa destination. Le zèle, la promptitude, l'attention, le soin de l'ouvrier détaillant à satisfaire sa pratique contribuent à la valeur de son produit; ils y ajoutent indubitablement, puisqu'ils décident le chaland à se servir chez lui de préférence au voisin qui met en vente le même objet au même prix. Les conditions générales de la vente ne peuvent donc pas être changées, il serait regrettable qu'elles le fussent; le véritable intérêt du détaillant n'est pas d'accumuler les produits au hasard par une multiplication factice de son capital, mais d'obéir au mouvement de la consommation et de tenir ce capital en haleine par la vente effective. C'est dans ces principes qu'il faut chercher la réfutation de tant d'erreurs mises en avant sur les magasins de dépôt, erreurs qui avaient pour but de changer au profit d'un système insoutenable les conditions normales de la production et de l'échange.

Telles sont les principales questions philosophiques que soulève la constitution des valeurs, conditions pratiques de l'échange moral.

II

DU CRÉDIT.

Des conditions pratiques de l'échange moral nous passons à la nature intime et à l'application philosophique de ce fait.

J'examinerai tour à tour la nature du crédit, son organisation et ses garanties.

§ 1. — Nature du crédit.

S'il y a un fait qui par sa nature échappe aux théories matérialistes et qui, impalpable et invisible à toutes les atteintes des sens, se trahisse par des effets immenses dans l'ordre économique, c'est le fait moral du crédit; il a sa loi et sa raison d'être dans les profondeurs de la conscience, dans les souveraines appréciations du sens moral et jusque dans les impressions si vives et parfois si capricieuses de notre humeur; il faut ici que l'économiste rende les armes au philosophe et qu'il lui passe la parole; le crédit c'est l'inévitable part de l'imagination et du cœur aussi bien que de la raison dans les affaires d'argent.

Abstraction faite de cet imprévu qui surgit du fond de notre caractère, le crédit devrait rigoureusement se mesurer aux garanties; ces garanties sont les unes matérielles, comme un riche mobilier, une bonne terre, un commerce assuré; les autres morales, comme l'activité, la capacité, la bonne conduite, des preuves faites, des témoignages honorables. Bien que l'ironie du poëte latin ait prononcé ce blasphème :

> Ô pueri, quærenda pecunia primùm;
> Virtus post nummòs,

c'est le monde des financiers, des capitalistes, des banquiers, des spéculateurs, qui donne chaque jour le plus éclatant démenti à la maxime épicurienne; ce n'est pas un médiocre éloge de la valeur morale de l'homme que de voir ces apologistes du positif et du réel prendre pour de l'argent des espérances et pour garanties des talents, placer plus volontiers leur confiance dans l'activité indigente et éprouvée que dans la médiocrité ou la paresse richement assises sur leurs capitaux mal protégés : chose bizarre et qui peint l'homme! la confiance et le crédit échappent tellement à toutes les données numériques et à toutes les évaluations des comptes courants qu'il y entre de la fantaisie, de l'improvisation, je dirai presque de la poésie. Qu'on ne m'accuse pas moi-même de prêter complaisamment aux faits, il est certain qu'en cette matière il se produit d'incompréhensibles enthousiasmes et de soudaines révélations; la confiance s'inspire comme l'amour par un regard, par un geste, par un mot; on sait, à Paris, le nom de ce banquier dont la fortune dépendit d'une épingle soigneusement recueillie dans la cour et sous les yeux d'un protecteur indifférent qui prit feu à cet aspect; le crédit, étrange et invisible réalité suspendue au souffle qui passe dans l'air; effet mobile des mobiles passions des hommes, avec ses terribles angoisses, ses folles démonstrations, ses défiances invincibles, ses engouements irréfléchis. Pour en user et pour le gouverner il faut la profondeur d'un philosophe, la puissance d'un orateur, parfois le charme d'un poëte; c'est l'élément moral des entreprises humaines avec l'imprévu qu'y jettent les passions ou la puissance qu'y ajoute l'honnêteté.

Voilà pourquoi la défiance des créanciers entraîne parfois des remarques si profondes et si fines sur les débiteurs; tout changement dans les mœurs ou dans les habitudes devient le texte d'un commentaire et le point de départ d'un raisonnement : l'homme qui porte des gants et qui cesse d'en mettre, l'homme qui n'en met pas et qui commence à en porter, celui qui remplace le cigare de vingt-cinq centimes par le cigare de quinze, celui qui achète une voiture ou celui qui la vend, tout devient matière à observation. A Paris, et dans la plupart des villes de la France, lorsqu'un magasin s'ouvre avec quelque splendeur, la foule s'y précipite ; sans s'en rendre compte elle voit dans le luxe de l'achalandage la puissance du capital, dans la puissance du capital la richesse des approvisionnements et la garantie du bon marché ; tellement que d'ordinaire la dépense appelle le bénéfice. A Lyon, il y a vingt années, lorsqu'un commerçant faisait laver la devanture de sa boutique, on ne manquait pas de le croire ruiné ; « il perdait donc dans son commerce puisqu'il cherchait à augmenter sa vente en attirant la pratique (historique). » On y a vu, à l'époque dont je parle, des détaillants abandonnés pour avoir fait agrandir les carreaux des vitres à leurs magasins ; dans une ville dont je ne citerai pas le nom, un négociant qui s'était permis de suivre les cours d'une faculté de lettres vit sur-le-champ baisser son papier à la Bourse.

Si l'étude du crédit est de nature à intéresser le philosophe et à faire ressortir la supériorité des causes morales dans la destinée des individus, le phénomène du crédit public par rapport à la fortune des nations présente des effets que leur grossissement rend plus saisissables et leur portée plus intéressants ; Napoléon l'avait bien compris lorsqu'il déléguait au trésor le soin de maintenir par des efforts secrets le niveau du crédit public et les symptômes apparents auxquels le vulgaire se laisse prendre. Qu'on cherche en effet sérieusement ce que dans un pays comme la France peuvent amener de probabilités favorables ou défavorables à la solidité intrinsèque de la rente les événements qui paraissent intéresser le plus gravement les fonds publics? N'est-ce pas quelque chose de singulier et d'irrationnel, tandis que sur toute la surface du pays les caisses publiques s'ouvrent avec une ponctualité si irréprochable à l'invariable payement des intérêts, qu'il puisse y avoir d'autres fluctuations sur la valeur du capital dénommé au titre que les variations inhérentes au prix comparatif des produits et de l'argent monnayé. Il n'en va point ainsi cependant; abstraction faite des variations intéressées que la Bourse s'entend si bien à faire naître et à exploiter, il y a un effet moral qui ne cesse de réagir sur les détenteurs de toute valeur que sa réalisation expose à l'éventualité d'une perte, effet moral qui ajoute ou enlève au titre une quote-part tout à fait arbitraire du capital; si un essieu s'est rompu sur un chemin de fer, je suis moins riche de mes actions; si un fonctionnaire public a prévariqué, je perds du capital de mes rentes. La conséquence de ces faits c'est que le crédit public ou privé, effet moral de causes morales, ne saurait être gouverné par des moyens matériels; tout expédient purement pécuniaire, toute contrainte, tout effort, ne s'exercent que sur le vide et n'aboutissent qu'au néant, c'est par d'autres moyens qu'il convient d'agir, et un roi qui va à la messe fait souvent plus pour la richesse de son peuple qu'un prince qui lui épargne quelques millions insignifiants.

Cette domination de la confiance publique est un don du génie, un moyen de gouvernement; chez les particuliers, c'est souvent de l'esprit, quelquefois de la vertu, parfois du bonheur et de l'audace.

§ 2. — Organisation et garanties du crédit.

Bien que le crédit soit un fait presque entièrement moral et qu'en cette matière les données matérielles et palpables se perdent pour ainsi dire dans l'appréciation tout arbitraire qui en est abandonnée aux esprits, dans la pratique il s'entoure de garanties qui le soutiennent et qui en vivent sans toutefois pouvoir jamais en tenir lieu.

Le crédit est individuel ou marchand.

Le crédit individuel livre à la consommation journalière de l'acheteur des produits en nature directement assimilables et utilisables pour la consommation; le livre même du vendeur fait foi, et le compte livré au bout de la semaine, du mois ou de l'année, n'est jamais contesté par le client; le payement de la facture est donc, à vrai dire, le remboursement à terme d'une avance de fonds, valeur fournie jour par jour en marchandises par le détaillant; les grandes maisons payent à époques fixes, en vue de la double commodité du vendeur et de l'acheteur; il n'en va pas de même de l'ouvrier qui vit du travail et non de l'épargne; examinons à son point de vue le crédit individuel dans sa raison d'être et dans ses effets.

L'artisan qui n'a rien et qui travaille, va chercher depuis le commencement de la semaine son pain chez le boulanger qui en tient la note; le samedi lorsqu'il reçoit sa paye, il solde son compte des sept jours pour recommencer le lendemain; le crédit est donc ici un fait rationnel, qui mène de front l'accumulation de la dépense chez le fournisseur parallèlement à l'accumulation du salaire entre les mains du patron. Si le vendeur constitue au profit de l'acheteur une véritable avance de fonds, l'acheteur n'anticipe point sur l'argent réellement gagné, car s'il liquidait le mercredi au lieu du samedi, il trouverait chez le maître l'argent des trois premiers jours comme il reçoit la veille du dimanche celui de toute la semaine.

Cette explication suffit pour justifier le crédit individuel; mais la pratique n'est point aussi dégagée que la théorie; elle laisse beaucoup de place aux abus, et souvent il est plus sage de renoncer à un principe, même incontestable, que d'affronter les conséquences auxquelles il expose la faiblesse de notre humanité.

J'ai parlé de l'ouvrier qui n'a rien ; pour lui, le raisonnement est d'une rigueur qui prévient toute objection ; mais s'il possède cinquante centimes, où le moraliste trouvera-t-il une raison qui justifie l'épargne de cet argent et la capitalisation de la dépense? Le crédit dont il peut disposer l'invite à dissiper même une aussi faible somme ; tout change alors, et le crédit individuel n'est plus qu'une provocation au désordre.

La première conquête du présent, c'est la liberté de l'avenir ; l'habitude de se reposer sur le salaire futur pour satisfaire aux dépenses actuelles, c'est l'escompte de l'avenir et la certitude des dettes avec l'incertitude des remboursements.

Ajoutez les profits nécessairement plus élevés du détaillant, puisque l'incertitude du payement introduit une clause aléatoire dans la vente. La surélévation du prix marchand n'est qu'une prime d'assurance qui garantit le vendeur au bout de l'année ou de la semaine ; ajoutez encore, avec la faiblesse humaine, la tentation d'abuser du crédit ; il est si aisé de perdre de vue le lendemain, si commode de multiplier les dettes silencieuses.

Voilà pourquoi l'économie politique, au nom de la morale, préconise la vente au comptant ; cette vente a été inaugurée avec succès dans plusieurs grands centres de populations ouvrières ; elle s'est recommandée et soutenue par l'appât du meilleur marché, rendu possible et lucratif par la suppression des non-valeurs. Ce renversement des coutumes n'est pas autre chose, au point de vue moral, que la substitution des épargnes réelles et franches au système des anticipations indéfinies.

Le crédit de consommation est presque toujours renfermé dans d'étroites limites ; il n'a guère d'autres garanties que des garanties morales ; la loi, dans le cas de faillite, le protége ou le malmène, suivant la nature de la dette. La créance de la nourrice est privilégiée et imprescriptible ; celle de l'estaminet est méconnue au bout d'une année : heureuse harmonie des faits politiques et sociaux avec les lois de l'ordre moral.

Le crédit marchand est plus étendu, il a plus de portée ; aussi le vendeur ne se contente-t-il pas de l'engagement moral de payer ; il exige un engagement par écrit : de là la constitution du billet de commerce. Le billet de commerce n'est, au fond, qu'un instrument de crédit ; le jour où Pierre prend le billet de Paul, il n'y a là qu'un fait de confiance personnelle ; mais, le jour où le billet circule, il est fait appel au public et il faut d'autres garanties ; de là l'organisation du crédit, de là l'institution des banques publiques et privées.

Le billet de Paul accepté par Pierre constitue entre eux le règlement provisoire d'une opération réelle qui s'est traitée à échéance, au lieu de se traiter au comptant ; Pierre et Paul se connaissent, ils ont un égal intérêt à ce que la transaction s'accomplisse. Si Paul est heureux d'obtenir sur son billet crédit de Pierre, à son tour Pierre n'est pas fâché d'avoir pour acheteur Paul et de se défaire de sa marchandise à bénéfice ; mais lorsque Pierre veut introduire dans la circulation le billet de Paul en y ajoutant sa propre signature, le tiers preneur Jacques, ne se trouve plus dans la même situation ; il n'a plus, comme le vendeur Pierre, l'intérêt d'un bénéfice qu'il réalise, ou, comme l'acheteur Paul, l'appât d'un bénéfice qu'il se promet ; si donc Jacques donne du bel argent contre ce papier, il faut qu'il y trouve un avantage et une garantie : son avantage, c'est l'escompte de la somme ; sa garantie, la solvabilité des signataires.

Il incombe donc à Jacques d'examiner la solidité commerciale et financière de Pierre et de Paul ; le résultat de l'enquête individuelle à laquelle il se sera livré le décidera à accepter ou à refuser la négociation ; mais, à partir de l'endossement, son nom à lui, Jacques, devient, par la solidarité de l'obligation, une nouvelle garantie du payement.

Quelque solvables et quelque solides que puissent être les signataires d'un billet, ils n'ont pas toujours une notoriété suffisante : dans la pratique, l'industrie a bien autre chose à faire qu'à vérifier la situation des endosseurs ; c'est tout un travail et toute une besogne; cette besogne et ce travail sont acceptés et accomplis par les maisons de banque, organes et agents de la circulation.

Les banques sont ou des compagnies privilégiées comme la Banque de France et la Banque d'Angleterre, ou des entreprises particulières qui servent d'intermédiaires et souvent de régulateurs au crédit.

La Banque de France accepte et escompte les effets à trois signatures et à quatre-vingt-dix jours; l'effet escompté par la Banque perd dans le public son caractère privé; j'ose dire qu'il acquiert l'importance et la solidité d'un titre officiel.

Ce qui arrive pour le papier escompté à des conditions si prudentes et peut-être si étroites par la Banque de France, se reproduit dans une certaine mesure à l'escompte des banques privées. Les signatures des créateurs perdent de leur importance dans la proportion des garanties qu'offre au preneur subséquent la signature du banquier.

Une banque engage dans un premier escompte un capital de cent mille francs : elle négocie, et le capital redevenu libre, elle l'engage une seconde fois en acceptant à l'escompte de nouvelles valeurs qui, sur sa signature, se placeront aisément; enfin ce même capital se réengagera dans une troisième et une quatrième opération. C'est ainsi que, véritables agents du crédit, les banques multiplient les valeurs en les garantissant; elles se font payer, mais elles rendent des services, et il y aurait injustice à considérer leurs opérations comme une sorte d'usure permise ou tolérée.

Si la banque, au lieu de solder en numéraire le montant des effets escomptés, trouve à faire accepter au public ses propres billets remboursables sans intérêts et garantis par un capital monnayé ou en lingots de beaucoup inférieur à l'émission du papier, ce sera, comme nous l'avons vu plus haut, une nouvelle multiplication du crédit et des valeurs dans la circulation générale de l'échange.

Il y a cette différence entre la banque publique et les banques privées, que la première vend son crédit à des conditions égales et à un prix uniforme, aimant mieux écarter de sa clientèle les affaires douteuses qu'augmenter ses bénéfices dans la proportion de ses risques ; en outre, elle n'offre jamais à aucun capitaliste d'avantages spéciaux. Il n'en va pas de même d'une banque privée; celle-ci étend ou resserre son commerce de capitaux, non point seulement dans les limites de la solvabilité reconnue de ses clients ou dans la prévision des besoins du marché, mais en vue des spéculations pour lesquelles elle se ménage secrètement, ou des engagements privés qu'elle a pu s'imposer ; l'emprunteur qui s'adresse à elle se trouve donc en face de causes étrangères à la situation générale du crédit. La banque publique, au contraire, exprimant dans le taux de l'escompte la moyenne des besoins et la plus haute probabilité des prévisions, ne saurait guère déconcerter le capitaliste; c'est un ami sur lequel il peut invariablement compter toutes les fois qu'il ne lui demandera pas ce que ses statuts lui défendent d'accorder.

Les banques publiques privilégiées par l'État auquel elles rendent tant de services, ont d'ordinaire des ressources financières, morales et même politiques qui garantissent leurs engagements et mettent leur crédit hors de page; leur salut, dans les temps de crise, devient le salut public, et ce que le gouvernement fait pour lui-même, il le fait pour elles. Le public accepte ces décrets, favorables aux grandes compagnies; et tandis que le rétablissement d'un sou de papier-monnaie eût ébranlé le crédit jusque dans ses fondements et déchaîné les tempêtes, l'obligation d'accepter le billet de banque, la dispense des remboursements nous ont laissés dans le temps, sinon indifférents, au moins tranquilles.

Le simple banquier, qui escompte à sa guise et à ses risques et périls, n'a point par devers lui cette arrière-garde de la puissance publique et ce soutien décisif de l'intérêt général. Ce n'est pas que, dans une occasion exceptionnelle, l'État ne soit intervenu aussi et n'ait suspendu provisoirement l'obligation de rembourser les comptes de dépôt; mais, à part ces mesures tout à fait anormales, le banquier, qui garantit à la circulation le crédit des emprunteurs, n'offre point à son tour comme escompteur une solvabilité exempte de tout péril. Lorsqu'on songe à tout ce que peut soulever de difficultés, créer d'obstacles, entraîner de mécomptes, préparer de catastrophes, un mot, un soupçon, une panique dans la sphère étroite et peu élastique des fortunes privées, le moraliste ne saurait se défendre d'une réflexion, c'est que cette circulation, acceptée et garantie par le banquier, constitue un commerce situé hors des conditions de sécurité qu'offre au public toute autre industrie. A chaque moment de sa carrière, le banquier qui possède un million n'ignore pas que sa signature circule pour plusieurs millions; si l'idéal de la rigueur et de la probité est de pouvoir être à tout instant en mesure d'opérer sa liquidation avec honneur, il est malheureusement incontestable qu'à toute époque de crise ou même de resserrement une liquidation imprévue est impossible, dangereuse ou difficile. C'est au banquier à traverser ces bourrasques sans en venir à compter avec son crédit; position fâcheuse où le découvert moral va souvent très-loin : le crédit est comme l'honneur des femmes, il devient douteux dès qu'il a dû être prouvé.

On me dira que cette position est celle du marchand qui, nanti de cinquante mille francs à lui, achète pour cent cinquante mille et attend de la vente le moyen de solder son acquisition faite à terme ; que l'entrepreneur emprunte pour bâtir ; que le restaurant et le café ne ménagent pas leur mise de fonds et que chacun d'entre eux compte sur la certitude morale de la vente pour retrouver le capital et faire face à l'échéance : il n'en est pas moins vrai que la marchandise est présente et qu'elle répond de la dette dans le cas éventuel d'une liquidation forcée, ou que tout au moins les engagements du débiteur sont bornés et ne se sont point renouvelés indéfiniment. Le banquier n'est plus dans la même situation ; la disproportion nécessaire que l'échange de l'argent met entre le capital réel et le capital en circulation, la nécessité d'exposer sa signature autant de fois que l'opération de l'échange renouvelle entre ses mains le capital primitif, ne laissent d'autres garanties aux porteurs des valeurs négociées sur la foi du crédit roulant que le capital effectif de la banque, capital toujours hors de proportion avec les effets garantis.

Faut-il conclure de ces faits à la proscription des établissements de banque privés et réclamer une centralisation plus forte des valeurs entre les mains de compagnies privilégiées, au détriment et, au besoin, à l'exclusion des efforts individuels ? ce serait anéantir des intermédiaires utiles et une concurrence salutaire dans l'organisation de l'échange. A défaut de cette proscription dangereuse et impossible, le jurisconsulte, mieux éclairé sur la nature de ce trafic, ne devrait-il pas revendiquer le droit de soumettre à une législation exceptionnelle une industrie qui a ses lois et ses conditions propres; par exemple, pourquoi tout banquier ne serait-il pas admis, *sur sa demande*, à publier, sous la surveillance de l'État, la situation de ses affaires et la justification de son crédit? Pourquoi laisser le public dans la nécessité presque inévitable de faire un acte de foi et de s'en rapporter, lorsqu'il dépendrait du pouvoir de provoquer la lumière, au grand bénéfice des maisons solides, qui n'auraient rien à y perdre, et des clients qui auraient tout à y gagner.

Quoi qu'il en soit de ces réformes et d'autres analogues que le temps amènera plus tard, la théorie des banques et l'intelligence des principes sur lesquels reposent la valeur et le crédit, conduisent l'économiste philosophe à la réfutation la plus directe des banques d'échange telles que les ont rêvées et tentées la hardiesse et l'imprévoyance des systèmes socialistes : l'échange par l'office des banques et sur la foi du crédit s'opère entre les valeurs, et non pas entre les produits ; une banque qui aspirerait à se poser en intermédiaire entre le producteur qui lui confierait son travail et le consommateur qui lui avancerait son argent, quelque forme qu'on lui donne et quelque perfection qu'on lui suppose, n'est pas un agent réel, mais un rouage parasite; elle tend, non plus à la dispensation du crédit et, si je puis le dire, à la répartition de la confiance publique, mais à la suppression de l'initiative individuelle, à la diminution de l'activité et à la confusion des rapports naturels qui doivent régir l'offre et la demande.

Nous avons parlé du crédit individuel et du crédit marchand : le premier, qui a pour instruments uniques le livre de comptes et la facture; le second, qui a recours au billet de commerce, à la négociation et à l'escompte par l'intermédiaire de la banque publique ou privée. Disons un mot du crédit public, dont il a déjà été question en passant; examinons brièvement son organisation, ses actes, ses principes.

Le crédit public repose, d'une part, sur un gage matériel, l'impôt et les propriétés domaniales, soit prises dans leur ensemble, soit spécifiées dans la constitution ou le titre de la valeur; d'autre part, sur un gage moral, les institutions politiques. Il convient toutefois de remarquer combien la garantie matérielle est peu de chose en présence des décrets qui modifient les décrets, et des lois qui succèdent aux lois; peu importe que la valeur territoriale soit considérable, si elle ne peut être réalisée qu'au prix d'incalculables pertes ou sous le bon plaisir du pouvoir. L'impuissance de l'individu, comparé à l'État en matière de possession civile, tend à déprécier la valeur du gage : de là ce résultat lamentable, honte des sociétés modernes, que le crédit de l'État, malgré la stabilité de sa richesse, est presque toujours compromis par la mobilité de son pouvoir ; les effets désastreux de l'arbitraire en matière de finances, effets enseignés par le passé et jetés par certaines doctrines comme une menace à l'avenir, ont entraîné cette conséquence monstrueuse, que le crédit public jusqu'en ces derniers temps a été obligé, malgré l'évidence de la perte matérielle et le dommage de son autorité morale, de s'abriter derrière le crédit individuel. De là le système de l'emprunt par l'intermédiaire des compagnies, détestable combinaison, témoignage hideux de l'instabilité gouvernementale même en matière de moralité ; de là le désavantage constaté du plus solide de tous les prêteurs, désavantage qui n'a d'autre motif que le doute sur les garanties qu'il offre, et d'autre effet que son exploitation.

Le crédit public est donc un thermomètre assuré du niveau moral dans le gouvernement ; l'organe de ce crédit est la Bourse, où se négocient les valeurs sur l'État ; mais du jour où la spéculation est venue se mettre à la traverse des effets naturels de la sécurité ou de la défiance publique dans le commerce de la rente, du jour où des masses énormes de valeurs (un calcul qui ne nous appartient pas, et qui nous paraît modéré, les porte aujourd'hui à quinze milliards de capital) sont venues se mêler à la négociation des titres publics, la Bourse est devenue un instrument de jeu et non plus un lieu d'échange; elle a perdu son caractère économique pour descendre au niveau d'un brigandage organisé contre les lois essentielles de l'échange. Ces lois nous restent maintenant à examiner.

III

LOIS DU CRÉDIT ET DE L'ÉCHANGE.

La production comme l'échange ont en vue un même résultat, le bénéfice, lequel constitue, au profit du producteur comme du commerçant, une augmentation de l'avoir, juste rémunération de l'effort; si l'effort moral, dépense bénie de l'activité humaine, a pour résultat dans la sphère intérieure de l'âme la vertu, richesse du cœur; l'effort industriel, moteur du travail, amène après lui la rétribution, point de départ de la fortune; le bénéfice est donc la loi de l'échange comme de la production.

Cette question du bénéfice se résout matériellement par l'inventaire du doit et de l'avoir, par la balance exactement calculée du prix de vente et du prix de revient; s'il n'y avait dans le monde que des chiffres et dans les questions de l'économie politique que de l'argent, tout ce que nous nous proposons de chercher serait oiseux et tout ce que nous avons à dire ridicule.

Mais, si l'économie politique s'est trop souvent égarée dans les voies du matérialisme, si elle a oublié la morale véritable et ne s'en est parfois souvenue que pour la proscrire en la calomniant, la morale ne l'a ni oubliée ni perdue de vue, et elle vient lui rappeler d'imprescriptibles devoirs trop souvent combattus dans la théorie ou violés dans la pratique.

Il n'est pas vrai que le bénéfice, comme on l'enseigne communément, soit l'expression pure et simple du rapport entre l'offre et la demande; la conscience ne saurait admettre, la loi s'est refusée à sanctionner cette erreur.

Le niveau moral me paraît descendu bien bas au milieu des sociétés chrétiennes pour que tant de traités d'économie politique n'aient pas eu le cœur de dire un mot sur la distinction essentielle qui sépare les bénéfices permis des bénéfices illégitimes; je m'honore d'être ici en contradiction avec quiconque prend pour la mesure du droit le calcul des intérêts.

Qui ne connaît ce passage célèbre des *Offices* où le païen Cicéron examine avec tant de détails la question des ventes au point de vue moral? Un navire arrive de Sicile avec un chargement de blé; il aborde dans une ville en proie à la famine : nul doute que la cargaison ne soit vivement disputée, et, pour parler le langage du négoce, qu'en l'absence de toute concurrence elle ne s'enlève du jour au lendemain; cependant le capitaine a laissé derrière lui d'autres navires encore qui faisaient voile vers le même marché et qui demain, triomphant de la disette, ramèneront l'abondance; bien plus, de nouvelles expéditions sont à la veille de partir et il y aura peut-être un trop plein là où la demande ne trouvait personne en mesure de lui répondre; le vendeur doit-il laisser ignorer ces circonstances? On sait que le moraliste ancien se prononce pour la négative et qu'il ne regarde point comme suffisamment sûr pour la conscience d'un adorateur de Jupiter un marché où la dissimulation de celui qui vend et l'erreur de celui qui achète, font tous les frais d'un bénéfice exagéré.

Je ne puis m'empêcher de me demander avec quelque amertume où sont, parmi les théoriciens et les trafiquants modernes, les disciples de Cicéron?

J'ai dit que la loi elle-même ne sanctionne point en cette matière la liberté illimitée des transactions, lorsqu'elles se trouvent établies sur un rapport évidemment factice entre l'offre et la demande. Lorsque le roi d'Angleterre, fuyant à travers le champ de bataille, s'écriait avec angoisse : « Mon royaume pour un cheval ! » Je me demande quel tribunal aurait sanctionné ce pacte d'échange, et quel juge aurait pris sur lui de faire exécuter cette transaction.

Les dispositions du code sur le recours pour lésion d'outre moitié dans la vente même de bonne foi, les vices redhibitoires, la pénalité pour tromperie sur la nature ou la quantité de la marchandise, la répression des coalitions aussi bien entre les maîtres pour amener la hausse du produit, qu'entre les ouvriers pour imposer l'élévation de la main-d'œuvre, sont autant d'invasions heureuses de la morale dans le domaine prétendu sacré et inviolable des échanges privés. La loi prend la tutelle de celui qui paraît avoir la force en main, de celui qui fait la loi du marché et demeure le maître de s'abstenir, de l'acheteur; elle le défend contre la fraude, précisément à l'encontre du vendeur qui semblerait être à sa discrétion.

De là encore ces lois réglementaires dans toutes les occasions où le monopole devient une menace pour les intérêts publics, où la disproportion anormale des bénéfices avec la mise de fonds ou avec le service rendu tend à transformer la rémunération légitime de l'activité en un impôt injuste levé sur les besoins universels; c'est en vertu de ce principe que l'État, même en dehors du cahier des charges, a souvent exigé des modifications de tarif de la part des grandes compagnies.

Il y a donc, et plus fréquemment qu'on ne l'enseigne ou qu'on ne le croit, des bénéfices illégitimes, et des cas où le prix débattu entre l'offre et la demande doit subir, au nom de principes éternels du droit et de la justice, le contrôle et le poids de l'autorité légale, où une prétendue atteinte portée à la liberté n'est qu'une satisfaction donnée à la conscience publique. Cette surveillance légitime n'a aucun rapport avec le maximum et la contrainte, car si elle limite la liberté de vendre, elle consacre le droit de garder.

Il convient de remarquer combien les progrès matériels dont notre siècle s'est épris sont peu de chose auprès des progrès moraux qui se glissent sans bruit et sans fracas à la suite des conquêtes physiques. Que l'on étudie soigneusement les effets du télégraphe électrique sur la sécurité des transactions et le nivellement du prix dans les marchés, n'est-ce pas là un frein salutaire et naturel qui s'impose de lui-même et qui tend à supprimer de plus en plus l'ignorance invincible qu'opposaient aux échanges quotidiens l'obstacle des distances et la lenteur des communications? Faut-il regretter le temps où la disette des renseignements commerciaux, l'imprévu des arrivages, le hasard des ordres amenaient tour à tour par d'inévitables oscillations tous les embarras d'un encombrement stérile et toutes les terreurs d'une disette imaginaire : par le télégraphe, l'équilibre se fait sur les marchés, et par la facilité des transports, dans les besoins de la consommation; n'est-ce pas, en définitive, la moralité des transactions qui gagne tout ce que les conquêtes de la science ont arraché aux résistances de la nature et soustrait aux chances du hasard?

Le bénéfice n'est pas seulement la conséquence normale de l'écoulement des produits et de la vente des marchandises, il est aussi la rémunération légitime de l'avance du capital, le loyer de l'argent dans le commerce des valeurs, où il est connu tour à tour sous le nom d'escompte et sous le nom d'intérêt.

L'homme qui se prive volontairement pendant un temps déterminé de la jouissance de son capital est présumé capable d'en faire un emploi fructueux; la jouissance du capital est un moyen de bénéfice; il est donc juste que de ce bénéfice volontairement abandonné par le propriétaire de l'argent il lui en revienne une quotité déterminée; cette prime le détermine à le confier à l'emprunteur et le dédommage à la fois de la privation de l'usufruit et des risques du recouvrement; c'est sur ces deux raisons morales que se fonde la légitimité de l'intérêt.

Mais si l'intérêt est légitime, il ne saurait être illimité; la morale flétrit l'usure, la religion la défend, la loi la punit.

Tel n'est pas, il faut le dire, l'avis d'un grand nombre d'économistes; ils partent de ce principe, que l'argent est une marchandise; qu'elle suit l'invariable loi de l'offre et de la demande; que le loyer du capital, bénéfice anticipé du prêteur, n'est qu'une rémunération variable, laquelle doit se régler sur les besoins de l'emprunteur et les conditions du marché.

La conséquence nécessaire de cette doctrine serait qu'il ne peut presque plus y avoir d'usure; l'élévation de l'intérêt n'est qu'un fait économique contre lequel il est absurde de protester et injuste de réagir ; « prêter à un intérêt élevé, disent-ils, c'est lever une forte prime sur la rémunération présumée que le vendeur attend de son activité, » premier principe ; « c'est se mettre en garde contre les chances de perte du capital, » second principe. Dès que l'intérêt dépasse une limite extrêmement étroite, ces deux principes portent atteinte l'un comme l'autre aux droits imprescriptibles de la justice.

Il peut arriver, dans des circonstances anormales, que l'activité humaine trouve un salaire surélevé qui disproportionne tout à fait la rémunération au service rendu ; il y a là une perturbation économique dont le moraliste comme le politique doivent déplorer les effets, combattre les causes et, autant qu'ils le peuvent, préparer le terme. Ces bénéfices ou ces rétributions exceptionnelles touchent de près aux bénéfices illicites, et si des perturbations inévitables conduisent parfois à ces écarts, il ne faut pas cesser d'attendre le rétablissement de l'ordre qui est la proportion entre le salaire et le travail.

Supposons que la loi permette le prêt à intérêt élevé, elle autorise le créancier à prendre pour un fait normal le résultat de ce trouble, à escompter ce désordre ; elle crée par la constitution de cette créance une raison d'être à cet état de choses, et il faut, pour que le débiteur échappe à la ruine, qu'il prolonge cette crise, ou qu'il y supplée par un paroxysme d'activité au profit de son prêteur.

Il est donc évident qu'en bonne justice comme en bonne économie, la liberté du prêt et le règlement à l'amiable du taux confisqueraient au profit du capital les chances de l'opération et constitueraient contre l'emprunteur un contrat inique, puisque toutes les chances étant supposées en sa faveur, en dehors et au-dessus de la rétribution normale du travail, à défaut de ce concours inouï de probabilités, il ne saurait se liquider que par le don volontaire de son travail ou de son avoir sacrifiés au créancier privilégié.

Voilà pourquoi la loi défend ce contrat, protégeant comme toujours au nom du droit, non-seulement la faiblesse contre autrui, mais encore, au besoin, la liberté contre elle-même.

On se retourne alors de l'autre côté, on se rejette sur l'indemnité préalable, la prime d'assurance, que constitue au profit de l'argent l'élévation de l'intérêt. « Dès qu'il y a risque, l'intérêt ne peut-il pas être légitimement considéré comme une compensation ? Et pourquoi, en présence de l'éventualité d'une perte totale, ne pas réserver la chance d'un bénéfice illimité ? »

Cet argument n'est qu'un sophisme invoqué à l'appui d'une injustice.

Vous prêtez cent francs à ce petit commerçant

pour entreprendre quelque modeste spéculation de détail, il gagnera 200 °/₀ à la réussite, ou il sera ruiné si la fortune se retourne contre lui; il ne saurait trouver de crédit au taux légal; vous lui faites faire à quinze jours un billet de cent francs et vous lui en comptez quatre-vingt-dix; il vous rembourse au terme, et votre conscience est tranquille, dites-vous, parce que vous auriez pu perdre la totalité du capital.

Je réponds que si vous vous étiez associé pour courir avec lui les chances de l'entreprise, à la condition de toucher un tant sur les bénéfices et de supporter les pertes dans une proportion déterminée, vous auriez fait tout à la fois un contrat légitime et une action morale, tandis que vous avez commis un acte d'usure et d'iniquité.

Veuillez remarquer en effet que le billet de cent francs, titre commercial, n'est point soumis, comme vous l'insinuez, à la destinée de l'entreprise projetée; que l'insuccès de la spéculation n'a point de prise sur lui; que l'opération manquée et l'argent disparu, la créance n'est point périmée ni le titre anéanti, mais que le billet ou la reconnaissance de la dette vous donne hypothèque, non pas seulement sur l'avoir de ce malheureux qui peut-être n'a rien, mais sur son avenir même, sur la totalité des chances heureuses qu'il peut rencontrer, des bénéfices qu'il peut réaliser; il ne saurait sortir de sa misère sans que vous ayez recours contre lui et sans que vous touchiez, à son détriment, la prime dont vous l'avez grevé.

Il n'est donc pas vrai que les choses soient égales entre vous, ni que vous lui ayez rendu service, malgré l'illusion qu'il se fait et l'acharnement qu'au besoin il mettra lui-même à vous solliciter et à vous justifier. La loi ne doit point écouter un homme qui plaide contre sa propre cause; on n'est plus libre de se porter préjudice à soi-même partout où l'État n'est pas impuissant à l'empêcher; l'inviolabilité individuelle n'interdit pas à l'agent de police de couper la corde où se pend le citoyen qui a résolu de se suicider.

Si le crédit se resserre, que les ressorts se tendent et que les capitaux se dérobent, il n'est pas vrai que l'économie ait le droit de murmurer, qu'elle puisse provoquer la loi à se départir de sa sévérité et de la justice de ses châtiments; les besoins réels produisent plutôt l'équilibre et ramènent plus vite l'argent à son loyer normal qu'une rétribution excessive, laquelle créerait une raison financière de perpétuer le désordre et d'accréditer l'injustice.

Voilà pourquoi la société s'est armée de la loi et n'a point laissé la liberté des bénéfices au commerce de l'argent; voilà pourquoi elle a fixé un taux à l'escompte, une rente au capital, une limite aux engagements; l'économie spiritualiste reconnaît avec elle, par une étude plus approfondie de la valeur représentative, que si par un côté l'argent est une marchandise ayant son cours comme les autres objets, par un autre côté il fait l'office d'une commune mesure entre les valeurs et devient la représentation de leurs rapports. Agir sur l'intérêt de l'argent, ce n'est donc point se jeter dans le maximum de la vente par ordre, c'est pourvoir, dans la mesure du juste et du possible, à l'équitable proportion des bénéfices en prévenant ou en ramenant les écarts passagers et regrettables des valeurs ; c'est garantir l'emprunteur contre un secours perfide et le sauver malgré lui d'un contrat léonin où le créancier le confisque, un contrat dans lequel la passion de l'espérance et l'oubli du désespoir lui font perdre de vue l'exacte appréciation des services et des charges, où le malheur et le besoin le dérobent à lui-même, et où, redevenu mineur par son égarement, il rentre sous la tutelle de la loi qui stipule pour lui.

L'échange s'opère avec une activité et dans des conditions particulières sur les marchés et à la Bourse : le marché ou la halle, centre naturel et légal d'un commerce réel et utile ; la Bourse, que les passions publiques ont arrachée à son rôle légitime pour en faire une maison de jeu ; la Bourse, l'un des éléments de dissolution les plus actifs qui aient jamais travaillé à la ruine de nos sociétés modernes.

Le capitaliste naïf qui prend encore la Bourse

comme un marché de valeurs réelles où il va chercher un placement effectif et durable, qui regagne son logis après avoir consolidé les sommes dont il cherchait l'emploi, est volontiers regardé par les seigneurs du lieu comme un homme de l'autre monde qui ne comprend plus son siècle; ce n'est pas un client, mais un ennemi ou tout au moins un fâcheux.

Les tribunaux ont gardé la mémoire de ces deux industriels qui avaient mis en commun la fertilité de leur génie : le premier, levant les yeux et les bras au ciel, se jetait du haut du Pont-Neuf dans les profondeurs de la Seine; le second, qui le suivait à quelques pas, se précipitait après lui, le déposait sur la berge, et le lendemain touchait à la préfecture de police la prime de sauvetage. Les deux compères finirent par multiplier, le premier son désespoir et le second son dévouement, au point que des soupçons s'éveillèrent, que la justice s'émut, et qu'on mit fin à leur industrie en les condamnant l'un et l'autre comme escrocs.

Cette histoire m'est souvent revenue à la pensée lorsque je me mêlais aux flots des boursiers autour du fatal hémicycle : n'est-ce pas là l'image fidèle de ce que les spéculations contemporaines apportent de bien-être, de secours, de force et de richesse à la civilisation qu'ils dévorent?

La Bourse est comme toutes les grandes institutions qui fonctionnent à contre-sens ; elle a un but élevé et avouable ; dans la pratique, elle aboutit à détruire tout ce qu'elle aurait pour mission de régulariser.

Il appartient à l'économie politique d'être impitoyable et de porter la lumière au fond de l'antre de Cacus, d'examiner une bonne fois ce qui résulte de ces opérations à terme, au point de vue de l'échange, et surtout au point de vue de la production.

Ventes à primes, à découvert, reports, réalisations : noms divers qui déguisent une commune opération, un résultat unique, l'élévation de l'intérêt de l'argent sans aucune espèce de proportion avec les prescriptions de la loi, avec la rémunération légitime de l'activité dépensée.

Le principe de la rémunération du travail autorise seul le bénéfice ; voilà pourquoi la production engendre le salaire ; la vente de la marchandise créée est le type et le régulateur de toute valeur et de tout profit..

L'échange est aussi un travail, mais à la condition que l'échange sera un service rendu au consommateur ; à ce titre seul il doit être rémunéré. L'homme qui promènera trois fois autour de la ville le paquet de bougies qu'il porte chez vous n'a rien à vous réclamer pour cet acte de fantaisie ; incontestablement, les deux kilogrammes enveloppés de papier bleu, que votre position ou vos convenances vous défendent de transporter vous-même à votre domicile, ont plus de valeur rendus dans votre appartement qu'exposés encore dans le magasin de vente; votre domestique peut en garnir vos flambeaux sans vous faire attendre et sans que vous ayez à le déplacer; cette augmentation de valeur se traduit commercialement par les vingt-cinq centimes de port que vous comptez au commissionnaire. Mais quel intérêt pouvez-vous avoir à ce qu'on vous livre des bougies qui aient fait quelque temps de promenade? qu'y gagnez-vous, sinon de les avoir plus longtemps attendues et de les avoir peut-être déformées par la chaleur ou brisées par le frottement? C'est donc à juste titre que vous refusez au porteur le prix de son excursion et que vous vous bornez à rémunérer le trajet utile, sans tenir compte du reste du chemin parcouru.

Pareillement il vous est commode qu'un marchand tienne à votre disposition du papier à lettre et des enveloppes de tous les formats, depuis les modestes dimensions du billet à un ami jusqu'à l'in-folio ambitieux des pétitions ministérielles; avez-vous un bien grand intérêt à ce que chaque jour le papetier, d'accord avec un de ses confrères, promène d'un quartier à l'autre ses approvisionnements et vide ses rayons pour y transporter les marchandises de son collègue, sauf à les réintégrer le lendemain pour recommencer son déménagement le jour d'après ; le marchand serait-il bien venu à vous réclamer le salaire de ces services fantastiques et à compter au nombre des frais dont la vente au détail lui donne le droit de se couvrir, les déplacements et les remplacements oiseux d'une rame de papier par sa pareille?

J'ai honte de ces exemples lorsque je songe qu'il faut faire redescendre à ce niveau les arguments des boursiers et leur rappeler qu'en vérité, leur fonction n'a pas même le triste droit de se dire inutile.

Consacrer son intelligence, ses calculs, les raisonnements de sa politique et la prévoyance de son génie à vendre ou à acheter à propos, à engager ses fonds ou à les retirer à temps et justifier le gain désordonné d'une partie heureuse par le prétendu travail dont on s'est acquitté, n'est-ce pas réhabiliter dans l'ordre financier le mécanisme des ateliers nationaux, où chaque ouvrier, au dire d'un spirituel économiste, se donnait consciencieusement pour tâche de transporter chaque matin à droite un certain nombre de cailloux que le soir il reconduisait à gauche avec la même fidélité? Les bourses sont les ateliers nationaux de la finance.

Mais comme la science, sans l'esprit qui la vivifie, égare la curiosité qu'elle irrite, de même la passion d'un gain immérité démoralise le travail, et les opérations de bourse ont un double effet, l'un économique sur les valeurs, l'autre moral sur la civilisation.

Il appartient à l'économie politique la moins sévère et la moins juste de constater par des chiffres et par des raisonnements tout financiers ce que la variation des cotes, l'exagération intéressée des événements, la falsification systématique de toute vérité peuvent amener d'effets anormaux sur la véritable appréciation des valeurs. Le résultat économique des transactions de bourse est donc de substituer une valeur mobile et fictive aux faits industriels ; la conséquence pratique de cette exaspération du jeu, c'est de rendre la Bourse entièrement inapte aux fonctions pour lesquelles elle avait été créée ; elle est tout, excepté un marché sérieux de valeurs réelles ; je n'oserais pas dire que tout le monde y joue le rôle de fripon ; mais ce que je sais bien, c'est que les parfaits honnêtes gens y sont infailliblement des dupes en théorie, et des victimes en pratique.

Le second effet de ce vaste système d'échanges fictifs porte sur la moralité publique ; celui-là, nous le signalons à l'attention des hommes d'État, c'est la glorification contagieuse du travail improductif, le déplacement inévitable et continu de l'activité dans notre civilisation.

Je ne veux d'autre preuve de cette lamentable assertion que le jugement et les éclats de rire des habitués de la Bourse lorsqu'il est question de la timidité ou de la prudence d'un propriétaire de biens fonciers ou d'un travailleur qui place sur hypothèque; il n'y a pas d'expressions, de quolibets, de mépris qui puissent rendre ce profond sentiment de leur supériorité financière sur l'homme qui en est resté à croire que le meilleur moyen de s'enrichir, c'est l'économie et le travail. Travailler! lorsqu'il suffit de venir à la Bourse et de faire mouvoir ses fonds; économiser ses revenus, quand il suffit d'un signe de tête pour les augmenter; s'en tenir aux garanties de l'hypothèque et aux prescriptions de la loi, quand les primes et les reports éludent si commodément les arrêts contre l'usure, et que, pour être riche, il suffit de le vouloir! De là une dépréciation continue de la propriété foncière, à laquelle une législation, faite en présence d'un autre état de choses, a réservé la lourde charge des impôts. Ne faut-il pas être un saint pour accepter inutilement l'embarras du travail, ou un insensé pour méconnaître, par une ignorance déraisonnable, combien les pertes sont peu probables et les profits assurés?

Voilà la pente de la société : nous allons vite, et nous irons loin. On parle souvent de la difficulté des remèdes; il est encore plus malheureux de voir combien nous sommes peu pénétrés de la réalité et de la profondeur du mal; pour moi, cette débauche financière de notre civilisation me fait peur. Les nations ne périssent guère par l'immobilité, mais par une dépense inutile de leur force. Les Grecs du

Bas-Empire n'étaient point oisifs lorsque les Turcs franchirent les murailles de Constantinople; l'histoire nous a appris ce qu'ils consacraient de force, de vigueur, de subtilités et de ressources d'esprit à débattre des questions inutiles. Lorsque les barbares débordaient sur l'empire romain, jamais les fêtes n'avaient été plus belles, et la puissance de la civilisation aurait peine à renouveler ces représentations grandioses, à la mise en scène desquelles s'étaient tendues toutes les forces de l'univers. Il faut s'arrêter, car les souvenirs ne sont pas des prophéties; mais si le sentiment public a demandé et obtenu la suppression des loteries et des maisons de jeu, l'économie politique en est-elle réduite de nos jours à tenir le flambeau de la science pour éclairer les désordres; ne doit-elle pas prêter aux réclamations de la morale l'activité réfléchie d'un arrêt motivé?

Il appartient à l'économie de trouver les mesures qui arrêteraient dans la pratique les progrès du mal, rendraient aux entreprises sérieuses la liberté de conquérir l'estime, au capital sédentaire l'accès des valeurs, à l'argent son taux légitime, au crédit sa fixité, au travail son prix, qui remettraient la civilisation sur sa voie, et restitueraient à l'État, au profit de la propriété foncière, l'impôt que lui dérobe une législation surannée et injuste[1].

[1] On n'oubliera pas que j'écrivais avant l'impôt sur les actions.

Si la facilité du gain entraîne l'avilissement du travail, si par elle la fortune est devenue une tentation criminelle au lieu de rester une récompense méritée, il faut, pour être juste, compter au nombre des plus grandes calamités le profond avilissement de l'argent; je m'explique : il fut une époque où, en dehors de certaines carrières dans lesquelles la pauvreté est un honneur et presque une vertu, la richesse, témoignage visible de vertus héréditaires, devenait une sorte de noblesse et s'attirait des respects mérités. Il y a eu des mœurs et des temps, principalement dans certaines villes libres et commerçantes, où les spéculations étant exclues d'un labeur voué tout entier à une production réelle, l'aisance était vraiment la fille du travail et de l'épargne; où la richesse ne naissait à son tour de l'aisance qu'au prix des mêmes sueurs et des mêmes vertus renouvelées à un degré supérieur de la hiérarchie sociale. Ce n'est pas un des moins terribles effets de l'improvisation désordonnée des fortunes, des soubresauts effrayants des positions, des chutes sans pitié et des élévations sans honte que ce profond mépris de l'argent aussi bien dans la bourse des autres que dans la sienne. La fortune ne représente plus rien, et, en même temps que le travail cesse de produire, la dépense cesse de compter; on voit croître ainsi dans une disproportion effrayante le besoin des jouissances, qui multiplie la consommation, et de l'oisiveté, qui diminue la richesse. Il est temps que l'économie cesse d'oublier qu'il y a une morale, et la morale d'affecter l'indifférence lorsqu'on lui demande de descendre dans le champ clos des phénomènes économiques.

L'étude de la production et de l'échange conduisent à celle de la consommation.

TROISIÈME PARTIE

CONSOMMATION.

La production, comme l'échange, aboutit à la consommation.

La consommation correspond aux besoins qu'elle satisfait ; c'est donc à l'étude des besoins qu'il faut demander les lois et les règles de la consommation.

Nous étudierons donc en premier lieu les besoins, en second lieu la consommation.

I

NATURE ET ROLE DES BESOINS.

L'économie politique, élevée à la vieille école de Condillac, commence à peine à entrevoir une méthode plus haute que l'observation empirique; les richesses que le travail enfante, les produits que l'échange rapproche, sont des faits que l'œil atteint et que la main touche, qui se constatent par des chiffres exprimant des quantités, des poids, des valeurs ; mais lorsqu'elle arrive à ce chapitre où il est question des lois de nos besoins, c'est-à-dire d'un phénomène moral visible sans doute dans les appétits du corps, mais caché comme une cause secrète dans les profondeurs mystérieuses de l'âme, elle se trouble, elle balbutie, elle tâtonne; elle raccourcit ses chapitres, réduit ses enseignements, et tandis qu'elle s'abstient le plus souvent pour ne point se lancer dans des témérités psychologiques et ne point se départir de l'empirisme, d'autres doctrines, plus hardies dans leurs procédés, moins désintéressées dans leurs ambitions, comblent audacieusement ce silence par les témérités de leurs hypothèses ou l'effronterie de leurs affirmations; les faibles s'émeuvent, les erreurs s'accréditent, et la science se trouve cruellement punie de ses lenteurs et de son irrésolution alors qu'elle se voit attribuer des conséquences monstrueuses, dont la solidarité lui fait horreur; conséquences qu'elle n'a pourtant ni la force de confondre, ni le courage de remplacer.

Je veux indiquer ici les questions morales, que l'économie utilitaire n'a ni la pensée de poser, ni la force de résoudre.

Quelle est la nature, quel est le rôle légitime des besoins? Les besoins sont-ils le motif et le terme de notre activité?

L'économie politique professe d'ordinaire sur ces deux points des doctrines toutes faites. « L'activité humaine, endormie et comme ensevelie dans le repos, est sollicitée à l'action par le stimulant du besoin; la douleur réveille son inquiétude; une demi-satisfaction excite plutôt qu'elle ne calme ses désirs; tout son être se met en mouvement; ses facultés s'élancent dans les régions de l'infini; derrière le travail apparaît la jouissance; l'homme prodigue ses peines pour les retrouver en joies; il se refuse le repos pour se donner le loisir; il multiplie ses efforts, dans la perspective de les cesser tous à la fois et de compenser la rudesse de ses labeurs par l'oisiveté et par le luxe. Le besoin est donc le vrai motif de notre activité; et comme il en est le point de départ, la cause efficiente, pour parler ici le langage de Leibnitz, il en est aussi la cause finale ou la raison dernière; c'est lui qui devient le terme légitime et comme le couronnement de la vie, il suffit à expliquer tout le travail économique des civilisations. Si le besoin ne soutenait le travail par le désir, la production et l'échange resteraient des théories abstraites sans devenir jamais des faits sociaux : la consommation est le dénoûment du drame économique comme le besoin en est l'intrigue. »

Tel est le langage officiel de l'économie matérialiste, et, il faut bien le dire, soit irréflexion, soit calcul, ce langage ne rencontre guère que de l'assentiment.

Si le besoin est le motif et le terme de l'activité humaine, si vous lui demandez à la fois l'exhortation au travail et la satisfaction qui le récompense, il faut renoncer à atteindre jamais le but de notre destinée, et courber la tête devant la contradiction où viennent se heurter dans votre doctrine les faits de la vie avec les raisonnements de l'esprit; en effet, si les besoins sont le terme et la raison de mon existence, si leur satisfaction est le but légitime de mes efforts et l'accomplissement de mon être, pourquoi faut-il que ces besoins aillent sans cesse grandissant, et que, au lieu de s'assouvir, leurs appétits augmentent à mesure que le travail fait davantage pour eux? Lorsqu'un homme gravit une montagne, à mesure qu'il s'élève, le cercle de son horizon s'élargit et s'étend, les collines s'abaissent sous ses pieds, son regard fuit loin de lui, et il lui semble que, s'il continuait à monter toujours, pour lui l'horizon n'aurait plus de limites, ni l'espace de secrets. Étudiez le développement des besoins, et vous les verrez de même croître, s'étendre, se multiplier à vue d'œil; souvent, étrangers à nos pensées et profondément inconnus de notre simplicité, ils naissent tout d'un coup de quelque circonstance imprévue, de quelque velléité fortuite; faibles d'abord et timides, ils hasardent à peine quelques sollicitations fugitives, sans instance et sans acharnement; on les écoute, on les accueille, on les satisfait; au bout de peu de temps il deviendra difficile de n'en plus tenir compte et de tout leur refuser; que notre complaisance continue à les nourrir, ils grandissent, ils se fortifient, ils dominent, ils règnent, ils ordonnent; les instincts inaperçus sont devenus des passions violentes, à qui rien ne suffit, que rien ne contente; elles dévoreraient avec le produit de vos efforts jusqu'au capital même de votre substance. Si la satisfaction de nos besoins est le terme de notre activité, d'où vient donc que ces besoins augmentent sans aucune proportion avec nos efforts pour les assouvir? Bien loin de travailler à la conquête de notre repos, nous n'avons fait que soulever en nous la tempête des désirs insatiables. Donc, si le travail conduit à de certaines satisfactions matérielles, ce n'est là qu'une fin provisoire où l'activité ne saurait trouver son terme, elle a sa loi dans des faits d'un autre ordre et d'une autre valeur.

Dès que la satisfaction de nos besoins matériels n'est point le terme véritable de notre développement, l'ébranlement qu'ils impriment à notre activité ne saurait être pris non plus pour l'esprit qui l'anime et le principe qui la vivifie. Voyez en effet où conduit la négation de cette vérité; si le besoin suffit pour imprimer à la civilisation son essor et pour maintenir son courage, il faut cultiver avec soin nos instincts, nos entraînements, nos ardeurs, tout ce qui, sous le nom de passions bonnes ou mauvaises, imprime un élan si vif et si inévitable à nos facultés. Fourier avait vu cette conséquence lorsqu'il fondait son système sur les attractions et les instincts les plus vils comme sur les plus nobles, lorsqu'il cherchait l'impulsion de l'enfance dans la gourmandise ou l'amour des querelles, le dévouement des *petites hordes* comme il les appelle, dans le goût du désordre et une prédilection dépravée, mais réelle, pour l'ordure. Si le besoin est le mobile de l'activité humaine, qu'on me dise au nom de quel principe, je choisirai parmi les divers instincts : la brutalité des sens n'est-elle pas un mobile comme l'amour du luxe et les aspirations plus hautes de l'ambition; les penchants gastronomiques ou les émotions du tapis vert ne sont-ils pas une sorte de nécessité pour le viveur et pour le joueur ; et pourquoi n'y trouveraient-ils pas la raison d'être de leur activité, la justification et l'encouragement de leur travail ?

La logique rattache à ces mêmes erreurs un système fameux qui eut un moment de son côté la passion du peuple, l'éloquence des sophistes, l'autorité du pouvoir, sans avoir pu parvenir à se passer de la vérité. Je veux parler de la célèbre doctrine : « *A chacun, non plus selon ses œuvres, mais selon ses besoins!* » Si les besoins sont à la fois et le principe et le terme de notre activité, n'est-il pas juste qu'ils servent à apprécier la quantité du travail et suffisent à guider la répartition des produits? *A chacun ses besoins,* ce n'est là que l'application rigoureuse, quoique un peu lointaine, de cette autre proposition, « *le travail s'explique par le besoin, et l'activité aboutit à le satisfaire.* »

Cette erreur a une autre conséquence plus lamentable quoique moins visible ; elle exerce une secrète influence sur la direction de la pensée humaine, et à son insu la courbe insensiblement vers la terre. Si le besoin physique traduit par le désir est l'inspiration de notre travail et le secret de notre destinée, où est la place des besoins moraux? A quel moment et à quel titre viendront-ils prendre leur rang dans les intérêts de la vie? Que deviennent le devoir, la vertu, la contemplation du vrai et du beau, la science désintéressée, la possession de soi-même par la réflexion, le retour à Dieu, la méditation des choses immortelles? Il faut de toute nécessité mépriser ces chimères ou pratiquer ces vérités. De même qu'on ne fait pas, a-t-on dit, au scepticisme sa part, on ne fait pas non plus leur part aux besoins de l'ordre moral, leur rigidité se refuse à toute composition; il leur faut entrer dans l'explication et la direction de la vie avec leur dignité, leur souveraineté, leur empire, ou s'en exiler pour jamais et la laisser en proie à la brutalité.

Ces besoins spirituels, qu'on perd si aisément de vue dans l'économie utilitaire ou qu'on ne rougit pas d'y reléguer au rang des instincts, sont cependant l'unique raison de notre existence; la vertu en est le mobile et la fin; les besoins physiques ne sont que le prétexte de l'activité, l'occasion de nos luttes et les conditions sociales de la moralité.

L'astre qui roule dans les cieux suit la voie que le doigt du Créateur trace devant lui; le brin d'herbe qui naît dans le sillon de la charrue ne projette pas au hasard son mince filet de verdure, il écoute la voix du Tout-Puissant; et depuis le grain de poussière qui s'agite dans la lueur d'un rayon de soleil jusqu'aux tempêtes qui soulèvent l'Océan, tout obéit à des lois prévues dont la Providence fait pour chaque être l'accomplissement de sa destinée. Au milieu de ce concours harmonieux de causes silencieuses, dans ce mécanisme tout-puissant qui accomplit sans secousse un dessein qu'il ne comprend pas, l'homme se sent libre, il lève la tête, et, la main sur sa poitrine, il dit avec l'orgueil du premier né de la création : « Je suis semblable à Dieu : je veux. » Sa destinée n'est donc point écrite fatalement dans les instincts du corps, elle appartient à son âme dans le devoir proposé par la raison à la liberté ; ce qui n'est pas encore ne cesse pas de *devoir être;* le bien conçu ne disparaît pas devant le mal réalisé ; la liberté peut violer, mais non pas détruire la loi. Cette loi, qui est à la discrétion et sous la souveraine responsabilité de l'homme, cet ensemble de devoirs que son intelligence conçoit, après lequel son cœur aspire et devant lequel tremble et recule la faiblesse de sa volonté, voilà le motif, le secret, le ressort de son activité et de son existence, voilà le but et le mystère de sa destinée; c'est par là qu'il rentre dans l'ordre universel, c'est par là qu'il l'accomplit dans le monde moral par le perfectionnement de lui-même, comme Dieu le fait régner dans l'univers physique par l'invariable maintien de son immuable volonté.

Avant de saisir son rôle et de travailler à cette haute destinée, l'homme part de bien bas, il est attaché de bien près à la prison de son corps, c'est dans un corps que cette âme s'éveille, c'est avec ce fardeau qu'il lui faut s'envoler vers l'infini ; ne prenons pas l'homme autrement qu'il est, ne feignons point de le croire, et ne cherchons point à l'imaginer un pur esprit ; il y a longtemps que Pascal nous a avertis du vide de ces chimères et du péril de ces complaisances. Dans l'état où il a plu à la Providence de nous placer, c'est par les attaches sensibles que l'âme se sent d'abord remuée ; les instincts s'éveillent et vous sollicitent ; les plus vils besoins deviennent l'occasion et le point de départ de notre activité ; *primò vivere*, il faut vivre d'abord ; il faut pourvoir aux impérieuses exigences de la faim et de la soif, il faut préparer son lit au sommeil et ménager son repos à la fatigue ; il faut se protéger contre les intempéries de l'air, contre les atteintes du soleil aussi bien que contre les fraîcheurs des nuits. Cette frêle machine du corps demande un entretien périodique ; elle ne nous prête sa force qu'à la condition d'être nourrie et renouvelée ; il faut que nous en ayons soin, et, s'il nous plaisait de la malmener sans mesure et sans raison, le moral lui-même n'y trouverait plus son compte ; les organes allanguiraient les élans de l'âme, et le cri du besoin étoufferait à la fois le sentiment du devoir, l'amour du beau et le désir du vrai. L'homme qui se débat sous les tortures de la faim, ou qui s'éteint consumé par les ardeurs de la fièvre, ne trouve guère dans son esprit ni dans son cœur la liberté de la pensée et la délicatesse du sentiment. Si donc une voix d'en haut montre à l'humanité le chemin du ciel, si l'âme se sent attirée vers les hautes régions de l'idéal où elle respire plus à l'aise, le corps nous rappelle nos conditions mortelles et nos liens terrestres ; il nous redit nos besoins physiques, et, sous peine de mort, nous contraint à ne les point négliger.

Il est donc constant que la satisfaction des besoins physiques est le point de départ inévitable et l'importune mais nécessaire condition de tout développement intellectuel et moral ; il est dur pour l'homme qui voudrait l'oublier, d'avoir à travailler ainsi pour le corps, et par un certain côté de demeurer l'esclave de cette machine dont il se sent le maître, comme le mécanicien est obligé d'alimenter les fourneaux, sous peine de voir se détendre la vapeur et s'arrêter la course du piston. La satisfaction des besoins physiques est donc un moyen et non pas un but ; elle est la condition actuelle, mais non point du tout le terme de notre destinée.

Dès lors tout reprend son rang et sa place, et la hiérarchie de la vie humaine se trouve rétablie contre les insolentes prétentions de l'instinct, les dangereuses théories du matérialisme, les assertions imprudentes de l'économie utilitaire. Le corps, en effet, ne se contente point de réclamer sa part légitime de bien-être et en quelque sorte la ration que l'âme lui doit, prêt à demeurer tranquille dès qu'il aura été satisfait; c'est le contraire qui a lieu. La soif des organes est insatiable; il y a en eux je ne sais quel besoin effréné et indéfini qui gronde sourdement, et qui paraît plus vif au lendemain de la jouissance qu'au jour de la privation. A mesure qu'on lui retranche ou qu'on lui résiste, le corps subit la dure condition à laquelle on le réduit; dès qu'on le flatte ou qu'on le caresse, dès qu'on le provoque ou simplement qu'on l'écoute, on dirait d'un abîme qui s'ouvre au fond de nous-mêmes et que toutes les richesses et toutes les voluptés du monde ne sauraient combler : il se retourne contre l'âme, ses instincts grossiers s'allument, la voix des passions crie, une vapeur nous monte à la tête, notre sang bout, notre nature fermente, il n'est plus question de choses de l'esprit, et dans cette clameur de la chair s'affaiblit et se perd l'écho des paroles éternelles.

C'est ainsi que la tentation substitue au devoir, but de la vie, le mensonge du plaisir, et à la vertu qui commande le sacrifice, la passion qui conseille la volupté; mais si, au contraire, la satisfaction de nos besoins n'est que le moyen matériel de garantir par l'entretien du corps la liberté de l'esprit, la vigueur de la volonté, le loisir délicat de la culture morale, la première de toutes nos obligations est de la mesurer d'une main attentive et quelquefois avare, dans la crainte de donner au monstre des forces contre nous. Ce service des organes est donc une occasion périlleuse et sans cesse renouvelée de luttes et de combats : la nécessité de les entretenir, le soin de les maîtriser, le devoir de les vaincre font de cette tâche un des moyens les plus rudes de se dominer, de se contenir, de s'achever.

L'homme doit, comme individu, veiller aux conditions matérielles de sa vie ; il ne le peut que s'il a sous la main ou à sa portée les ressources que ses besoins exigent ; tout conseil et tout précepte à cet endroit deviennent chimériques dès que l'homme n'est pas à la tête d'un certain avoir, d'un certain loisir ; alors les inquiétudes et les tortures du besoin produisent le même effet que les excès de la passion et les ivresses du plaisir ; elles confisquent l'âme au profit de la matière, l'absorbent dans le souci des nécessités les plus grossières et envahissent cette activité faite pour la contemplation et la conquête des immortelles destinées ; elles la réduisent à la recherche pénible et grossière du gîte et de la proie sans lui garantir la sécurité de la nuit et la nourriture du réveil ; elles prodiguent à des luttes sans conquêtes la force de sa volonté et dépensent toute cette énergie qui pourrait devenir la sainteté ou l'héroïsme à quelques misérables résultats de chasse ou de pêche. Il est donc indispensable que la civilisation ménage à l'individu un milieu paisible et approvisionné où il parviendra de plain-pied à l'apaisement des besoins physiques, afin de pourvoir par après à la culture de son intelligence, au perfectionnement de sa volonté, à l'élévation morale de son âme. Il appartient à l'homme, considéré comme individu, de gouverner son corps, d'accorder une satisfaction mesurée à ses justes désirs, d'opposer d'invincibles refus au désordre de ses penchants et de ses caprices : il appartient à la société, prise dans son ensemble, de travailler au capital, de l'augmenter par la production et de le multiplier par l'échange.

Telle est la théorie philosophique et morale des besoins. Cette théorie, dont l'honnêteté de l'école utilitaire est plus disposée à admettre les résultats que capable de justifier les principes, est la seule qui prévienne les difficultés et résiste aux objections. L'homme, fait pour le Ciel, et condamné jusqu'à la mort à y tendre sur la terre, traîne après lui le corps dont la douleur le force à se rappeler la présence et à écouter les besoins ; à ce prix seulement l'âme se ménage, avec le repos des organes, la paix, le loisir, l'indépendance. Heureux l'homme qui dans ce bien-être ne voit pas le but de la vie, et qui, dépassant les bornes de l'utile, ne déchaîne pas contre lui les passions avides du superflu ! Heureuse l'économie politique si, après avoir tout fait pour la multiplication des richesses, elle arrivait enfin, sous l'inspiration de la morale spiritualiste, à en régler l'emploi!

La pauvreté est réduite au nécessaire;
L'homme aisé est pourvu de l'utile;
Le riche jouit du superflu :
Trois formes sociales de nos besoins dont il convient de s'occuper séparément.

II

DU NÉCESSAIRE.

Il est difficile de saisir la nuance qui sépare l'indispensable de l'utile, et le point où commencent les privations qu'on ne saurait plus supporter. On se rappelle le trait de Diogène jetant loin de lui sa vieille écuelle à l'aspect d'un enfant qui buvait dans le creux de sa main. Le nécessaire se mesure sur le tempérament, les habitudes, la santé; il varie suivant le climat, les professions, les travaux. Malgré l'étrange alliance des mots, il faut reconnaître que les besoins les plus nécessaires, dans l'acception rigoureuse et véritablement humaine de cette expression, ne sont qu'imparfaitement satisfaits dans un grand nombre de cas; de là les degrés divers que l'économie désigne par les mots gêne, pauvreté, misère, détresse, triste échelle qui commence par la souffrance et qui se termine par la mort.

A tous ces degrés le capital de la vie se dépense lentement; l'homme en vit, au lieu de le renouveler par un entretien suffisant; enfant, il dévore la substance de ses jeunes années; homme, il absorbe d'avance la force qui soutiendrait sa vieillesse. Malgré quelques robustes exceptions qui résistent à la mortalité du premier âge, à la consomption de la jeunesse et à l'épuisement de la virilité, la moyenne de la vie se raccourcit ; les chiffres révèlent que l'inégalité des richesses et les privations du besoin apportent entre les hommes une inégalité plus terrible, et que la misère se complète par le trépas. Voilà ce que les nations comme les individus ne doivent pas perdre de vue ; descendue à ces profondeurs et mise en présence de ces misères, la charité n'est plus une question de bien-être ni même de souffrance, mais une question de vie et de mort où la dureté accepte la responsabilité du sang, et où le riche ne peut rester impitoyable sans devenir assassin.

De là ce problème effrayant : la société a-t-elle le droit de se reposer dans sa richesse? Le pauvre qui souffre n'est-il pas fondé à réclamer ou le pain qui le nourrit, ou le travail qui gagne ce pain? de là une double solution de ce problème : la théorie socialiste du droit au travail ; la pratique anglaise de la taxe des pauvres. Que doit penser de l'une et de l'autre l'économie politique au point de vue spiritualiste?

La théologie, la morale, la loi sainement entendue sont d'acccord sur ce point dans la pratique ; l'homme qui meurt de faim et qui vole un morceau de pain pour ne pas mourir n'est point coupable ; une logique outrée peut contester cette proposition ; le sens commun s'y rallie, et une saine philosophie l'interprète; le dénûment absolu du pauvre réduit à cette extrémité changerait en suicide un respect exagéré de la propriété; dans ce cas, mais dans ce cas unique, il est autorisé à revendiquer son droit d'être moral sur le monde physique, à se placer en quelque sorte au point de vue de l'institution divine. Civilement, cette nourriture est usurpée contre la justice; au nom du droit absolu et en présence du danger de mort, elle est légitimement employée à sauver un homme, sans que la conscience puisse murmurer, sans que la société ait le courage de s'armer et de punir.

La nécessité du salut privé, qui restreint le cas, exclut tout ce que la même cause ne saurait légitimer, et condamne sans retour le prétendu droit au travail, au bien-être, au nécessaire même, entendu dans sa signification vulgaire et courante. La richesse a un possesseur; primitivement le propriétaire en était le créateur, il a toute puissance sur l'œuvre de ses mains; il n'est pas juste, il n'est pas possible que le pauvre allègue, pour s'en armer comme d'un droit, les souffrances, les privations, les détresses auxquelles l'humanité a été condamnée; au point de vue économique, ce serait couper le travail par sa racine que d'attenter à la propriété civile; au point de vue moral, ce serait empiéter sur la liberté humaine que de porter la main sur ses produits. L'obligation purement morale de donner, que la conscience du genre humain proclame et que le cœur sent si profondément au dedans de nous, ne constitue donc point un droit chez celui qui souffre à réclamer sa part, soit sous la forme d'un travail, soit sous la forme d'une aumône : voilà pourquoi le droit au travail constitue une erreur politique au même titre et au même rang que la charité légale.

Pratiquée sous l'autorité et le contrôle du gouvernement, appuyée de sa force et de ses arrêts, la charité légale n'est en effet qu'une prime levée sur la propriété ; c'est, il faut le dire, quelque sanction que ce système ait trouvée dans les mœurs et l'organisation d'un grand peuple, c'est un partage socialiste dans lequel celui qui a est contraint et forcé de donner à celui qui n'a pas ; et par une conséquence fatale, tandis que le fait matériel du sacrifice s'accomplit sur l'ordre impérieux des lois, le cœur qui murmure se dérobe au mérite et s'irrite de son bienfait, tandis que le pauvre qui s'indigne se révolte contre la reconnaissance et convoite dans sa haine tout ce que la société laisse à son prétendu bienfaiteur.

Le fléau du paupérisme a partout des remèdes et partout laisse un espoir, excepté en face de la charité légale ; il appartient à la science de faire ressortir et l'erreur sur laquelle elle repose, et les conséquences dont elle menace ; il convient de restreindre à des cas tout à fait exceptionnels l'application des deniers publics aux malheurs privés, afin de laisser à la bienfaisance du riche tout le mérite de ses efforts, à la reconnaissance du pauvre tout le prix de sa douceur.

III

DE L'UTILE.

Lorsque les besoins nécessaires et les désirs modérés reçoivent une satisfaction raisonnable, lorsqu'à un degré suffisant le corps jouit du bien-être, l'âme de l'indépendance et du loisir, l'aisance succède à la pauvreté, le confortable à l'aisance; le confortable lui-même comporte dans une certaine mesure un luxe qui suppose quelque superflu et avoisine la richesse. S'il est difficile de saisir la définition abstraite de la misère, que dirons-nous de l'aisance et du confortable? quel sens faut-il attacher à ces mots : *désirs modérés, bien-être suffisant, satisfaction raisonnable?* Le mendiant regarde comme un luxe effréné ce qu'un mince bourgeois prend pour le plus indispensable bien-être. Avoir chaque jour à son ordinaire de la viande, des pommes de terre, un peu de vin, posséder un lit bien couvert et un appartement bien fermé, ce serait pour le malheureux une existence idéale; pour le grand spéculateur ruiné et précipité du haut de ses splendeurs dans un réduit modeste, c'est une horrible détresse, une souffrance matérielle de tous les instants. Réciproquement, le malheureux qui, nourri du pain de la charité publique, arrive à l'aisance qu'il a rêvée. sent diminuer peu à peu le plaisir d'abord si vivement goûté du bourgeois et du propriétaire; il entre d'un pas indifférent dans cet appartement qui lui faisait battre le cœur comme à la porte d'un sanctuaire, il trouve terne et monotone la tenture fleurie qui souriait à son premier regard, il oublie en se couchant dans sa chambre close qu'il ne sent plus le vent traverser avec fureur sa mansarde vide, et, au lieu de remonter au souvenir du grenier qu'il habitait, son esprit descend avec envie, et son regard perce avec avidité jusqu'aux salons somptueux du premier étage. Que devient alors cette aisance, ce confortable relatif, cette satisfaction qui lui avait paru si douce, et qui maintenant lui laisse ressentir de si amères privations? L'économie politique est vaincue; ce sont les vertus du cœur, c'est la sagesse de la conduite, le gouvernement de ses désirs qui font la réalité de l'aisance et mesurent le bien-être à chacun de nous.

A ce point de vue tout moral, on peut introduire une distinction fondée entre l'aisance proprement dite et le confortable. L'aisance est la satisfaction des besoins réels et aperçus; le confortable va plus loin : il y a beaucoup de besoins qu'on ne ressent pas et qui n'en sont pas moins réels. Je suis assis à mon bureau, il est trop haut ou trop bas; mon fauteuil est mal garni, mal équilibré, sans roulettes, il n'obéit point à mon gré lorsque je veux me rapprocher ou m'éloigner de mon pupitre; mes tablettes sont étroites et mal disposées; ma fenêtre imparfaitement abritée contre les courants de la bise ou contre les ardeurs du soleil; néanmoins je suis acclimaté, je travaille sans réfléchir à ce qui me manque; je tire ou je pousse violemment mon fauteuil dont les quatre pieds traînent sur les carreaux; j'entasse mes livres sur mes rayons exigus, sauf à les remuer par brassées et à perdre quelque temps lorsqu'il me faut en retrouver un; je souffle dans mes doigts quand le nord vente, et je quitte mon habit au mois d'août. Incontestablement, si j'étais bien installé dans un cabinet confortable, accoudé sur un vaste bureau, protégé par un tapis et des portières, avec une bibliothèque choisie et bien cataloguée sous la main, j'aurais moins de temps à perdre et moins de distractions à essuyer; si de l'autre côté de mon antichambre une porte ouverte par un domestique m'introduisait en face d'un repas tout servi, quel temps économisé, au lieu d'aller l'hiver à la recherche lointaine d'un maigre restaurant. Ainsi le confortable physique se traduit par une augmentation de liberté et de travail; ce confortable dépasse l'aisance, mais il n'en est, si je puis le dire, que l'achèvement et la conséquence logique.

Mais ce cabinet si chaud, ce fauteuil si commode,

ce dîner si délicat, cette bibliothèque si bien fournie n'offriront-ils pas d'un autre côté autant d'attraits à ma paresse que de facilités à mon travail? le silence, qui invite à la méditation et qui la protége, porte au *far niente* et au sommeil; le roman se mêle sur les rayons aux livres classiques, et les délices de la table prolongent la digestion qu'abrége un ordinaire frugal : c'est que le confortable est sur le chemin du luxe, et que le luxe n'a plus d'ordinaire ni le même but ni les mêmes effets.

IV

DU SUPERFLU.

Le superflu enfante le luxe.

Il y a deux sortes de luxe : le luxe vrai et le luxe faux. Le premier, conséquence naturelle de la richesse; le second, qui se retourne contre elle et la dévore : le premier qui est la parure des civilisations; le second qui en est la honte et la ruine.

Le luxe vrai se reconnaît à trois caractères :

Il suppose et achève le confortable;

Il atteste un développement artistique;

Il satisfait aux conditions de la justice et enrichit les nations au lieu de les appauvrir.

Le luxe est faux :

Toutes les fois qu'il implique la négation des principes et la confiscation des droits;

Toutes les fois qu'il se traduit en une perte sèche et en une pure consommation de valeur sans aucun but artistique;

Toutes les fois qu'il s'attaque à l'utile et au confortable pour les remplacer par un mensonge et, comme une plante parasite, se développer à leurs dépens.

§ 1er. — Du luxe vrai.

Il y a dans l'homme un instinct du beau qui le porte à ne point se contenter de l'utile et qui lui fait demander davantage là même où le corps n'a plus rien à désirer. Entrez dans un de ces appartements somptueux et sévères où l'or et la soie, le marbre et le velours, les meubles aux formes intelligentes ressortent sur les nuances éclatantes d'un tapis de haute lisse, où le cristal des fenêtres brille à travers les plis brodés de la mousseline encadrée dans de vastes draperies; dites s'il n'y a pas quelque satisfaction de l'âme semblable à celle que vous produirait la vue d'un musée ou d'une œuvre de l'esprit; votre regard se promène avec complaisance sur cette harmonie des couleurs, sur cet ensemble des formes; c'est une pensée d'artiste qui a guidé cet arrangement et présidé à cette création; dépouillez ces panneaux de leurs teintes étincelantes, ôtez aux meubles leurs vêtements de soie, aux bois précieux la pâleur du citronnier et la gravité de l'ébène; passez une couleur uniforme sur tout l'appartement, et dites-moi si vous n'avez rien ôté à ce sanctuaire de la richesse quoique les fauteuils n'aient point perdu leur complaisante élasticité, ni le tapis sa molle épaisseur; rien ne sera changé de tout ce qui fait le confortable et l'utile, et cependant il y aura dans le cœur de l'homme un je ne sais quoi qui murmure et qui le fait songer à la beauté absente. Nous sommes donc sensibles aux grâces de l'élégance et aux magnificences de la splendeur.

Voilà le luxe réel; il dépasse le confortable, mais s'y ajoute en quelque sorte naturellement. A mesure que l'homme voit s'accroître sa richesse et qu'il va avec plus de largeur et de raffinement au secours et au-devant de ses besoins, il trouve en lui-même l'instinct du beau, l'amour du grandiose et comme un besoin de jouir par l'admiration; il accorde aussi quelque chose à cette sympathie secrète, à cet attrait mystérieux qui l'empêche de goûter brutalement l'utile. De là ce fait inévitable auquel ne pense ni le producteur qui y travaille, ni le consommateur qui l'achète; la marchandise, à mesure qu'elle répond à des besoins moins directs et moins urgents, perd son type vulgaire, et, aux dépens de la rapidité de l'exécution, de la facilité de la main-d'œuvre, du prix de la matière première, elle offre un caractère de plus en plus artistique. C'est ainsi que le luxe, appuyé sur la fortune et justifié par le goût du beau, grandit avec le bien-être, élève l'industrie et atteste les tendances nobles et délicates des civilisations qui savent en jouir sans en abuser.

Je pousserai plus loin la condescendance envers ce luxe solide et épuré; les saines doctrines de la morale et de l'économie ne doivent point proscrire une certaine recherche dans le choix des matériaux; la distinction qui naît de la rareté, pourvù qu'on la définisse et la comprenne, est une des conditions artistiques du luxe, et il ne faut pas là-dessus se laisser aller trop complaisamment à répéter les anathèmes des Diogènes et des Sénèques de carrefour. Une des conditions de la beauté terrestre, c'est un certain parfum de nouveauté; l'admiration humaine est si faible qu'il ne lui est point donné dans sa condition mortelle de prolonger la contemplation sans lassitude et l'enthousiasme sans dégoût; le frisson de l'idéal traverse l'âme comme l'éclair le regard, et notre œil ne soutiendrait pas plus le rayonnement prolongé de la foudre que notre cœur l'émotion de l'infini. Voilà pourquoi dans le monde physique les merveilles de la nature nous échappent à la longue et finissent par s'effacer devant nos yeux; à force de les voir nous oublions de les regarder; à peine si nous daignons apercevoir ce qui, à la moindre réflexion, suffirait pour nous confondre. Descendez plus bas encore et vous comprendrez comment, dans le monde de l'industrie, nous cessons de trouver beau tout ce que la facilité d'exécution multiplie, tout ce que le bon marché répand, tout ce que la vie la plus usuelle ramène à chaque instant sous notre regard et sous nòtre main; c'est ainsi que les teintes sombres du chêne et du noyer, étroitement liées au souvenir de tant de meubles humbles et utiles, perdent à nos regards la plus grande partie de leur effet, tandis que l'acajou, le palissandre, le bois des îles conservent encore leur charme et répondent aux exigences de la vue et ainsi qu'aux conditions de l'art ; il s'y rattache tout un monde d'idées élégantes, une auréole invisible de grâce et de splendeur qui contribue à mettre en relief le travail de l'artiste ; la rareté de la matière, le prix, qui avertit en quelque sorte de l'importance de l'œuvre, les métaux précieux, les essences lointaines, les marbres délicats ou coûteux, tous les élements que leur cherté exclut de la vie ordinaire, ajoutent aux produits un prix réel et un reflet pour ainsi dire poétique.

Voilà le luxe que la morale et l'économie politique peuvent avouer, le luxe qui pare les civilisations et inspire le génie, qui prédispose les âmes à goûter le beau, développe dans les cœurs l'amour des jouissances calmes et pures de l'art, et contribue pour sa part à détourner les âmes des instincts grossiers, du désir brutal et des assouvissements aveugles de l'appétit.

A quelles conditions le luxe exercera-t-il sur les civilisations cette influence si désirable et si délicate? Comment l'art, qui surexcite les forces vives de l'âme, parviendra-t-il à en dominer l'élan, à en régler l'essor, à en inspirer les œuvres de telle sorte qu'elles demeurent fidèles aux saines traditions, aux chastes doctrines, aux purs enthousiasmes? N'est-il pas à craindre que le luxe ne tourne au profit de la corruption les instincts artistiques de l'homme, qu'il ne provoque par d'infâmes caresses des émotions déréglées et qu'il ne substitue à la brutalité de l'emportement les mensonges de l'hypocrisie, qu'il ne prostitue au service honteux d'une sensualité blasée les ressources hideuses d'une civilisation pervertie? Le luxe n'est plus alors le complément du bien-être, il en est le trop-plein et le débordement; c'est l'abus vengeur de la richesse coupable, c'est un crime qui achève d'autres crimes.

Le luxe païen, abstraction faite de l'iniquité de son origine et des abus dans lesquels il est venu se perdre, a été à un haut degré un luxe confortable et artistique. On se figure trop volontiers le sénateur romain comme le baron du moyen âge au milieu d'une société sans capital; on se plaît à répéter que le luxe des Lucullus et des Sallustes n'approchait pas du confortable de nos riches ou de l'aisance de nos bourgeois, comme si la vie domestique, confusément entrevue dans les classiques, n'était pas révélée à Herculanum et à Pompeï, comme si nous ne la trouvions pas écrite en débris éloquents dans le musée de Naples. Quel grand seigneur de l'Europe parviendrait à rassembler ces trésors, ces merveilles, ces œuvres splendides de l'art le plus intelligent et le plus varié? Y a-t-il eu beaucoup d'époques où, je ne dirai pas dans une ville de second ordre, mais dans les capitales les plus opulentes, l'art eût été capable de renouveler ces efforts et de recommencer d'original toutes ces créations? Qui pourra égaler son imagination aux splendeurs de la Rome impériale telle que nous l'ont fait entrevoir les indiscrétions de l'histoire Auguste, si l'on veut prendre pour point de départ les grandeurs obscures de ces deux villes oubliées dans leur province? Et qu'on ne se retranche point sur l'impuissance de l'industrie, sur les frais de production, sur l'inabordable cherté des œuvres qu'enfantait une civilisation privée de machines et de données scientifiques; je me contenterai d'un seul exemple : les œuvres de Martial, écrites sur parchemin (*Codices*), coûtaient, sous les portiques du Palatin, de trente-neuf sous à deux francs vingt centimes. Que le lecteur aille chez son libraire marchander aujourd'hui les œuvres de Martial! nos éditions latines, avec la presse mécanique, arrivent-elles bien au même résultat que les copistes de Rome? Ce luxe était donc non-seulement très-avancé, mais encore très-abordable pour ceux qui étaient au nombre des consommateurs; il ne lui manquait qu'une chose, la justice, pour la violation de laquelle il a dû périr par la corruption.

En effet, le luxe n'a point seulement pour condition de répondre aux exigences du confortable et de satisfaire au sentiment du beau, il faut encore qu'il soit l'emploi d'un capital disponible et l'épanouissement naturel de la richesse légitime. Dans l'antiquité, la main-d'œuvre ne coûtait rien ; l'immense majorité des peuples étant mis en coupe réglée au profit de Rome, l'esclavage confisquant partout la liberté au profit de l'infiniment petit nombre, le luxe n'était plus le fruit spontané du travail, mais une prime inique levée par l'aristocratie de la force sur le capital humain. De là la perfection des produits et l'abaissement de leur prix ; la main-d'œuvre, l'activité, l'intelligence, qui donnent leur valeur vénale aux créations de l'art, n'étant plus comptées pour rien et la facilité de la consommation humaine avilissant les produits par la multiplication illimitée et gratuite des victimes, il n'est pas étonnant que le luxe fût à la fois si avancé et si peu coûteux. Voilà pourquoi il a été si justement maudit par le christianisme alors que, devenu le ministre du plaisir par la corruption qu'il répandait, il était en même temps le principe et la garantie de l'esclavage dans l'organisation sociale.

Le luxe réel a bien de la peine à échapper aux excès ; avec les tentations qu'il offre aux peuples et aux particuliers, il demande à être surveillé de près ; par rapport à la société, il ne cesse pas d'être un péril en même temps qu'une gloire, et, par rapport aux citoyens, d'amollir les caractères en même temps qu'il comble les besoins. S'il est permis à l'économie de le défendre lorsqu'il répond entièrement aux sévères conditions que nous lui avons imposées, il appartient à la morale de le flétrir lorsqu'il s'en écarte; à toutes les deux de signaler aux individus ainsi qu'aux nations les dangers auxquels il les expose et les excès auxquels il les entraîne si souvent.

§ 2. — Du luxe faux.

Un des caractères essentiels du luxe faux, c'est de prendre la cherté d'un produit pour un signe de sa valeur, de prodiguer le travail pour la seule jouissance de le perdre, absolument comme les enfants qui ont le mauvais instinct de la destruction et qui se plaisent à casser et à briser. Dès que le luxe s'écarte des véritables conditions de l'art, dès que le goût du beau s'affaiblit et se déprave, il faut peu de temps pour rouler au plus bas de l'échelle et renoncer à tout sentiment de la grandeur et de l'idéal; alors se réalise dans toute sa vérité le mot de Phidias à ce sculpteur dont la Vénus rayonnait de pierreries : « *Ne pouvant la faire belle, tu l'as faite riche!* » Le luxe alors, ce n'est pas ce qui est beau, ce n'est même pas ce qui est commode, c'est ce qui coûte cher; ce n'est pas ce qui plaît ou ce qui satisfait, c'est ce qui ruine; c'est l'époque où pour les ajustements les plus frivoles comme pour les œuvres les plus sublimes on demande d'abord le prix d'achat pour proportionner au chiffre de la facture le degré de son admiration, où casser la vaisselle est un luxe, où les cheveux se poudrent d'or, où les billets de banque servent d'allumettes dans les salons ou de tenture dans les boudoirs, où un mandat sur le trésor, richement encadré, tient la place des Raphaël qu'on ne trouve plus, et auxquels on ne tient guère; on s'ingénie à venir à bout de son argent : *Omnibus modis pecuniam trahunt, vexant; tamen summâ libidine divitias suas vincere nequeunt*[1]. De cette débauche de dépense où le vrai mérite est le pillage et la destruction, naissent les caprices effrénés de la mode; de là les marchands en renom qui vendent davantage uniquement parce qu'ils font payer plus; de là une perturbation économique qui réagit jusque sur le confortable.

Alors éclate le luxe faux dans toute sa folie et sa fureur; pour le saisir, il suffit d'ouvrir les yeux; pour le peindre, il faudrait continuer les *Lettres persanes*; il fait à la fois l'orgueil et la ruine de nos civilisations modernes.

On fabrique en Angleterre et on vend à Londres dans les quartiers pauvres des mantilles d'une soie légère, je dirai presque impalpable, découpées à jour à l'emporte-pièce, sans doublure pour les soutenir et n'ayant d'autre garantie de durée qu'un

[1] Salluste. Conjuration de Catilina, chap. 20.

apprêt immodéré. Une femme qui s'en couvre les épaules figure assez bien, à une certaine distance, une dame élégamment vêtue et protégée par un chaud vêtement. Ces mantilles se vendent un schelling ; pour ce prix, pour quelque chose de plus, on aurait, grâce au progrès de l'industrie, un châle grossier relativement épais, suffisant en un mot, pour abriter contre les brouillards de la Tamise, ces poitrines de jeunes filles si accessibles aux atteintes de la phthisie, pour défendre ces épaules mal couvertes qu'on voit grelotter et se roidir en vain contre le froid. Cette parure, c'est leur luxe ; ce luxe, c'est leur misère : voilà le luxe faux dans sa révoltante simplicité.

Je ne parviendrai jamais à dire tout ce que je pense du luxe faux.

C'est le luxe faux qui multiplie à l'infini les besoins factices, qui leur prête, en surexcitant l'imagination ou l'orgueil, la dévorante impatience des besoins réels, qui s'attaque au confortable, y introduit insensiblement la gêne, mine sourdement l'aisance et souvent fait éclore la misère au milieu des splendeurs mensongères et de l'éclat emprunté d'une fortune qui n'est plus.

A tous les degrés le luxe est l'agent le plus actif de l'égoïsme et de la démoralisation dans les individus, comme aussi un instrument de corruption et une cause de ruine pour les sociétés.

Dès que les besoins factices se satisfont aux dépens des besoins réels, le luxe devient une souffrance continue, un impôt continuellement exigé par l'orgueil, fardeau que le temps ne diminue pas et dont un misérable amour-propre ne saurait nous dédommager. Grâce à Dieu, il n'est pas vrai que le plaisir contesté d'un triomphe éphémère débarrasse de son remords la femme qui a économisé une robe de bal sur le pain de son mari ou la fièvre de son enfant. Qu'on ne s'y trompe point, sous les convenances des dehors, ces extrémités sont plus fréquentes qu'il ne semble ; les surexcitations insensées de l'orgueil, l'insatiable besoin de paraître, le dégoût de ce qu'on a, l'incurable jalousie du prochain, l'égoïsme et la malveillance réunis, tout plaide la cause du luxe faux, tout contribue à dévoyer la conduite : insensiblement on contracte l'habitude d'apporter dans les dépenses indispensables une rigueur qui prend le nom d'économie, et dans les dépenses de luxe une profusion qui prend le nom de nécessité ; il faut presque un conseil de famille pour appeler un médecin quand l'enfant est alité depuis bien des heures ; il ne faut qu'un caprice d'un instant pour mettre un louis à une bagatelle ; on sert dans son intérieur des fruits malsains sur des assiettes d'occasion ; mais chaque semaine on tient table ouverte et l'on donne à dîner. De là cette conséquence inévitable, c'est que la vie privée devient une suite non interrompue de souffrances ; la misère est assise au foyer domestique ; la richesse et le luxe ne sont qu'une comédie jouée à la face du public ; et ce qu'il y a de plus malheureux, c'est que nous sentons partout autour de nous l'incrédulité qui nous dément et qui nous oblige, sous peine de confesser notre impudence, à de nouveaux éclats et à de nouveaux sacrifices. « Pourquoi cette femme est-elle si magnifique? » demandais-je à un vieillard, dans une soirée de prétendus amis. — « Parce qu'elle est la moins riche, » me répondit le philosophe.

Si le luxe faux n'entraînait pas d'autres conséquences, on pourrait voir dans ce supplice de la misère dorée le juste châtiment de l'orgueil ; mais cette privation du bien-être réel, cette surexcitation des dépenses extérieures engendre insensiblement le dégoût du foyer domestique et le besoin de ce monde auquel on a tant sacrifié. Cet ennui, cette fatigue de la vie intérieure, ce besoin d'être dehors pour se sentir distrait, ce malaise du chez soi, ce penchant à célébrer dans un domicile d'emprunt une fête ou un événement heureux, sont singulièrement visibles dans les ouvriers de plus d'une grande ville, souvent même dans les classes les plus élevées. Les conséquences de ces faits sont incalculables : la dignité du mari, la réserve de la femme, la paix et quelquefois la sainteté du foyer domestique, la santé, le bonheur, l'avenir des enfants, qui sait tout ce que le luxe détruit ou expose, et, avec le peu qu'il apporte de satisfaction passagère, tout ce qu'il ravit de solide bonheur !

Avec le luxe faux, plus d'économies ; il y a, entre les dépenses extérieures qu'on s'est habitué à feindre et la gêne domestique qu'on s'est résigné à subir, une telle disproportion, que l'intervalle effraye et décourage sans retour.

Un autre effet du luxe, et celui-là n'est pas le moins déplorable de tous, c'est la coutume de plus en plus répandue d'imiter dans l'administration du ménage les anciens errements des faiseurs de budgets. On commence par dresser l'état des dépenses, et on s'efforce par après d'y égaler les revenus. De là chez les individus cette frénésie du gain, cet invincible besoin de l'argent ; ce n'est plus l'avarice qui songe à faire fortune, c'est l'agonie du désespoir qui se débat en vain contre la fatalité du payement et la prétendue nécessité de la dette.

Les sociétés qui se laissent aller à cette pente assistent à un phénomène économique bien extraordinaire. A mesure que la consommation réelle se resserre et que la consommation factice augmente, à mesure que les besoins vrais sont plus marchandés et les besoins imaginaires plus obéis, il arrive que tous les objets inutiles deviennent meilleur marché et tous les objets utiles plus chers. Ce qui se boit et se mange, seulement pour alimenter l'homme, subit une augmentation effrénée; les frivolités du luxe, les recherches de la mode, les jouets, les futilités, ce qu'on rougit d'avoir acheté, ce qu'on n'a souvent pas le courage d'emporter chez soi descend à des prix fabuleux; on a pour quelques centimes ou quelques sous une somme de travail industriel qui déconcerte; allez chercher pour ce prix-là à vous nourrir; mettez-vous en quête de satisfaire sainement un solide appétit, vous ne sauriez plus trouver le bon marché, et il semble que le luxe soit de vivre. Évidemment, les préoccupations sociales sont ailleurs; l'intelligence, les forces vives du pays, les capitaux, rien ne s'adresse plus à la création de l'indispensable; de là un renchérissement des produits essentiels, ou pour parler en termes clairs, d'un côté l'avilissement de la propriété foncière malgré la cherté de la vie, de l'autre un appauvrissement incontestable de la nation avec toutes les apparences du bien-être. Heureuse la France, de commencer enfin à s'en apercevoir!

Il résulte de ce que nous avons établi qu'il faut renoncer à cette erreur économique d'accepter sans conditions le luxe comme le thermomètre infaillible de la richesse sociale; le luxe peut être coupable ou factice et n'attester que l'iniquité des lois ou l'orgueil des individus.

Ainsi le nécessaire, l'utile, le superflu, qui sont des degrés et comme des échelons visibles de la fortune, s'expliquent en dernière analyse par l'étude des faits moraux; c'est dans les besoins de l'âme que le spiritualisme trouve leur raison d'être et les vraies lois de la consommation.

LIVRE SECOND

CONSOMMATION.

Il y a une consommation qui répond au nécessaire et à l'utile ; je l'appellerai la consommation normale.

Il y a une consommation qui répond au superflu ; je l'appellerai la consommation de luxe.

Enfin il y a une troisième espèce de consommation qui soulève les plus graves problèmes de la morale et de l'économie politique ; je l'appellerai, faute d'un nom déjà consacré, la *consommation dangereuse.*

I

CONSOMMATION NORMALE.

Le premier souci de l'économie devrait être de déterminer le chiffre de la consommation normale, et son premier effort d'y pourvoir ; il y a un minimum de besoins qui varie d'un temps, d'un peuple, d'une civilisation à une autre ; mais ce minimum de besoins ne doit pas être calculé sur la moyenne trompeuse de la consommation effective. Malgré les progrès de la richesse publique, elle est encore presque partout bien au-dessous de la consommation normale ; en d'autres termes, la plupart des malheureux mangent, boivent, consomment moins que ne l'exigerait la satisfaction de leurs besoins les plus urgents et les plus incontestés ; il faudrait, pour qu'il fût vraiment pourvu à la consommation normale, qu'un certain minimum ne fût jamais dépassé. La statistique de nos jours s'arrête à une tâche incomplète et inféconde ; assise au comptoir du marchand, admise à la ferme du laboureur, initiée aux ventes du commerce, elle se tient à l'affût et note avec acharnement le chiffre des transactions, la masse des produits, les variations des bénéfices ;

elle sait ce qui se vend, se transporte et s'achète; mais les chiffres sont des corps inertes qui attendent une âme; il y aurait, en matière de consommation, une statistique plus élevée et plus utile, c'est la statistique de ce qui n'est pas, la statistique des besoins à satisfaire, et non plus la statistique du petit nombre des besoins imparfaitement satisfaits; il faudrait, s'élevant au-dessus de l'inventaire passif des faits, estimer économiquement les vrais besoins de l'humanité, de manière à rappeler à la civilisation son devoir, et à la production son insuffisance. Lorsqu'on aura fait le compte exact du pain, de la viande, des boissons, etc., nécessaires à un peuple pour ne souffrir en effet ni de la faim, ni de la soif, ni de la misère, il suffira de comparer ce qui se consomme avec ce qui devrait se consommer, pour voir par écrit dans cette soustraction forcée les larmes des enfants, les angoisses des mères, les souffrances de tous.

La nature des produits que réclame la consommation normale, varie étonnamment suivant les climats et les coutumes qu'engendrent ces climats; privez de thé et de viande un Anglais, de chocolat un Espagnol, de vin un paysan de la Bourgogne, et vous aurez porté une rude atteinte, je ne dirai pas seulement à son bien-être, mais encore à l'état normal de son tempérament, à l'économie même de sa constitution; le corps de l'individu finit par transformer en un besoin réel ce qui n'était d'abord qu'une habitude; les organes réclament, se révoltent; il y a souffrance et souvent même dépérissement. Ce fait constaté par les efforts des commandants pour procurer au matelot et au soldat le fond de son régime habituel malgré l'éloignement des distances et la cherté des transports, se reproduit en grand dans les nations. Voilà pourquoi il est si difficile d'y introduire une consommation nouvelle, si difficile d'y réformer des habitudes anciennes. On se rappelle quels efforts a demandés la popularisation de la pomme de terre, et malgré la salubrité et la convenance médicale de cette boisson sur la plus grande partie de la France, on peut voir quelle résistance le préjugé oppose dans la masse de la nation à la propagation du thé pris comme boisson d'hygiène et d'agrément. Tout un peuple s'entêtera à payer cher un produit qui lui manque ou à dédaigner un produit qui surabonde, uniquement parce que l'usage du premier continue la tradition des anciens, parce que l'usage du second choque ou simplement déconcerte les habitudes reçues; dans le premier cas, l'excès de la cherté restreint la consommation sans la décourager; dans le second, l'appât du bon marché n'est pour le produit suspect qu'une cause d'avilissement et de dédain.

Ce n'est donc pas seulement à l'ordre des considérations pécuniaires qu'il convient d'emprunter des arguments toutes les fois qu'on se propose de réagir sur les éléments de la consommation publique. Louis XVI l'avait bien compris, lui qui faisait asseoir Parmentier à sa table et qui se promenait dans le jardin des Tuileries avec des fleurs de pomme de terre à son habit. Si vous voulez réhabiliter la viande de cheval, et l'introduire dans l'alimentation populaire, cessez de faire sonner si haut les avantages du bon marché; l'importance même de l'économie ne ferait qu'accroître les défiances du vulgaire ; usez vous-mêmes de cette nourriture, à ce prix les éloges cesseront d'être suspects et les recommandations superflues.

La consommation normale n'est donc point la même chose que la consommation effective; l'économie politique ne doit point se borner au recensement des quantités vendues, mais comparer sans cesse les nécessités satisfaites aux besoins qui attendent. Pour tracer la limite de ces besoins, il lui faudra consulter la morale; pour découvrir les moyens de les satisfaire, elle devra observer attentivement la nature, les quantités, les espèces des produits consacrés par les usages de la consommation; enfin, si elle veut, dans l'intérêt des populations, réformer ces usages ou en introduire de nouveaux, elle n'oubliera pas qu'agir sur les esprits est le moyen le plus sûr pour dominer et pour vaincre les faits matériels.

II

CONSOMMATION DE LUXE.

La consommation de luxe répond au besoin du superflu, nous en avons montré plus haut la raison d'être; le malheur de l'économie politique est de n'avoir point distingué toujours entre le luxe réel et le luxe faux; c'est pour s'être refusée à cette distinction qu'elle a été entraînée à accréditer cette prétendue loi que l'accroissement du luxe attestait une élévation de niveau dans la richesse sociale, et qu'il ne pouvait y avoir plus d'éclat en haut sans qu'il y eût moins de misère en bas. Cette relation imaginaire, élevée par les utopistes à la hauteur d'un axiome, a provoqué de grands excès et justifié de grands désordres; on a prêché le luxe aux populations, on a concentré dans cette direction toutes leurs forces vives, et on a apprécié le progrès normal et universel de toute la civilisation par le développement anormal et excessif, par la surexcitation factice d'un luxe parasite et menteur. En cette occasion, l'économie politique ressemble fort à ces visiteurs naïfs qui jugent de la fortune de l'amphytrion par l'excellence du repas, de l'importance de ses revenus et du degré de son éducation par la finesse de sa redingote. Pourquoi conclure du superflu au nécessaire? Rappelez-vous donc ces crayons mélancoliques où un artiste philosophe nous a montré des femmes mangeant leurs radis dans une assiette du Japon et savonnant leurs bas dans des coupes de Sèvres. Il y a bien des sociétés qui en sont venues là; qui sait si d'autres ne prennent pas ce chemin? Il n'est donc pas vrai que la quotité des consommations de luxe soit le thermomètre infaillible de la richesse publique et que le développement d'en bas soit proportionnel à la recherche d'en haut; il ne fallait pas juger à Rome de la nourriture des esclaves par les dîners de Lucullus; si le luxe réel dans une société libre suppose, jusqu'à un certain point, une consommation inférieure qu'elle alimente, le luxe factice n'est qu'une dissipation des ressources vraies; il entraîne une surélévation de prix dans les produits utiles, et par suite une diminution proportionnelle dans la consommation normale.

La légèreté avec laquelle l'économie politique parle du luxe et l'imprudence avec laquelle elle le recommande attestent l'affligeant oubli des principes spiritualistes et l'habitude déjà invétérée de s'en tenir aux solutions empiriques. A une époque où l'économie politique n'existait pas encore, et où les gouvernements, par une erreur contraire à celle que nous combattons, s'efforçaient de dominer les faits économiques par la seule puissance des principes moraux, cette distinction avait été entrevue; le danger du luxe avait apparu dans toute sa réalité aux gouvernements du moyen âge; de là ces lois somptuaires si souvent renouvelées et dont quelques dispositions font encore sourire la superbe des modernes. Il y avait pourtant quelque chose de profondément moral en même temps que d'absolument vain dans ces tentatives si sincères et si impossibles : ce soin de régler la matière, la forme, la coupe, la couleur des vêtements, la durée, la composition, l'assaisonnement des repas d'après la qualité, la condition, la fortune des citoyens, a bien son côté touchant et avouable. Reconnaissons, toutefois, qu'à cette époque, l'ignorance des hommes d'État égara leur bon vouloir; ils ne surent point faire la part de la morale et de l'économie. Cette dernière n'est point chargée de faire pratiquer aux individus la tempérance et la frugalité, elle n'est point responsable de leur budget domestique; c'est la morale individuelle qui demande à chacun un compte sévère des plaisirs qu'il se permet et des jouissances qu'il s'accorde, qui impose des sacrifices et la pratique de la pauvreté volontaire même au sein des richesses et de l'abondance; ce sont là les vertus de la conscience qu'aucun arrêt humain ne saurait exiger. En un mot, l'économie politique crée le bien-être dans les civilisations, la morale en enseigne l'usage privé; mais si la tempérance des particuliers ne réagit pas contre l'entraînement des nations, la vertu de la loi ne remédie point à la lâcheté des individus.

Voilà pourquoi les lois somptuaires sont chimériques; voilà pourquoi, dans la pratique, elles sont demeurées une lettre morte, et dans les ouvrages des philosophes une rêverie ; on ne prévient les excès que par les sacrifices, et les sacrifices sont intérieurs. Il reste à l'économie politique à rectifier les idées sur les conséquences qu'entraîne l'abus de la richesse ; il reste au gouvernement à opposer, dans les limites qu'enseigne la science des impôts, le mécanisme des taxes ou des primes, à l'essor immodéré ou au ralentissement regrettable de certaines productions.

Une dernière remarque nous éclairera sur le danger du luxe factice; la satisfaction des besoins réels, qu'il s'agisse du nécessaire ou même du confortable, trouve dans leur apaisement sa limite naturelle au seuil de laquelle s'arrête et se repose le désir ; le bon marché du pain ne distend pas notre appétit, nous n'en mangeons pas deux fois plus parce que nous le payons deux fois moins. Dès qu'il y a quelque chose de fondé dans les besoins, ils s'apaisent d'eux-mêmes et la production se trouve ainsi limitée et définie. Aussitôt que vous sortez des réalités pour entrer dans les envies chimériques, dès que vous lâchez la bride au luxe et qu'il vous faut des nageoires de requins ou des langues de rossignols pour les hors-d'œuvre de vos festins, il n'y a plus de limites à la consommation; un seul homme dépenserait à lui seul l'activité et l'intelligence de l'univers, tant les appétits des passions dépassent les conquêtes du travail! Cette progression effroyable qui aboutit si vite à rendre impossible toute satisfaction de nos désirs explique le rapide entraînement du luxe factice et les proportions inattendues et redoutables que peut prendre cette fièvre des civilisations.

III

CONSOMMATION DANGEREUSE.

La consommation normale ne doit pas, dans une société suffisamment productrice, descendre au-dessous d'un minimum déterminé ; dans une société suffisamment morale, la consommation de luxe ne doit pas dépasser un certain maximum.

A côté et en dehors de ces deux espèces de consommations fondamentales, j'en ai signalé une troisième, à laquelle j'ai donné le nom vague et provisoire de *consommation dangereuse ;* je demande d'avance qu'on me pardonne sur ce point mon insuffisance volontaire, je prierai le lecteur de suppléer par la sagacité de son intelligence à la discrétion de mes aperçus.

Il y a dans les individus des besoins lamentables et réels, imposés comme un châtiment à notre nature déchue, afin qu'elle pût mériter par les combats et se réhabiliter par la victoire ; des instincts placés dans notre corps pour y être vaincus par notre esprit ; il nous appartient d'y résister par le courage et d'en triompher par la persévérance ; mais ce serait nous mentir à nous-mêmes que d'en nier les énergiques tentations et de ne pas avouer les ébranlements redoutables qu'ils impriment malgré nous à notre nature : la religion et la morale sont debout à nos côtés à l'heure de la lutte, elles nous demandent et nous inspirent le devoir et le sacrifice ; elles nous donnent la clarté de l'esprit, l'énergie du bon vouloir, la grâce de Dieu ; elles déracinent peu à peu les restes du vieil homme et imposent aux passions le silence de la vertu. Cette réforme intérieure est notre seule destinée, notre seule raison d'être, toute fin en ce monde devant être subordonnée à celle-là.

La société n'est point appelée à descendre dans le fond des consciences, il lui suffit de faire régner la loi dans le domaine des faits ; cette loi ne s'applique qu'aux rapports sensibles des êtres moraux entre eux, et non point aux obligations que le devoir absolu nous crée vis-à-vis de nous-mêmes ; il est donc beaucoup de besoins regrettables qu'en fait elle reconnaît et subit, cherchant, dans l'intérêt pratique de la liberté plus que dans la rigueur impitoyable des principes, le motif et la règle de sa tolérance.

Je prends un exemple particulier entre beaucoup d'autres que j'évite : on connaît les dispositions de nos codes à l'encontre de l'ivrognerie ; la loi traite avec une juste sévérité cette abdication volontaire et coupable de soi-même ; sans la punir directement, elle ne la reconnaît point comme une excuse et rend l'homme responsable du mal qu'il commet parce qu'il aurait pu l'empêcher et dû le prévenir. Toutefois elle ne prend point de mesures pour couper le mal dans sa racine; nous n'avons chez nous aucune pénalité, aucune législation semblable à celle de certains États d'Amérique qui s'immiscent dans la vente des boissons fermentées et les assimilent aux remèdes délivrés dans les pharmacies sur l'ordonnance du médecin. Je ne sache pas qu'un thériakis ou un preneur de haschich rencontre aucun obstacle à vaincre ni aucune formalité à remplir pour se procurer parmi nous ces deux agents de l'empoisonnement oriental. Malgré la surveillance qu'il exerce sur les maisons de jeu, le gouvernement a un intérêt dans le commerce des cartes; il y cherche et il y trouve une source de revenus. Je n'irai pas plus loin et je ne descendrai pas plus bas, bien qu'il y ait encore d'autres industries dont la pensée même est une honte, d'autres besoins ignobles dont la satisfaction est un crime, et dont la réglementation même paraît aussi contraire à la morale que pourrait l'être un patronage avoué. Il nous suffira dans ces questions délicates de poser ce principe absolu, que tout ce qui se tolère en matière de consommation dangereuse doit rester toujours à l'état de fait sans jamais devenir une concession au point de vue moral, quelque insignifiante que cette concession puisse paraître ; que l'État peut accepter la responsabilité de mettre la main dans le désordre pour y apporter une limite, mais ne saurait jamais sans manquer à tous ses devoirs y souffrir quoi que ce soit qui ait la forme d'une provocation ; que si la liberté de faire le mal peut être laissée à l'individu dans la sphère rigoureusement circonscrite de sa personnalité, il faut compter la contagion de l'exemple au nombre des provocations les plus directes et des périls sociaux les plus imminents. Par exemple, pourquoi ne pas admettre que l'homme qui se montre en état d'ivresse commet un délit et insulte à la moralité publique, au lieu d'attendre pour le punir qu'il frappe ou injurie les passants? Sans doute, la peine de mort suspendue par l'empereur de la Chine sur les détenteurs ou les consommateurs de l'opium est une peine contraire au principe du droit naturel et complétement hors de proportion avec la gravité du délit ; mais pourquoi ne pas mettre au nombre des substances prohibées celles qui, sans porter une atteinte directe au principe vital, ont pour fonction essentielle de le miner sourdement et, par une fatalité inévitable, de le consumer en détail? Pourquoi le père de famille est-il exposé le soir, dans les rues les plus brillantes de nos grandes cités, aux questions indiscrètes de ses enfants? Pourquoi le jeune homme rencontre-t-il le vice élégamment paré et autorisé à lui tendre la main à chaque carrefour? Sur ce chapitre des consommations dangereuses, l'arbitraire des dispositions n'a eu jusqu'ici d'égal, même dans les pays les plus civilisés, que le scandale des tolérances accordées.

L'économie politique, aidée de la morale, se maintient ainsi à égale distance d'un matérialisme brutal qui la renfermerait dans une statistique inintelligente et d'un spiritualisme outré qui la perdrait dans le vague des théories; elle ne saurait donc ni se confondre avec la morale, ni s'en passer, et, pour achever la démonstration de cette vérité par l'examen de la quatrième et dernière partie de notre programme, occupons-nous de ce qu'on a si justement appelé l'économie politique administrative, science aussi neuve qu'essentielle, et désignée jusqu'à présent par l'expression impropre de question des impôts.

QUATRIÈME PARTIE

IMPOTS.

La production, l'échange, la consommation ne peuvent s'accomplir que dans une société régulièrement organisée. Cette organisation a pour condition essentielle l'existence d'un pouvoir public qui maintient l'ordre par la loi, quelles que soient l'origine, la nature, la forme de ce pouvoir. En dehors de ces conditions, il peut y avoir une réunion d'hommes, mais non point ce que Cicéron appelait *civitas*, c'est-à-dire la société constituée par une civilisation. L'économie politique n'est pas plus concevable avec l'isolement que la respiration possible dans le vide.

Il serait donc chimérique d'étudier les faits et les lois économiques comme si leur développement n'avait aucune solidarité avec les pouvoirs politiques, et surtout avec les institutions administratives, comme si l'État n'intervenait en aucune sorte dans la production de la richesse par les encouragements qu'il dispense, la sécurité qu'il garantit, l'impôt qu'il demande.

L'intervention de l'État dans les faits économiques est :

Ou administrative,

Ou financière.

Le livre premier : *Intervention administrative de l'État dans les faits économiques*, comprend deux chapitres :

1° Nature de l'intervention administrative.

2° Moyens par lesquels elle s'exerce.

Le livre second : *Intervention financière de l'État dans les faits économiques*, comprend quatre chapitres :

1° Nature, raison d'être, lois de l'impôt, étude théorique qui conduit à le suivre dans son application.

2° A la production.

3° Au commerce et à l'échange.

4° A la consommation ou à l'emploi du revenu.

Tel est le tableau de la quatrième et dernière partie de l'économie politique ; quelques réflexions sur chacun de ces problèmes, qu'il ne nous appartient pas de traiter ici, suffiront pour nous faire apercevoir le lien qui les rattache à la morale.

LIVRE PREMIER

INTERVENTION ADMINISTRATIVE DE L'ÉTAT.

I

NATURE DE L'INTERVENTION ADMINISTRATIVE DANS LES FAITS ÉCONOMIQUES.

Cinq formes essentielles résument toutes les autres :

1. Tyrannie ;
2. Indifférence ;
3. Protection ;
4. Encouragement ;
5. Organisation.

§ 1er. — Tyrannie.

L'économie politique réduite au rôle obscur de science des faits serait bien vaine et bien chancelante, mais nulle part son néant ne parlerait plus haut que dans l'invincible conflit où la précipite ici l'histoire du genre humain.

Elle trouve en effet qu'à une certaine époque la reproduction de la richesse, sa propriété, sa disposition au lieu d'être le fruit et la récompense de l'activité, le mobile et la rémunération du travail, n'est plus qu'un châtiment imposé par la contrainte à la servitude, un effort arraché à l'impuissance des victimes par l'iniquité des bourreaux ; le despotisme le plus absolu est solidement organisé par la religion ou la conquête au profit du plus petit nombre sur le plus grand ; entre le monarque de l'Orient qui possède tout, et le sujet même le plus riche qui ne possède rien, il n'y a point d'autre pacte que l'esclavage et d'autre rapport qu'une confiscation perpétuelle : alors le seul moyen d'encourager la production de la richesse, c'est le châtiment ou le glaive. L'effet de cette épouvantable oppression qu'elle soit subie avec la résignation du paria ou discutée par le fer de Spartacus, n'en est pas moins dans un cas comme dans l'autre l'amoindrissement du travail humain ; celui qui tombe dans l'esclavage, *Jupiter*, dit le vieil Homère, *lui enlève la moitié de son âme;* c'est la dure leçon que l'expérience adresse à la cruauté sans que pourtant l'intérêt suffise à vaincre chez le maître la douceur et la commodité de l'oppression. Aussi que de siècles l'histoire ne traverse-t-elle pas au milieu des larmes et au bruit des chaînes, depuis les castes de l'antique Orient jusqu'à l'*institution particulière* de l'esclavage pour parler l'affreux langage des journaux américains du Sud ; les libertés politiques si diverses à Sparte, à Athènes, à Rome, n'y changent point les conditions du travail; ce sont toujours les ilotes, les colonies, l'univers qui labourent et qui sèment pour leurs seigneurs ; viendront au moyen âge des temps moins durs où l'oppression cessera d'agir d'une façon continue, où le pouvoir se contentera de récolter de temps en temps dans la bourse du travail à peu près comme l'agriculteur qui laisse construire sa ruche à l'abeille avant de lui confisquer son miel ; ce n'est pas seulement le commerce juif, ce n'est pas seulement le serf de la glèbe qui pâtit, c'est tout homme qui travaille et qui s'emploie à la richesse publique. On ne dit plus sans doute comme le proverbe de Rome, « la plus grande honte d'un citoyen libre c'est de faire quelque chose qui soit utile, » mais on ajoute encore au bas des nobles parchemins : « Ne sachant lire vu sa qualité. » Tant le travail malgré l'enseignement et les exemples du christianisme a paru longtemps au genre humain révolté, incompatible sous toutes ses formes, avec une délégation quelconque de la puissance publique!

§ 2. — Indifférence.

Cette histoire de l'intervention administrative mériterait d'être suivie depuis le régime despotique de la théocratie absolue jusqu'à l'excès opposé, le système d'une indifférence complète de la part de l'État. Dans cette dernière combinaison le gouvernement s'amoindrit et s'annihile volontairement; il laisse le public se pourvoir, se défendre, se tirer d'affaire comme il l'entend ou comme il le peut: chacun est juge dans sa propre cause; c'est à lui à marcher en avant, à se protéger, à se gouverner; le pouvoir ne se croit jamais plus efficacement dans son rôle que lorsqu'il se range de côté et regarde passer en silence. L'économie politique regrette et la morale condamne cette erreur qui tend à ramener l'humanité du côté de la barbarie; si le marchand est obligé d'avoir sur son comptoir une paire de pistolets, si le juge, suivant une relation authentique d'un voyage récent en Californie, offre tranquillement un revolver bien installé à la partie plaignante comme un instrument efficace de dommages et intérêts, s'il faut qu'un éditeur de journal comme je le lisais dernièrement se munisse de projectiles et de marmites d'eau chaude afin de pouvoir au besoin contenir un siége, si les feuilles publiques insèrent simultanément l'heure où elles reçoivent leurs annonces et leurs cartels, ce n'est pas la peine alors de se proclamer la première nation du monde et de se croire civilisé; qui ne voit dans cette décadence et cette chute de l'ordre public un retour à l'état sauvage, au temps où le plus fort se garantissait lui-même et marchandait au plus faible sa coûteuse protection? La conséquence d'un pareil état de choses doit dans un bref délai et malgré les compensations que peuvent offrir la virginité du sol, l'initiative des habitants, le peu de densité des populations, amener une réaction fatale et se répercuter dans le chiffre des richesses; ce n'est jamais impunément que la société tolère le désordre, soit que la faiblesse se sente impuissante envers lui, soit que l'opinion publique égarée s'imagine ôter en effet à la liberté tout ce qu'elle soustrait à l'anarchie. Prêcher sans restriction et sans prudence, défendre comme un principe et proclamer comme un droit l'éloignement systématique de toute action de la puissance publique dans la gestion économique de la société, c'est ôter à l'individu le premier de tous les avantages qui doivent résulter de l'association politique, c'est rendre au jugement de la force individuelle l'appréciation du droit et le maintien de la sécurité.

§ 3. — **Protection.**

Il est évident que la société se doit à elle-même et doit à la justice, dont elle est responsable, d'exercer une protection active et inflexible sur tous les droits que revendiquent dans l'ordre économique la liberté, l'activité, l'industrie humaine. Garantir au producteur la sécurité de son travail, assurer la circulation à l'échange, veiller avec une égale efficacité à la sûreté réciproque de l'acheteur et du vendeur, ce sont là des fonctions difficiles, et dans lesquelles il faut que le gouvernement n'écoute ni les murmures ni les menaces. Qu'un fabricant, par exemple, congédie ses ouvriers et qu'il appelle à son secours des bras étrangers, qu'il juge à propos de fermer ses établissements, qu'il monte une machine capable de suppléer au travail de tout un village, il ne faut pas que l'intérêt mal entendu et mal conseillé puisse jamais prévaloir contre le droit, dût la répression être funeste ou la punition terrible. Un gouvernement qui pratique son devoir ne peut pas plus transiger que reculer; il faut que la justice ait son cours et que l'indépendance du citoyen soit sauvegardée dans la liberté du fabricant; c'est ainsi que les découvertes s'affermissent et que l'exemple du succès prêche éloquemment le mérite d'une invention. Il en est des populations aveuglées comme des malades qui déraisonnent; il faut prendre garde de trop discuter; on les provoque à l'irritation plus encore qu'on ne les dispose à la douceur; sans leur refuser la lumière, il est bon de leur laisser voir ou de leur faire pressentir la force; l'intelligence trouve facilement les raisons qui justifient ce que la volonté a été contrainte, au nom du droit, de subir et d'exécuter provisoirement.

Cette protection efficace est plus utile peut-être encore à l'échange qu'à la production; les émeutes les plus terribles dont la société ait gardé la mémoire ou réprimé les excès sont celles qui s'attaquaient à la circulation, sans laquelle il ne saurait plus y avoir ni ventes ni achats. Sans doute les sens parlent bien haut, et il n'y a pas de raisonnements qui, pour un esprit incomplet et prévenu, soit capable de répondre à l'exaspération de l'épouvante : toutefois le devoir de l'État, l'avantage, je dirais volontiers le privilége d'appartenir à une société constituée, c'est que la force y reste à la loi et qu'aux accidents naturels ne viennent pas se joindre encore les obstacles que les égarements de l'ignorance ou les instincts aveugles des passions peuvent apporter au libre essor des phénomènes économiques.

Enfin la consommation doit trouver aide et protection dans la force publique ; il ne faut point que le luxe soit insulté et que, comme il arrivait encore cette année à Rome dans une visite à la prison de Saint-Pierre, une femme un peu élégante ne puisse en revenir que sa robe et sa mantille couverte d'ignobles crachats. Il ne faut point que la fortune en soit réduite à la honte d'elle-même et que ce soit un crime punissable de l'animadversion publique d'avoir à dépenser plus d'argent que les autres ; c'est une violation de la propriété que cet attentat à son emploi, et il appartient à un gouvernement d'en protéger l'usage comme d'en maintenir le principe ; les droits civils sont les mêmes pour tous ; on ne doit pas plus souffrir que la misère en haillons insulte au carrosse qui passe, qu'on ne doit tolérer le coup de canne du laquais doré au mendiant qui ne se range pas assez vite.

La protection, dans l'ordre des faits économiques, est donc un devoir strict imposé à l'État par un droit qui ne peut péricliter sans porter aux intérêts individuels une atteinte directe ou un contre-coup inévitable. C'est la gloire et la grandeur de quelques gouvernements d'avoir su compter sur le bon sens d'une nation libre, sur son respect pour les lois, et d'avoir, au besoin, résisté à l'opinion publique jusqu'à la contredire, la combattre et la vaincre; c'est leur grandeur et leur gloire d'avoir ainsi remporté, au profit des éternels principes sur lesquels s'appuie le fonds immuable des civilisations, quelques-unes de ces victoires pacifiques qui déconcertent les révolutions, et avec les catastrophes préviennent les réactions et les repentirs.

§ 4 et 5. — Encouragement. Organisation.

Les gouvernements qui exercent avec le plus de vigueur ce droit de l'intervention protectrice, au grand avantage de leurs administrés, ne s'arrêtent guère à cette limite exacte, et le plus souvent ils passent du rôle de défenseurs à celui d'initiateurs et d'agents; ils ne se contentent point de tenir le champ libre et de prêter main-forte aux ayants droit, ils descendent dans la lice ; s'ils n'y engagent pas toute leur puissance et ne courent pas en personne l'aventure des essais, ils ne ménagent ni leurs provocations ni leurs conseils ; ils poussent ou attirent le travail tantôt dans un sens, tantôt dans un autre ; ils ajoutent à l'attrait des honneurs l'appât des récompenses ; ils disposent d'une partie de la fortune publique pour faire éclore une industrie, pour soutenir un commerce, pour propager un usage économique ; ils n'y épargnent ni les peines ni les sacrifices. De là les primes à l'importation ou à l'exportation, les prohibitions, les tarifs, les taxes, expédients plus ou moins heureux et plus ou moins efficaces sur lesquels nous aurons l'occasion de revenir.

Il est facile de voir que cette pente est glissante et qu'elle mène loin : les encouragements que l'État distribue, les soins qu'il prend, la responsabilité dont il se charge, ne sont après tout qu'un commencement d'organisation tendant à remplacer l'initiative des individus ; c'est son intelligence substituée à leur intelligence, son activité à leur activité. On dira : « Mais l'État n'est-il pas en effet mieux placé que personne pour juger des chances d'une entreprise, plus apte à en préparer et en poursuivre le succès? » Telle est la première origine de cette erreur socialiste qui consiste à regarder le gouvernement comme l'administrateur modèle, la force d'impulsion qui doit tout ébranler, le générateur inépuisable d'une puissance dont chacun n'aura plus qu'à suivre la direction et à utiliser les effets. Tandis que dans la réalité les individualités sont autant de sphères d'action parfaitement distinctes, réunies dans un tout où leurs efforts s'harmonisent sans se confondre, dans le système socialiste de l'organisation universelle les effets sont partout, il n'y a de cause nulle part qu'au centre. Que devient alors, je ne dirai pas seulement la liberté, dont les adeptes de ce système se montrent d'ordinaire si jaloux, mais au moins l'initiative, la responsabilité individuelles perdues et absorbées à plaisir dans une responsabilité et une initiative anonymes? Que devient la moralité humaine, laquelle a en elle-même son principe et sa fin? La société cesse d'être un moyen garanti à notre activité et un milieu préparé à notre développement; c'est l'organisme social qui est le terme, c'est le concours prévu et réglementé de l'individu qui est le moyen, et c'est à nos dépens que se réalise cette perfection lamentable de la société.

Au reste il n'est pas besoin de rêver cette réalisation pleine et entière pour assister aux abus de la puissance administrative, l'excès de la centralisation n'est qu'un commencement de socialisme; il y a longtemps qu'on a mis en avant parmi nous la nécessité de substituer l'action vivifiante des ministères à l'inertie ou à l'inintelligence des administrations municipales, et depuis longtemps aussi on a pu expérimenter tout ce que l'esprit d'initiative dans les partis à prendre, la fermeté et la persévérance dans les conseils à exécuter, avaient perdu en province à cet excès de sollicitude. Non, la richesse ni la prospérité matérielle n'ont jamais rien à gagner à une déchéance morale ; il ne faut pas que l'économie prête son appui à cette doctrine coupable qui, perdant la liberté par ses excès, ramène le despotisme sous le prétexte des intérêts ; les véritables intérêts de l'homme sont dans le respect de sa dignité, le maintien de son indépendance, la sauvegarde de sa liberté, même au prix des souffrances et des crises. La richesse finit toujours par ressortir dans l'exacte proportion des vertus.

Voilà pourquoi un gouvernement qui redoute, même de loin, ces extrémités, doit être circonspect dans les encouragements qu'il prend sur lui d'attribuer à une industrie ou à un commerce. Les récompenses, les honneurs, les distinctions, le doux retentissement de la publicité, les avertissements éclairés et énergiques, une parfaite exactitude, une impartialité irréprochable, une authenticité à toute épreuve dans la statistique des renseignements, ce sont là autant de moyens qui paraîtront éminemment capables d'atteindre le but sans le déplacer, ils se réduisent en effet à provoquer la spontanéité de l'initiative individuelle, à diriger l'attention publique sur un essai ou une découverte ; c'est moins récompenser soi-même qu'inviter le consommateur à examiner et l'inventeur à produire ; l'État se contente de jouer le rôle d'un intermédiaire également utile à l'un et à l'autre, sans faire violence au jugement et à la bourse de l'acheteur, sans y puiser de sa propre main au profit du manufacturier.

II

MOYENS PAR LESQUELS S'EXERCE L'INTERVENTION ADMINISTRATIVE DANS LES FAITS ÉCONOMIQUES.

Ces sages réserves sont loin d'avoir été la règle constante des gouvernements en matière d'intervention économique, et les moyens qu'ils ont mis en œuvre sont souvent aussi douteux en théorie qu'invétérés dans la pratique. C'est d'ordinaire par un système de priviléges ou de primes en matière de production, de prohibitions, de tarifs, de droits protecteurs à l'importation et à l'exportation en matière d'échange, de taxes, de règlements, d'organisation obligatoire en matière de consommation qu'ils ont prétendu exercer la protection et la transformer en un système d'encouragements efficaces, sans examiner si ces moyens eux-mêmes, abstraction faite du succès de l'entreprise, n'étaient pas erronés ou même regrettables.

Je veux admettre que dans des cas exceptionnels l'État soit autorisé par les vrais principes de la justice à prendre en main les intérêts d'une nation, à lui demander des sacrifices, à prévoir pour elle, à exiger de quelques-uns, même à leur détriment, ce que réclame une utilité évidente, incontestable, universelle. Qu'on cherche l'application de ces principes dans les tentatives de la plupart des gouvernements modernes pour réglementer les faits économiques ; qu'est-ce qu'une prime, un droit d'entrée, un tarif de douanes, une prohibition, sinon l'inverse de ce que conseille le bon sens et de ce qu'ordonne la justice? C'est sur ce terrain que la doctrine du libre échange se sent forte et renaît comme Antée, malgré les difficultés des objections et l'acharnement des intérêts. Favoriser une industrie, une compagnie, un produit par une récompense, une protection, une amende imposée aux marchandises étrangères de même espèce, c'est faire précisément le contraire de ce que nous disions; ce n'est point imposer au petit nombre un sacrifice dans l'intérêt de la majorité, ce n'est point exiger de l'individu quoi que ce soit qui profite à la totalité des citoyens; c'est au contraire un impôt constitué sur la nation tout entière au profit d'une classe de citoyens infiniment restreinte; c'est un bénéfice dont tous payent les frais et dont presque personne ne profite; c'est une recette autorisée par la loi sur la dépense journalière du consommateur ; souvent c'est une défense absolue, une privation gratuite; une véritable insurrection du tarif contre des produits qu'aucune industrie et aucun effort indigène ne sauraient parvenir à remplacer; dans ce dernier cas, c'est tout simplement une tyrannie, quelque chose d'analogue au bon plaisir que la constitution politique a vu disparaître et dont la législation douanière cultive encore avec amour les restes honteux et diffamés.

Mes conclusions ne dépasseront point ici celles que j'ai eu plus haut l'occasion d'exprimer à propos de la réglementation des échanges ; je ne prétends point que cet argument, quelque inattaquable qu'il puisse paraître, suffise à la condamnation préventive de tout droit protecteur et tienne lieu de fin de non-recevoir contre toute discussion et tout tempérament dans cette organisation délicate ; il faut savoir demander aux nations les sacrifices qui constituent une mise de fonds et un placement à gros intérêts ; il faut avoir au besoin le courage de répondre que chacun, en devenant producteur, peut avoir sa part des primes ou des avantages constitués par la protection ; que les peuples ont la vie longue et que la solidarité des générations, laquelle permet souvent à l'État d'escompter l'avenir au profit du présent, conseille en retour à sa prévoyance d'imposer parfois le présent au profit de l'avenir. Je ne reprendrai pas la discussion générale du problème, mais il convient seulement de ne jamais perdre de vue que tous ces moyens d'intervention administrative, contraires à la maxime fondamentale des sociétés, établissent l'impôt d'abord au profit des individus à qui la société ne le doit pas, avant de l'établir au profit de l'État, envers lequel seul les citoyens y sont tenus.

Il est donc essentiel, sans condamner absolument ces pratiques, de les soumettre en toute occasion à un contrôle sévère, de ne point les accepter ou les invoquer comme des procédés économiques courants qui n'auraient besoin ni de justification, ni de raison d'être ; il faut se dire au contraire que ce sont, aux yeux de l'économie, des expédients que la nécessité seule peut excuser et dont le seul effet avouable est de travailler à devenir inutiles ; la complaisance avec laquelle l'ignorance les invoque, la faiblesse des gouvernements à les tolérer, leur lenteur et leur hésitation à les détruire ne font qu'attester non point la légitimité de leur application, mais la toute-puissance des habitudes.

L'intervention administrative emploie en matière de consommation un moyen, *suî generis*, dont la pratique récemment généralisée est encore l'objet de vives discussions, je veux parler du système de la taxe appliquée à certains commerces de détail chargés de pourvoir aux besoins les plus immédiats et les plus essentiels de la vie matérielle ; la boucherie, la boulangerie, la vente du poisson dans les ports de mer, etc., etc. C'est merveille de voir avec quelle chaleur et quel acharnement ont été défendues les doctrines les plus opposées depuis la taxe qui numérote les morceaux d'un bœuf, depuis l'institution de la caisse centrale qui régularise le prix du pain et renferme ses variations dans les étroites limites d'une moyenne, jusqu'au retour à une liberté absolue, même dans les industries les plus anciennement réglementées. Il doit être permis à un économiste prudent de s'abstenir là où rien de définitif n'est encore ressorti et où de vastes expérimentations semblent faire un appel solennel à la vérité ; je ne dirai donc qu'un mot. L'intervention administrative exercée par la taxe dans les ventes[1], par une réglementation inutile dans les professions industrielles, ne me paraît ni compatible avec notre civilisation ni digne de nos lumières. Il est passé le temps où les peuples accusaient leurs gouvernements des accidents les plus naturels et des variations les plus fatales de la richesse publique; je comprends que les Germains, comme nous l'apprennent César et Tacite, changeassent de chef lorsque la récolte était mauvaise et qu'il n'avait pas plu ; mais il ne faut pas que dans la civilisation moderne un gouvernement fasse rien qui puisse favoriser les restes d'un préjugé et remonter le courant des idées. Prendre en main la responsabilité d'une consommation quelque importante qu'elle soit, fixer un maximum, car il ne faut pas reculer devant le

[1] Je faisais allusion à la réglementation du commerce de la boucherie dans Paris et à l'essai que l'on y avait fait de la taxe. Les événements ont donné raison au jugement que je n'avais pu me défendre de porter, et les ménagères parisiennes recueillent aujourd'hui les avantages de cette liberté commerciale.

mot dès que nous pratiquons la chose, c'est accepter hautement une part de solidarité dans le prix de vente ; c'est par une aberration déplorable apprendre soi-même aux murmures de la foule à s'adresser, contre toute justice et contre tout droit, au gouvernement qui n'y peut rien ou presque rien. Lorsque l'État confisquait à son profit le travail, le pouvoir et la liberté, il était juste que les charges de la consommation fussent mises à son compte ; l'avidité et la corruption publique étaient fondées à pousser le cri fameux : *panem et circenses* ; le peuple était mineur, il fallait le nourrir dans les bas-fonds où on le retenait : les nations modernes ne sauraient être sans danger dispensées du viril souci d'elles-mêmes et traitées avec cette prévoyance dédaigneuse ; les ressources ne leur manquent pas plus pour les consommations les plus essentielles que pour le luxe le plus frivole : garantir la publicité et la concurrence, réprimer la fraude, prévenir les coalitions et les manœuvres coupables, exercer en un mot une protection efficace, c'est intervenir plus à propos et plus réellement que par une réglementation nécessairement défectueuse dans la théorie et hérissée de difficultés dans la pratique.

Je conclus de tout ce qui précède qu'en cette matière l'administration doit éviter à la fois et la tyrannie pratiquée par le despotisme ancien, et la tyrannie conseillée par le socialisme moderne ;

qu'elle doit se borner à une protection justifiée par le droit et au besoin servie par la force, à des encouragements plutôt moraux que pécuniaires ; qu'elle doit examiner avec soin la valeur et la portée morale des moyens qu'elle emploie et ne pas confondre des expédients excusables au point de vue de la nécessité avec des lois fondées sur la justice et faites pour demeurer.

LIVRE SECOND

DE L'INTERVENTION FINANCIÈRE DE L'ÉTAT DANS LES FAITS ÉCONOMIQUES.

I

CONSIDÉRATIONS GÉNÉRALES SUR L'IMPOT.

L'intervention des gouvernements dans les faits économiques n'avait point à l'origine le but élevé dont nous nous sommes préoccupés jusqu'ici ; ce n'était qu'un moyen de confisquer à leur profit la richesse publique, de lever sur les sujets la prime la plus forte qu'il fût donné à la violence d'arracher ou à l'adresse de surprendre.

A l'origine, là où le maître était tout et le peuple rien, il ne pouvait y avoir d'impôt proprement dit ; le mot même eût été un non-sens ; le type de cette organisation autocratique est dans la loi de Moïse ; « *La terre m'appartient*, dit le Seigneur, *et je ne fais que te la prêter.* » La dîme apportée au lévite n'est pas la prime prélevée par le possesseur sur un capital qui soit à lui, c'est le retour naturel au prêtre de Jéhovah, unique détenteur du sol ; tout ce qui est laissé à l'usufruitier est un pur don ; la dîme, bien loin d'être l'impôt, en exclut jusqu'à la pensée. A l'institution de la royauté féodale par le droit de la conquête il s'est passé quelque chose d'analogue. Qu'on se représente les compagnons de Guillaume le Conquérant ou de Godefroi de Bouillon se partageant le sol de l'Angleterre ou de la Palestine ; c'est une prise de possession pleine et entière qui met la main sur le capital et confisque tous les droits des propriétaires anciens. Cette jurisprudence amène comme conséquence inévitable la réserve des terres les plus grasses, des trafics les plus productifs, des monopoles les plus avantageux au maître nouveau ; conservant dans son immense domaine la liberté de tout garder, il ne se dessaisit d'une partie du sol que dans la mesure de sa volonté et ne la livre aux tenanciers qu'au prix des services qu'il lui plaît de réclamer ; la dîme féodale à son origine est donc bien moins, comme les politiques ont voulu nous le faire croire depuis, un payement consenti par le vassal pour se concilier la protection seigneuriale, qu'une réserve naturelle ménagée au profit du propriétaire exclusif au moment du don ou de l'investiture. Par là s'explique naturellement, et sans qu'il soit besoin d'avoir recours au symbolisme dont on a tant abusé, l'inégalité extrême des conditions et souvent la bizarrerie des charges réservées par la charte de tenure ; le bon plaisir du donateur est la loi souveraine des parties ; le contrat n'est-il pas lui-même un bienfait? Ce n'est que par une fiction qu'il peut y avoir un engagement réciproque entre le seigneur et le serf, là où le premier donne tout et le second rien, puisque ce dernier ne fait, en payant la redevance, que restituer au suzerain ce qu'il lui a plu de se réserver.

Il est inutile d'insister et de faire voir dans le système qui admet la domination de la force à l'origine et retrouve le maintien de la servitude dans les conséquences, combien l'inégalité des charges est logique; les meilleurs lots de la conquête sont naturellement attribués aux compagnons militaires de l'envahisseur; ceux-ci reçoivent la terre des mains du seigneur roi et transmettent à leur tour la tenure au vavassal sous la réserve de conditions analogues; au-dessous le vilain et le serf, en un mot l'inégalité des classes. Le service militaire n'est point, comme on l'a dit, l'impôt du sang équivalant à l'impôt de l'argent; le service militaire n'est que la continuation à main armée du règne de la force, l'attestation et comme le renouvellement de la conquête, la forme vivante et la garantie du privilége; toutes les raisons ingénieuses de justice et de compensation produites par des historiens complaisants à nos idées actuelles, ne sont que théories inventées après coup pour pallier une injustice qui semblait alors très-juste et très-rationnelle; les chevaliers auraient été bien surpris d'apprendre de l'économie moderne qu'après tout c'était l'impôt qu'ils acquittaient sous une autre forme : il convient de prendre les faits tels qu'ils sont et non pas de les rendre ce qu'on les veut.

Au reste il serait facile de suivre jusqu'à la fin du dix-huitième siècle l'application de ces principes; on sait l'antique coutume de la monarchie française de réclamer sans payement, d'un bout à l'autre du pays, ce qui était nécessaire *pour le service du roi ;* on n'ignore pas que cette parole magique mettait aux ordres du dernier serviteur ce qu'il lui plaisait de demander au nom de son maître. Qui ne reconnaît dans cet usage accepté et pratiqué jusqu'aux temps de 89, l'invocation au droit de la conquête et la formule souveraine qui revendique de la part du maître unique la propriété universelle, propriété aliénée dans l'usufruit mais par son fond demeurée entre ses mains et à sa merci.

En dehors de la tyrannie fondée sur l'investiture théocratique et sacerdotale, en dehors de la suzeraineté établie sur la conquête, l'État n'a plus aucune raison ni aucun prétexte pour détenir entre ses mains une part du capital social; ce serait une erreur économique de sa part que de chercher dans un revenu foncier lui appartenant le moyen d'alléger l'impôt ou d'y suppléer; au point de vue administratif il n'est point une personne civile et il ne doit consacrer ni soin ni travail à la gestion d'une fortune particulière; c'est l'impôt qui assure son existence matérielle et pourvoit aux frais du gouvernement, mais l'impôt est un revenu et non pas un capital.

Quelle que soit la forme politique du pouvoir et de quelque manière que s'accomplissent ses fonctions, la société lui doit en proportion de ce qu'elle lui réclame. Il faut au travail des conditions de sécurité, de paix, de justice en dehors desquelles on verrait bien vite disparaître le revenu et s'user le capital; mais l'ordre, la paix, la justice, la sécurité ne s'obtiennent comme tous les biens de ce monde que par le combat. En présence des mauvais instincts, des passions, des convoitises, qui ont toujours les armes à la main, la société est tenue d'agir; elle doit à la fois prévenir et réprimer; réprimer par le châtiment et prévenir par la crainte; de là l'organisation grandiose et salutaire de la force dans la civilisation moderne; de là des sacrifices renaissants et infatigables pour assurer le règne des lois, et par le règne des lois le règne de la justice; de là cette protection efficace qui coûterait tant aux particuliers et qui est si facile à l'État. Ce n'est pas tout : la civilisation a des conditions matérielles comme elle a des conditions morales; par exemple il faut à la circulation des chemins; la mauvaise humeur d'un particulier qui bouderait son voisin, l'indifférence systématique d'un avare qui compterait sur les autres ne sauraient mettre en discussion ni laisser en souffrance la création ou l'entretien d'une voie de communication, sans qu'il y ait une atteinte visible, un dommage évident apporté aux intérêts de la propriété, au capital de la richesse. Il appartient à l'État de pourvoir à ces nécessités physiques tout aussi bien qu'aux conditions morales de la civilisation. Parcourir ainsi toutes les fonctions essentielles d'un gouvernement, ce serait trouver la véritable raison d'être de l'impôt, le principe qui le justifie et qui le limite, la loi qui le régit.

L'impôt doit être rigoureusement proportionnel; l'impôt progressif est une erreur dans la théorie; dans la pratique, c'est une atteinte au droit de propriété et à l'existence de la propriété elle-même.

Il faut dire la vérité : si l'économie politique substitue aux principes immuables et sévères de la morale les vagues aspirations du cœur ou l'appréciation matérialiste des faits, je ne vois guère qu'on puisse se défendre contre les séductions ou se débattre contre la logique de l'impôt progressif.

Si l'impôt n'est pas considéré rigoureusement comme un droit de la part de l'État qui le réclame, comme un sacrifice obligatoire de la part du citoyen qui le paye, si le service rendu ne légitime pas le payement exigé, la porte est ouverte à toutes les fantaisies des systèmes et à tous les entraînements du sentimentalisme : « Il faut que chacun paye :

« d'accord ; mais est-il bien juste d'exiger ri-
« goureusement vingt sous du malheureux dont
« l'avoir se réduit à mille francs, tandis que vous
« vous contentez de trois cents francs pour la part
« du riche qui a cent mille écus; qu'est-ce que
« trois cents francs pour un homme qui a quinze
« mille livres de rente? les vingt sous que vous
« exigez avec tant de rigueur du contribuable,
« c'est peut-être son pain, sa vie, la santé de ses
« enfants! Vingt sous! c'est pour lui un sacrifice
« énorme, c'est au moins une privation sensible ; ce
« que le riche abandonne n'est qu'une obole dont
« sa fortune ne s'aperçoit pas. » On me dispense de déclamer tout le système, on peut aisément l'entrevoir d'ici. Dans la pratique, la scène change ; il n'est plus question de sentiment mais de lois fort nettes et fort claires, aussi décidées dans leurs dispositions qu'énergiques dans leurs arrêtés et qui établissent la progression de l'impôt suivant la progression du revenu.

Il y a déjà longtemps que Luther a comparé l'esprit humain à un paysan ivre sur son cheval ; on ne le redresse du côté où il tombe que pour le voir l'instant d'après pencher du côté opposé; d'après cette loi il fallait s'attendre à trouver dans l'histoire des impôts le pendant et l'inverse de cette théorie; c'est ce que nous offre le moyen âge : des seigneurs et des nobles exempts de toutes charges et impositions, le vilain taillable et corvéable à merci et à miséricorde. Dans l'hypothèse socialiste, c'est le riche qui devient le vilain, la médiocrité qui constitue le privilége. Comme l'organisation féodale avait pour but d'empêcher le déclassement dans des vues politiques, l'impôt progressif, sous prétexte de justice et de sensibilité, vise à dissoudre la fortune par un système continu de pénalités fiscales déguisé sous le titre fallacieux de répartition des impôts et d'égalité des charges publiques.

Je laisse de côté les sentiments et je vais au fait : ce n'est pas la personne, c'est la fortune qui paye l'impôt ; la richesse, sous quelque forme qu'elle se produise ou qu'elle existe, doit à la société un salaire pour les services qu'elle en attend et dont elle ne saurait se passer ; ce salaire, elle le doit non pas en raison de la qualité de la personne, mais en raison de la quotité du capital ; il va de soi par conséquent que le fisc est fondé en principe à demander davantage à mesure que les services rendus acquièrent plus d'importance ; par exemple, les patentes sont divisées en plusieurs classes parce que le commerce, suivant son étendue ou sa nature, revendique une part plus large ou plus restreinte dans l'emploi des forces publiques, parce qu'à ces divers degrés il profite, dans une mesure inégale, de la tranquillité, de l'ordre, de la sécurité universelle. Le jour où un législateur, passant du principe légal et philosophique de l'impôt à je ne sais quelles inductions tirées de la personne qui paye ou du but politique qu'il poursuit en le cachant, viendra me demander la moitié d'un centime de plus que mon avoir ou mon commerce ne doit, le droit de propriété se trouve remis en question et la possession elle-même entamée et compromise; tout ce qui, dans l'échelle de l'impôt progressif, dépasse la contribution afférente à l'impôt proportionnel est une amende infligée au possesseur dans le but d'atteindre et de dissoudre la richesse entre ses mains; par une singulière anomalie, la même valeur immobilière qui payait hier un vingtième payera demain le dixième, l'année prochaine le quart ou le tiers du revenu ; n'est-ce pas un commencement du partage des biens, une confiscation déguisée, le premier pas dans le communisme qu'on rougit d'avouer et dont on a encore la pudeur de se défendre ?

Il ne reste pas même à ce système la ressource de se rejeter sur le sentiment et la déclamation. Vous vous plaignez de ce que le riche ne paye pas plus que le pauvre, proportion gardée ; mais vous êtes dans l'erreur, l'impôt n'est pas perçu seulement sous la forme inflexible d'un chiffre mathématique ; nous allons voir bientôt de quelles précautions adroites il a été enveloppé dans la consommation ; sans porter atteinte à sa liberté, on a provoqué le riche à dépasser sa quote-part ; l'augmentation volontaire de sa contribution, à laquelle il est invité mais non contraint par les impôts indirects, devient une des conditions de son luxe et une des charges de sa fortune.

La morale ne se contente pas de justifier le principe et de déterminer la nature de l'impôt, elle aide encore l'économie à en faire l'application et à en trouver l'assiette; ce n'est point assez que le gouvernement reçoive la somme dont il a besoin, il faut qu'il en répartisse la charge avec la rigoureuse équité que commande le droit égal de chaque citoyen, et en même temps avec cette prévoyance éclairée qui plie ses mesures financières aux grands intérêts de la société.

Chaque espèce d'impôt s'adresse plus particulièrement à la production, à l'échange ou à la consommation; cherchons dans quelle mesure chacun d'eux répond aux deux conditions morales qui dominent cette matière, l'équité à l'égard de l'individu et l'intérêt économique de la société.

II

IMPOTS RELATIFS A LA PRODUCTION.

L'impôt qui s'adresse à la production porte principalement sur la production agricole et par conséquent sur la propriété foncière.

Nous examinerons l'impôt foncier :

1° Au point de vue historique, — causes qui l'ont rendu excessif;

2° Au point de vue moral, — légitimité de son principe, injustice de ses dispositions ;

3° Au point de vue économique, — ses conséquences, leur portée, leur danger.

§ 1er. — L'impôt foncier au point de vue historique.

L'opinion publique compare de nos jours l'impôt foncier avec les autres sources de revenus et n'hésite pas à le déclarer excessif.

Cependant si, l'histoire à la main, on remonte dans le passé, on trouve que d'âge en âge, à mesure que nous nous éloignons des temps contemporains, la charge va en augmentant jusqu'à l'époque où le travail du sol porte à lui seul le fardeau de toutes les redevances et tient lieu de tous les autres impôts.

On se souvient, en effet, qu'à l'origine on ne trouve plus que l'exploitation avouée du serf ou de l'esclave par le conquérant ou le despote, que la terre et la personne appartiennent au maître et que l'impôt alors c'est la totalité du revenu ou peu s'en faut. Nous avons beau franchir les siècles et passer par le progrès des civilisations, il ne faut pas croire qu'en dépit des lumières et de la liberté la pratique ne garde rien de ces longs usages ; il s'est transmis comme un ressouvenir des temps passés aux temps modernes ; on ne cesse pas de considérer l'impôt plutôt comme une charge que comme un sacrifice utile auquel le contribuable qui le paye doit tenir autant que le gouvernement qui le reçoit ; on ne cesse pas de garder à son insu quelque chose de ce préjugé qui tient les cultivateurs pour une classe inférieure appelée au besoin à souffrir un peu pour les autres. *Ce sont,* a dit Montesquieu, *les mœurs qui font les lois*, et il faut entendre par là non pas seulement cet ensemble d'idées arrêtées que chaque conscience s'avoue, mais aussi ces espèces d'instincts, ces répugnances ou ces sympathies qu'on subit sans les apercevoir. Évidemment il y a eu, dans les traditions dont le législateur écoutait l'influence et suivait l'entraînement, des préjugés accrédités et considérables qui, même en face des progrès modernes et de l'égalité civile, ont maintenu la condition de la propriété agricole dans une sorte d'infériorité à la fois morale et économique.

Une école célèbre, à l'époque où l'économie politique balbutiait ses premiers essais alors acceptés comme des oracles, l'école des physiocrates, est venue à son tour consolider la théorie de cet impôt. Soutenir comme elle le faisait, non pas seulement que la richesse territoriale est le type, et la production agricole le point de départ de toute propriété et de toute richesse, mais aller jusqu'à prétendre que toutes les autres formes de l'activité humaine se réduisent presque à une agitation sans but, et qu'elles aboutissent plutôt à multiplier les images que le capital de la fortune publique, c'est appeler et concentrer en quelque sorte les rigueurs financières du législateur sur le seul vrai fonds dont, suivant leur dire, dispose en effet la société. Les doctrines de cette école devenues populaires, il était impossible qu'il n'en ressortît pas une apologie indirecte de l'impôt foncier; les idées devaient suivre cette pente logique que là où est la seule véritable richesse, là aussi doit être la véritable source des revenus publics.

La prédilection des gouvernements pour l'impôt

foncier peut encore s'expliquer par une dernière cause, et ce n'est pas la moins décisive. L'échange comme la consommation, les valeurs sous leurs formes financières ou industrielles, sont si mobiles et si alertes qu'elles échappent par une fuite presque insaisissable au recensement et à l'évaluation du collecteur; elles se dérobent avec tant d'adresse, je pourrais dire avec tant d'esprit, que les recettes n'y trouvent souvent qu'avec peine et à grand renfort de moyennes statistiques une base un peu solide et un peu fixe; la terre, au contraire, est toujours là, elle s'étend sous le regard du passant et raconte à tous les yeux la fortune de son propriétaire; il n'est donc pas bien étonnant que les gouvernements aient cédé les uns après les autres aux facilités de la tentation et que, dans les temps ordinaires aussi bien que dans les crises publiques, ils soient venus demander aux détenteurs du sol l'avance de l'impôt, à la charge par eux de se le faire rembourser sous une autre forme par leurs concitoyens.

§ 2. — L'impôt foncier au point de vue moral.

Si nous considérons l'impôt foncier au point de vue moral, nous vérifierons aisément la légitimité de son existence et l'arbitraire de son extension. Si l'impôt se fonde sur un service demandé, rendu et accepté, il est trop évident que le propriétaire du sol, pas plus qu'un autre, ne saurait se passer de la protection des pouvoirs publics. On nous cite ce roi de Perse qui, au témoignage d'Hérodote, faisait suspendre aux branches des palmiers des bracelets d'or, pour attester au voyageur la probité de ses sujets ; d'un bout à l'autre de nos chemins se trouvent suspendues ou étalées, à droite et à gauche du passant, de véritables richesses qu'il suffit d'étendre la main pour saisir ; et d'un bout à l'autre de la France le cultivateur vient recueillir en paix sa moisson ; il retrouve le fruit sur le rameau, le blé dans le sillon, la grappe sous la feuille : voilà ce que la propriété foncière doit de sécurité à la paix et à la moralité publique ; voilà pourquoi l'impôt est autorisé à lui demander sa part dans les charges comme elle recueille sa part dans les bienfaits.

Mais le législateur a été plus loin, il a pris à la fois un autre principe et une autre base d'évaluation. Je reproduis son raisonnement, pour en faire ressortir la séduction et l'impuissance ; il s'est dit : « La loi est en droit de supposer la production. Ce « qu'il faut imposer, ce n'est point seulement la « terre, c'est la moisson que chaque automne mûrit « et que chaque printemps renouvelle ; voilà le vrai « capital sur lequel vit la société, peu importe donc « que la loi soit rigoureuse pour le producteur, ce « n'est pas lui seulement qu'elle atteint, c'est encore

« l'intermédiaire qui trafique et l'acheteur qui con-
« somme ; l'impôt, en effet, entre dans le prix de
« revient sur lequel se calcule le bénéfice, l'agricul-
« teur établit les prétentions de la vente sur cet élé-
« ment comme sur tous les autres ; le marchand de
« blé le rembourse de son avance, et le consomma-
« teur retrouve cette cause d'enchérissement chez le
« boulanger où il va prendre son pain. Du paysan
« au marchand, du marchand à l'acheteur en détail,
« l'impôt se transmet de main en main, et comme
« il arrive par la loi même de la vente et de l'a-
« chat, se répartit naturellement dans la proportion
« même où se répartit le bénéfice ; le jeu naturel
« des fonctions sociales lui ôte donc jusqu'à l'appa-
« rence d'un privilége pour les uns, et d'une oppres-
« sion pour les autres. »

Sans nier de prime abord les faits qu'on allègue, il est permis d'examiner jusqu'à quel point il est juste que l'agriculteur fasse l'avance de l'impôt ou d'une notable partie de l'impôt, jusqu'à quel point il est en mesure de se faire rembourser et si la rentrée de l'avance et la répartition de l'impôt s'accomplissent en effet d'elles-mêmes.

On sait ce qu'était la perception des taxes impériales avec le régime des curiales romains ; on sait que les Turcs rendent quelques familles d'un douar responsables de la totalité du tribut, sauf à elles à retrouver en détail ce qu'elles ont commencé par débourser tout d'un coup. Je regrette d'avoir à le dire, mais il y a dans l'exagération de l'impôt foncier quelque chose d'analogue aux procédés écrasants de la fiscalité romaine, de semblable au régime sommaire de la justice turque. De quel droit le gouvernement réclamerait-il au cultivateur seul la totalité de l'impôt? De votre propre aveu, cet impôt doit se partager entre l'échangiste et le consommateur, détenteurs successifs de la même richesse, obligés d'attendre l'un comme l'autre du pouvoir, le premier la sécurité des transports et des transactions, le second la paix et la liberté de la vente au détail, services publics qui demandent aussi un salaire. Pourquoi faut-il que le paysan paye pour eux, sauf à attendre, avec la rémunération légitime de son travail, le remboursement de ses avances? On voit d'ici quelles sont pour le producteur les conséquences désastreuses d'un dépôt ainsi entendu et distribué; le prix de vente se complique inopportunément. La rentrée d'une avance faite par celui qui ne la doit pas est soumise à toutes les chances de perte ou de gain que peut entraîner la rareté ou l'abondance de la marchandise; il n'est pas besoin que la récolte périsse et que le champ soit dévasté pour que la charge de l'impôt soit trop lourde et qu'elle excède la part légitime des contributions dues par le sol, il suffit de l'incertitude du remboursement et de la certitude de l'avance; c'est l'agriculteur qui, à ses risques et périls, assure le trésor contre les non-valeurs et les passe à son compte de profits et pertes.

§ 3. — L'impôt foncier au point de vue économique.

La conséquence économique de cette exagération regrettable en matière d'impôts, se traduit par les plaintes qu'on entend retentir de tous côtés ; qui n'a parlé comme les autres des charges de l'agriculture, qui ne songe à les alléger, à provoquer ses efforts, à encourager ses tentatives? C'est assurément une intention excellente que celle d'appliquer enfin à l'amélioration agricole quelque chose de cette fécondité, de cette ardeur, de ce génie scientifique dont la richesse industrielle de la France a multiplié les preuves ; mais le mal vient de plus loin ; ce qu'il faut changer, ce n'est point le rapport du capital et du revenu en matière de rendement agricole, mais, au point de vue de l'impôt, le rapport de la contribution payée par le sol avec les taxes demandées aux autres formes du travail et aux autres sources des revenus. Si l'on ne se décide à mettre une main résolue sur des capitaux mal à propos affranchis de toute redevance, la propriété territoriale ne se relèvera pas de la défaveur contre laquelle elle lutte, et cependant cette défaveur compromet sérieusement l'équilibre économique de la production.

Au reste, on se garde bien d'appliquer à la production manufacturière la rigueur des mêmes raisonnements. Y a-t-il quelque proportion entre l'impôt d'un vaste domaine rural et la patente du fabricant? Cependant ne pourrait-on pas soutenir, pour lui comme pour l'agriculteur, que si les prétentions du fisc enchérissent le prix de revient, il restera toujours au manufacturier la ressource d'élever le prix de la vente et de demander le remboursement de ses avances au consommateur ou au détaillant? On sait fort bien répondre ici que le bénéfice est incertain, l'écoulement des produits mal assuré, l'encombrement toujours possible et par conséquent toujours à craindre, et qu'il ne serait pas équitable, sous prétexte d'escompter des profits aussi aléatoires, d'aggraver ainsi la situation du fabricant, d'une part en lui demandant une avance qu'il lui faudrait faire sur son propre capital, et d'autre part en augmentant les difficultés de la vente par la nécessité d'élever les prix.

Notre conclusion est simple : en matière d'impôts, c'est un principe dangereux dans ses applications et injustifiable dans sa teneur, que de vouloir atteindre à la fois le trafic et la consommation dans la personne du producteur ; cette prétention, incompatible avec la justice, démentie par la pratique, ne fait que ralentir et décourager la production, détourner le cours naturel des capitaux et porter à la consommation elle-même, dont elle tarit peu à peu les sources, un préjudice considérable et permanent.

III

IMPOTS RELATIFS A L'ÉCHANGE.

L'impôt n'atteint pas seulement le sol entre les mains du possesseur, mais encore lorsqu'il change de maître; la vente et la livraison de la propriété sont entourées de formalités innombrables dont l'effet civil est sans doute de multiplier les garanties qui entourent ce mode solennel de possession, mais dont la conséquence finale est de lui imposer un redoublement de charges. Il faut croire que les anciennes formalités féodales qui accompagnaient l'investiture et donnaient à un contrat civil la grandeur solennelle d'un acte politique, n'ont point été sans influence sur les prescriptions de la loi; il faut croire que l'ancien usage d'un don au suzerain, dans le cas de la transmission du fief au fils ou au parent du premier possesseur, est pour beaucoup dans l'élévation des droits perçus par le fisc et par les officiers civils, dans cette lourde aggravation de charges qui retient en quelque sorte la propriété foncière entre les mains du possesseur. Si l'impôt garantit ainsi la stabilité des fortunes territoriales, il abaisse singulièrement le prix vénal du sol; l'acquéreur n'achète la disposition du domaine que sous le régime des entraves hypothécaires et les réserves du Code civil ; il n'a donc qu'une disposition imparfaite de son bien ; en outre, il ne peut rendre authentique la vente comme l'achat qu'au prix de redevances si considérables qu'elles rendent réellement impraticable la fréquence des mutations et portent une atteinte sérieuse à la libre disposition du capital.

Le régime des impôts, qui s'adressent à l'échange proprement dit, n'a point les mêmes antécédents historiques ; et de même que notre civilisation a gardé l'empreinte des anciennes dispositions féodales qui réglaient la tenure et l'imposition du sol, de même le commerce et l'usage des valeurs se ressentent des immunités qui ont protégé leur berceau : l'industrie est de formation moderne. Il faut en dire autant des échanges et du commerce proprement dit ; les marchands et trafiquants n'étaient plus les serfs de la glèbe agenouillés à l'ombre du donjon et justiciables de la pendaison seigneuriale ; c'étaient des oiseaux de passage qui ne s'aventuraient qu'à bon escient et qui savaient au besoin prendre à droite ou à gauche pour éviter le filet tendu devant eux, il fallait donc leur faire bon accueil et prévenance sous peine de se passer d'eux ; en outre, la plupart de leurs produits s'adressaient à la consommation du châtelain ; le castel était plus marri de leur absence que la chaumière ; de là ces champs de franchise ouverts aux foires et aux marchés par les seigneurs les plus jaloux de leurs priviléges ; de là le soin avec lequel toute redevance et tout péage sont soigneusement justifiés par les chartes d'imposition, afin que cette population de riches trafiquants, si habile, inquiète et jalouse, ne conçût point d'ombrage et comprît la justice de mettre la main à son escarcelle ; ici, un pont à édifier ; là, un bac à servir ; là, une route à réparer ; et pour le pont, pour le bateau, pour le chemin, on réclame du passant une modique redevance, loyer équitable du service rendu. C'est donc sous cette forme nouvelle et au nom de ce principe, lequel est le véritable et l'unique fondement de l'impôt, que les transports et les trafics furent dûment soumis à la taxe, et la modération de nos tarifs modernes n'est, en cette matière, que la continuation des usages féodaux.

Les impôts sur les moyens et sur les voies de la circulation, lesquels sont payés en fait par l'entrepreneur du transport se répartissent immédiatement entre lui, le vendeur et l'acheteur ; on ne rencontre plus ici cette incertitude qui pèse sur la vente de la marchandise et sur le remboursement des avances lorsque le premier producteur vient tenter les chances du marché avec la défaveur d'avoir à exiger une plus-value pour se couvrir. Le destinataire a acheté, le vendeur expédie, le commissionnaire transporte ; les frais qui s'ajoutent dans l'intérêt du trésor aux déboursés rigoureux de l'expédition rendent la marchandise tout à la fois et simultanément plus chère pour le destinataire, moins avantageuse pour le producteur, moins lucrative à transporter pour le commissionnaire; la répartition de l'impôt s'opère donc d'elle-même; c'est la marchandise qui est atteinte directement; il ne faudrait pas croire, comme l'écrivait l'année dernière un pacha de Syrie à la chambre de commerce de Marseille, « que, pour se « conformer aux généreuses intentions du Sultan et « ne point grever la marchandise de frais à l'in- « térieur, une fois la taxe d'entrée acquittée entre « les mains de la douane, il se contenterait d'impo- « ser les chameaux et les mulets destinés à la trans- « porter. » Le pacha en question n'a pas voulu reconnaître encore que c'est la marchandise elle-même qui, dans son système, paye derechef le second impôt.

L'impôt sur la circulation a si bien pris dès son origine le caractère d'une rémunération effective, qu'il y a des pays où l'administration de ce revenu forme une branche distincte dans l'économie des services publics; la totalité de ces recettes, déduit le tant pour cent des frais de gestion, est affectée exclusivement aux ponts et chaussées; cette organisation vicieuse de l'impôt, qui, en bonne règle, doit être totalisé et balancé par l'universalité des recettes et des dépenses, n'en est pas moins une preuve vivante des traditions équitables qui ont présidé à la création et au maintien des taxes sur le transport.

Mais la circulation n'est pas seulement un fait matériel, on sait par quels moyens ingénieux elle opère et sous quelles formes complexes elle se réalise dans l'échange et le commerce des valeurs ; cet ensemble d'actes constitue, à vrai dire, tout un monde d'opérations commerciales auxquelles l'impôt a le droit de s'adresser aussi, et à qui s'applique dans toute sa force et dans toute son étendue l'incontestable principe de la rémunération du service rendu.

Ce que le droit réclame, les faits ne le voient qu'imparfaitement s'accomplir, et ici encore il convient de regarder dans le passé pour y trouver la raison d'être traditionnelle du présent. On sait combien la lettre de change est moderne, dans quel cercle étroit elle fut d'abord employée, et comment elle était plutôt une habitude particulière aux trafiquants juifs et lombards qu'un moyen financier universellement connu et pratiqué. Le mécanisme des comptes courants et des banques ne s'établit que peu à peu et lentement ; le crédit ne pouvait naître que tard, avec la pauvreté relative et l'organisation imparfaite des sociétés du moyen âge ; enfin, c'est de notre temps seulement que nous avons vu jeter sur tous les marchés cette masse de valeurs qui, abstraction faite de leurs inconvénients et de leurs périls, mettent à la disposition des entreprises un moyen d'action commode et tout-puissant. Bien que ce commerce ait aussi ses gains à côté de ses hasards et que de nos jours surtout il ne maltraite point ceux qui s'y livrent, le législateur s'est montré pour le financier d'une libéralité déconcertante ; s'il y a une exception à l'affranchissement universel des valeurs, elle sera encore contre le producteur, mais non pas contre le banquier. Le timbre des effets de commerce, cette prime payée au gouvernement, est nécessairement retranchée au prix de vente ou ajoutée au prix d'achat ; mais comme le débours a lieu au moment même de la création du titre, cet impôt ne se ressent point dans la circulation intermédiaire qui sépare l'émission du retour ; ce n'est point une taxe qui se distribue entre les détenteurs successifs, et elle n'affecte aucunement l'escompte.

Cette faveur de la législation et cette immunité presque entière du commerce des valeurs s'explique donc par des antécédents historiques : par l'apparition récente de ce grand fait économique, par la nature toute privée de ces opérations à leur origine, par les services évidents que l'établissement et la généralisation du crédit ont rendus à la production et au commerce proprement dit. Ce qu'un intérêt public a pu établir ou excuser, un intérêt public devrait aujourd'hui le faire abolir ou tout au moins modifier profondément.

N'est-il pas évident, en effet, que le commerce des valeurs est de nos jours une industrie constituée, florissante, lucrative. Il y a des boulevards de Paris qui ont vu s'accomplir des métamorphoses étranges dans l'espace d'un petit nombre d'années, où la même voix qui se fatiguait à crier sa chétive marchandise fait manœuvrer à la sortie de l'Opéra une petite armée de laquais ; ce sont là les coups du commerce des valeurs. Si le crédit est un instrument de vie, c'est aussi un instrument de mort ; la complaisance avec laquelle il caresse les entreprises chimériques, la facilité dont il arme le spéculateur de mauvaise foi contre la bonhomie de la dupe, les habitudes de jeu et de luxe qu'il répand et nourrit, le goût du travail sérieux qu'il affaiblit et jusqu'au sentiment de la responsabilité et au mérite de l'initiative personnelle qu'il supprime, tous ces inconvénients [1] mis en regard de ses services font assez voir qu'il n'y a nul motif de l'encourager exceptionnellement et de lui continuer des priviléges exorbitants, injustes et dangereux.

C'est en vertu de ces priviléges qu'un homme peut concentrer toute sa fortune dans un portefeuille et la soustraire ainsi, par cette commode transformation, à toute atteinte du fisc ; on connaît

[1] Voir plus haut, le passage sur les sociétés et les valeurs industrielles.

à Paris les vastes fortunes qui se gèrent par des remplois successifs de valeur, sans que jamais le collecteur d'impôts ait rien à démêler avec les millions qui vont en se multipliant ; il ne faut pas dire que ces placements sont moins sûrs et que leur immunité de toutes charges n'est qu'un moyen efficace pour les engager dans les opérations de crédit ; il suffit de parcourir les primes qui se cotent dans toutes les Bourses au profit je ne dirai pas des entreprises de génie ou des découvertes miraculeuses, mais seulement des exploitations raisonnables, paisibles et honnêtement conduites, pour reconnaître la parfaite suffisance de l'appât. Les politiques vous diront, avec juste raison, qu'en présence de la fièvre du gain aléatoire, toute la préoccupation du législateur doit être de détourner les capitaux de cette voie et non plus de les y appeler.

L'impôt des valeurs, sous quelque forme qu'elles se présentent, est donc à la fois un acte de justice qu'on ne peut contester en droit, un acte de sage politique dont il serait difficile de mettre en doute l'opportunité, enfin un acte de haute moralité eu égard à l'énormité de nos tendances actuelles.

Je veux dire un mot de cet impôt que l'économie et la morale me paraissent réclamer de concert [1] ; je

[1] La loi qui crée un impôt sur les valeurs industrielles est postérieure à l'époque où j'écrivais ce qui va suivre; je la regarde comme un effort moral digne d'éloges, et j'attends plus du

serai bref. L'échange immobilier doit être soumis, en principe, au même impôt que la transmission civile de la propriété foncière. Les propriétaires savent ce que coûtent, tous frais payés, l'achat ou la vente d'un immeuble ; je ne voudrais pas tomber dans un excès regrettable qui tuerait d'emblée toutes les opérations de Bourse sans exception ; mais qu'il s'agisse d'un titre de rente ou d'une action industrielle, n'est-il pas vrai que l'intérêt bien entendu du gouvernement comme de l'entreprise est d'arriver au plus vite possible à ce que l'on appelle, dans le langage financier, *le classement des valeurs*, c'est-à-dire leur distribution sérieuse et solide entre les mains de détenteurs capitalistes qui y trouvent un placement définitif ou tout au moins durable. Tant que le classement n'est point opéré, les valeurs indécises et ballottées sont la joie des spéculateurs, la pâture des habiles et l'amorce des maladroits ; on attire aux achats par l'élévation factice des cours et on précipite la vente par une perspective de baisse artistement ménagée. Sans doute il est de l'intérêt des compagnies comme de l'État que des valeurs considérables jetées par grandes masses sur le marché trouvent des preneurs pour de fortes sommes et qu'il y ait un placement provisoire pour arriver

principe qu'elle atteste que des dispositions auxquelles elle se réduit.

plus commodément et dans de meilleures conditions à un classement définitif, tout comme dans le commerce le marchand en gros se place entre celui qui fabrique et celui qui détaille ; l'impôt sur l'échange des valeurs aurait pour but de rendre l'échange non pas impraticable, mais sérieux et moral ; il n'y aurait plus de titres au porteur ; la possession serait personnelle et l'État percevrait un droit à chaque transfert : dans ce système, le premier détenteur ne paye rien lorsqu'il achète, il est donc favorisé et c'est déjà une prime offerte au capitaliste sérieux qui cherche un placement et qui s'inscrit pour garder ; la puissance des petits capitaux est un fait tout moderne dont il convient de tenir compte et qu'il est essentiel d'encourager : que si un chiffre élevé de valeurs est encore destiné à traverser les maisons de banque pour attendre l'opportunité des achats en détail, si le cas d'une vente doit toujours être prévu et à la longue se réaliser toujours, un droit sur cette vente, semblable au courtage de l'agent de change, serait bien léger pour les transactions sérieuses en même temps qu'il serait bien lourd pour les opérations purement fictives : ce qui fait le danger et le scandale de la Bourse, ce n'est pas le jeu naturel de la hausse et de la baisse, inévitables toutes les fois que l'offre et la demande seront mises en présence sur un terrain commun ; ce sont les opérations en dehors de toute réalité, les ventes qui se multiplient à l'infini, les marchés que la même heure voit conclure, défaire et recommencer vingt fois ; c'est l'entraînement des paroles, l'habileté des bruits, la précision et l'entente des manœuvres financières substituées à la réalité ; l'intérêt des primes remplaçant celui des dividendes, l'amoindrissement du travail sur lequel repose la quotité des revenus réels. L'impôt aurait pour effet d'arrêter cette multiplicité de ventes et de reventes ; le bénéfice des charges d'agents de change nous apprend le revenu de leur imperceptible commission ; évaluez d'après ces chiffres les recettes de l'État même avec une taxe modérée. Dans un autre ordre d'idées, y aurait-il exagération à prévoir la diminution du nombre des crimes dans une certaine classe de la société comme effet moral de cette réforme?

IV

IMPOTS RELATIFS A LA CONSOMMATION ET A L'EMPLOI DU REVENU.

Lorsque la marchandise circule, elle se trouve à l'entrée ou à la sortie du royaume, à la porte d'une ville frappée d'un droit d'octroi ou de douane établi au profit de l'État ou de la cité et qui constitue un impôt. Cet impôt, sauf des cas très-rares que le législateur s'est efforcé de prévoir et d'atténuer, atteint directemeut le consommateur. La vente ayant lieu par un intermédiaire et non par le producteur, les prix n'ont point cette élasticité et cette incertitude qui soumet le propriétaire foncier à tant de hasards et souvent le constitue en perte, bien loin de lui procurer un bénéfice ; ici la surtaxe de l'impôt s'ajoute ostensiblement au prix d'achat, et le remboursement intégral a lieu entre les mains du vendeur sans compromettre ou affecter en rien son bénéfice ; c'est bien encore de sa part une avance de fonds, mais une avance de fonds qu'il fait sur un capital d'échange et non sur une récolte aléatoire, une avance de fonds qu'il ne porte pas au compte des frais généraux, mais qui constitue en quelque sorte une balance distincte, et dont le consommateur ne conteste ni le chiffre ni le remboursement.

Le régime des douanes et le régime des octrois se fondent sur le même principe, un sacrifice demandé au consommateur dans l'intérêt public, une prime ajoutée au prix d'achat. Chacun sait ce que la livre de viande coûte de moins hors de la barrière et combien se paye le droit de boire un litre de vin à l'intérieur de la ligne d'octroi. Ce principe est simple et parfaitement défini ; c'est le principe même de toute espèce d'impôt, un sacrifice prévu, consenti, accepté; cet impôt présente même cet avantage particulier, que le contribuable payant en raison de ce qu'il consomme, les charges sont variables et dans une relation parfaitement logique avec le revenu. Celui qui a maison sur pied et qui ne plaint pas la dépense peut récapituler au bout de l'année le contingent qu'il a fourni à la caisse municipale; l'ouvrière en chambre, qui se nourrit de pain et d'eau, de lait et de salade, s'en est trouvée tout naturellement affranchie.

La même chose devrait se passer en ce qui concerne la taxe d'entrée à la frontière; au fond cependant rien ne ressemble moins à l'impôt de l'octroi que l'impôt des douanes; c'est encore la question du libre échange, sur laquelle je me vois forcé de revenir. Que peut-on voir, par exemple, de plus irrationnel en matière d'impôts que les prohibitions? A un point de vue très-élevé, quelle atteinte plus directe et plus injustifiable peut-on porter à la liberté du citoyen en même temps qu'à la richesse des revenus? Je comprends la prohibition des armes de guerre ou de certaines substances toxiques; je comprends jusqu'à un certain point la prohibition des marchandises monopolisées par l'État; mais la prohibition d'un tissu, d'une poterie, d'une paire de ciseaux! et une prohibition comme on la trouve dans des lois qui théoriquement ne sont point encore abrogées, sous peine de mort ou de vingt ans de travaux forcés! L'odieux, il faut oser le dire, le dispute ici au ridicule. Élevez la prime tant que vous voudrez, jetez-vous dans des chiffres exorbitants; mais s'il me plaît à moi de faire un sacrifice monstrueux pour me procurer le plaisir d'afficher le luxe d'une étoffe anglaise, de quoi avez-vous peur, et pourquoi vous plaignez-vous? L'intérêt de l'État comme des particuliers n'est-il pas amplement sauvegardé, et le haut prix d'une consommation réduite à ces conditions draconiennes n'est-il pas une garantie suffisante pour les industries que vous exercez vous-même, et dont vous vous faites les champions si passionnés?

Aussi même, en cas de monopole, je ne vois pas pourquoi l'État refuserait absolument à la consommation un produit étranger; s'il fixe à l'entrée d'un cigare exotique un droit d'importation de beaucoup supérieur au bénéfice qu'il peut attendre d'un cigare analogue fabriqué et vendu par ses agents, la prohibition est à la fois une absurdité et une maladresse.

Mais laissons là le chapitre des prohibitions; aussi bien les taxes d'importation semblent-elles calculées bien moins au profit du Trésor qu'au profit du travail indigène contre le bon marché du produit étranger, ou, pour parler plus nettement, contre le consommateur, au profit de l'industriel? Celui-ci, en effet, fabrique dans des conditions onéreuses un produit inférieur, et quoiqu'il lui revienne plus qu'il ne vaut, il le vend, grâce à la protection, plus cher qu'il ne lui revient; qui paye la différence, sinon le consommateur? Et comme l'effet de cette surélévation des droits à l'importation est la diminution proportionnelle des quantités qui entrent, les revenus de l'État s'abaissent d'autant.

La conséquence extrême de cet état de choses, et en quelque sorte son absurdité idéale, serait donc des droits d'importation énormes établis sur le papier contre une marchandise qui ne viendrait jamais, et, à l'abri de cette tyrannie, le consommateur réduit à mesurer ses besoins sur les caprices omnipotents de la production.

C'est ainsi que se trahissent au premier examen les défectuosités et les injustices de notre système douanier, impôt de consommation il est vrai, mais impôt irrationnel qui, à l'ombre de l'autorité de l'État, se perçoit de citoyen à citoyen, et, au lieu de l'élargir, tarit la source des revenus. Les libre-échangistes ont été trop loin dans leurs raisonnements; mais leurs adversaires n'avaient-ils pas été plus loin qu'eux, non plus par le raisonnement, mais dans les faits?

V

IMPOTS RELATIFS A LA CONSOMMATION

Les impôts sur la consommation comprennent :

1° Les revenus indirects, fondés sur la constitution des monopoles : les tabacs, les poudres, les postes, les télégraphes, etc. ;

2° Les impôts définis, portant sur des consommations réelles : le vin, la viande, le sel, etc. ;

3° Les impôts estimatifs, évalués d'après une consommation possible et fondés sur une estimation de la position personnelle : la cote mobilière et les impôts sur le revenu.

La théorie économique de chacune de ces trois espèces d'impôts repose sur des considérations morales différentes.

§ 1er. — Revenus indirects fondés sur la constitution des monopoles.

Le monopole est la confiscation d'une propriété ou d'une industrie au profit de l'État, qui tantôt ne jouit ou l'exploite directement, tantôt en vend à son profit l'exploitation ou la jouissance.

Il y a deux sortes de monopoles bien distincts :

Les monopoles de spéculation ;

Les monopoles d'intérêt public.

Il suffit presque de ces noms pour nous faire estimer leur moralité, et d'après ce jugement provoquer leur condamnation ou justifier leur existence. Le monopole de spéculation n'est qu'une confiscation pure et simple ; c'est l'économie politique du despotisme ; les calculs sous lesquels se déguise ainsi la spoliation ouverte supposent déjà quelques lumières dans un gouvernement qui sait le pratiquer à propos ; il est d'un constant usage en Orient, où l'arbitraire des pachas l'applique tour à tour à toute espèce de production. Indépendamment du monopole des poudres et du salpêtre, qui peut invoquer en sa faveur la raison d'intérêt public et se rattacher à la seconde catégorie, notre civilisation n'offre guère d'autres traces de cette espèce d'impôts que le monopole des tabacs et des cartes à jouer. Ce monopole, invariable dans ses prix et dont tous les profits sont administrativement réglés, peut être toléré au point de vue moral vu la nature des consommations qu'il atteint ; mais, au point de vue économique, il n'est point dans le rôle ni dans l'intérêt de l'État de se substituer aux efforts des particuliers là où ces derniers peuvent faire mieux et moins chèrement. On sait que le régime des monopoles entraîne des frais de recouvrement très-élevés, quelquefois exorbitants, toujours sans proportion avec les frais des autres espèces de perceptions; il n'est pas de compagnie industrielle prenant à son compte une entreprise du gouvernement, entre les mains de laquelle les frais d'exploitation ne diminuent et le chiffre des recettes ne s'élève. Il appartient donc à l'État d'examiner si, par exemple, il n'est pas dans son intérêt bien entendu, malgré les expériences déjà faites et abandonnées, de rendre à l'industrie privée la manipulation des tabacs comme il lui en laisse la culture, comme il laisse entre les mains de l'ouvrier la confection des cartes. L'impôt des cartes me paraît le vrai type des impôts de spéculation rationnels; il conserve au gouvernement le bénéfice, et laisse aux particuliers la concurrence et le travail.

Cette difficulté que trouve l'État à exercer par lui-même une industrie, doit le rendre très-réservé pour certains monopoles qui, suivant le point de vue où l'on se place, peuvent être pris tour à tour pour des opérations fiscales ou pour des services publics. Je citerai pour exemple la construction et l'exploitation des voies ferrées : on connaît à cet égard le régime des principaux États civilisés : on peut comparer les systèmes anglais et américains, leur liberté d'action presque illimitée, liberté dont usent et abusent les compagnies ; le système français avec ses combinaisons mixtes, ses inspecteurs, ses règlements d'administration publique ; le régime belge avec ses lenteurs dans l'exploitation et son insuffisance de revenus ; enfin, la récente métamorphose de l'administration autrichienne et l'aliénation réfléchie des droits impériaux entre les mains d'une puissante compagnie. Il convient ici à l'économie d'être circonspecte dans ses allégations ; un monopole peut être indispensable dans une société peu avancée, lequel deviendrait une oppression et une tyrannie dans une civilisation capable d'y suppléer ; souvent il y a urgence à demander au pouvoir ce que le découragement, l'inertie ou les préventions publiques ne permettent ni d'entreprendre raisonnablement, ni de poursuivre avec fruit ; le monopole, sous cette forme, n'est qu'une expérience coûteuse tentée par l'État dans l'intérêt de tous ; la présomption fondée d'une perte le justifie contre le reproche de ravir un bénéfice à l'activité des individus, et si la liquidation est à son profit, son premier besoin et son premier devoir doivent être d'abandonner aux citoyens le profit de son exemple et la liberté de l'imitation.

Parmi les raisons qui rendent improductifs les monopoles de spéculation, il en est une sur laquelle il convient d'insister d'une manière toute particulière quand on parle de morale. Malgré les précautions de la comptabilité, la multiplicité des inspecteurs, la rigueur de la surveillance, il est impossible de ne pas reconnaître combien l'État est impuissant à exécuter avec économie et à payer son juste prix ce qu'il achète. Mais il faut aller plus loin et avouer, quoi qu'il en coûte, que des traditions regrettables, des préjugés criminels tendent à excuser où à amoindrir un détournement ou une indélicatesse dans le maniement des fonds publics. Je ne parle pas, bien entendu, du comptable qui mettrait dans sa poche les deniers de l'État, mais de ces mille infidélités de tout genre si légères et si inoffensives en apparence et qui n'en constituent pas moins pour le Trésor une perte sèche appréciable en chiffres et multipliée à chaque instant par le grand nombre des opérations. Je me souviens d'un receveur à cheveux blancs qui recommandait à la bienveillance de son ami un commis infidèle et croyait pouvoir garantir sa probité sous ce prétexte mensonger qu'employé chez lui aux recettes il n'avait volé que l'État. « *Voler l'État*, ajoutait-il avec une bonhomie parfaite, *personne n'ignore que c'est le crime d'un fils qui vole son père.* » Sans doute un pareil argument aurait peu de succès auprès de MM. les procureurs impériaux ; mais c'est aux cours d'assises précisément, et en général partout où l'on peut mesurer la vindicte ou l'estime publique qu'apparaissent le plus clairement ces dangereux instincts ; on distingue trop complaisamment entre l'atteinte portée au bien privé pour laquelle on continue à être impitoyable, et le dommage fait au domaine public auquel on trouve si complaisamment des excuses. Il ne faudrait point voir dans ces erreurs seulement une corruption ou un affaiblissement de la moralité publique, c'est bien plutôt le ressouvenir de l'époque où La Fontaine écrivait sans conteste son aphorisme naïf :

> Notre ennemi c'est notre maître,
> Je vous le dis en bon français,

où le peuple n'est qu'une matière au caprice des rois :

> Quidquid delirant reges, plectuntur Achivi :

Le ressentiment profond de cette haine vivace égare encore nos contemporains ; il leur semble toujours que la force publique lutte au profit du bon plaisir et que la fraude privée se débat contre une injustice. Voilà la cause première et cachée qui rend si infructueuse, au point de vue économique, toute exploitation même commandée par une nécessité ou conseillée par un grand intérêt social.

Il y a des monopoles qui impliquent un certain exercice de la puissance publique et qui ne pourraient être abandonnés à la liberté sans qu'il en résultât des dommages ou des dangers ; je citerai comme exemples la fabrication et la vente des poudres, les postes, les télégraphes. Qu'on jette les yeux sur les plaintes si nombreuses et si vives qui s'entassent dans les papiers du parlement anglais, plaintes qui attendent encore aujourd'hui l'enquête et le rapport officiels, et l'on aura quelque idée des inconvénients qui résultent dans le Royaume-Uni de la liberté et de la concurrence en matière de télégraphie électrique ; on y verra des tarifs incessamment remaniés, des préférences injustes, des retards indéfinis dans l'expédition ou des erreurs volontaires dans la transmission des dépêches, armes déloyales d'une concurrence qui s'exerce aux dépens du public; abus, difficultés qu'entraînerait de même l'abandon du service postal au hasard des entreprises et des règlements particuliers. Ce sont là des monopoles que l'économie politique doit non-seulement permettre, mais imposer à l'État comme un service auquel il doit pourvoir à tout prix sans se préoccuper des pertes ou des bénéfices.

Le malheur est que ces monopoles sont le plus souvent mal compris ; comme ils forment presque toujours une des branches importantes des revenus publics, le gouvernement finit souvent par considérer moins ses obligations que ses bénéfices ; et cependant c'est à peine si l'État devrait mettre au nombre de ses recettes le produit d'un monopole de cette espèce. Cette forme d'impôt a quelque chose de vexatoire et d'odieux ; on ne peut, on ne doit exclure la concurrence qu'à la condition de se la faire à soi-même, de désirer le progrès et d'y travailler. Que dire par exemple de cette obstination systématique à repousser la réduction de la taxe des lettres, lorsqu'une expérience déjà faite en établissait victorieusement la possibilité et les avantages? En pareille matière, le gouvernement ne saurait avoir le privilége de battre monnaie avec ses devoirs; ce n'est point sur la consommation à laquelle pourvoit un monopole de nécessité publique que l'État doit asseoir un impôt de quelque importance; malgré la pratique contraire, les vrais principes de la morale et de l'économie gouvernementale s'accordent pour s'y opposer.

La consommation n'a pas besoin d'être renfermée dans les limites du monopole pour devenir une matière imposable; l'État a trouvé le moyen d'atteindre soit le produit au moment où il va être livré au dernier acheteur, soit le revenu lui-même avant qu'il soit dépensé. De là deux sortes d'impôts, les uns qui portent directement sur la consommation au moment où elle s'approvisionne, les autres qui atteignent la fortune elle-même ou estimée d'après une base convenue, ou déclarée suivant des formes légales. Cherchons pour chacun d'eux les principes moraux sur lesquels ils reposent.

§ 2. — Impôt défini portant sur les consommations réelles.

Il suffit de prendre les tarifs d'un octroi municipal pour comprendre du premier coup d'œil la nature et le régime de cet impôt ; ces tarifs contiennent une liste nominative d'objets soit de première nécessité comme la viande, le vin, le lait, les planches, etc., soit de luxe comme les marbres, la marée, le gibier et tant d'autres encore ; objets qui ne sauraient entrer sans acquitter aux barrières un droit au poids ou au nombre, rarement *ad valorem*. Une armée de gardes veille aux portes, et souvent le plus mince article, la consommation la plus frivole et la plus inaperçue, soumise à un bien modique enchérissement, procurent à la commune d'importantes ressources.

Nous avons déjà signalé la différence qui sépare l'octroi, de l'impôt à l'importation ; ce dernier affecte le commerce d'échange et fonctionne au profit du producteur indigène qu'il provoque ou encourage à fabriquer mal pour vendre cher ; il n'y a rien de pareil dans la taxe de l'octroi. Lorsque le lièvre paye à l'entrée un droit de cinquante centimes, c'est là un pur impôt demandé par la commune au consommateur qui voudra s'en donner la fête, mais il n'y a point dans la cité de chasseur qui tue le gibier pour son compte et que l'impôt à l'entrée protége au détriment du restaurateur ; si le marbre ou la pierre de taille sont imposés, il n'y a point en ville de carrière dont les produits soient primés par cette protection ; c'est le propriétaire, l'entrepreneur, l'architecte qui achètent en quelque sorte, par cette redevance, le droit de bâtir ou de posséder un solide édifice à l'intérieur des lignes de l'octroi. Ainsi donc tandis que l'impôt à la frontière tombe malgré lui dans toutes les discussions du libre échange, l'impôt sur la consommation réelle échappe à toute ces difficultés parce qu'il fonctionne dans des conditions tout à fait autres.

L'impôt sur la consommation réelle a pour type les tarifs d'octroi, mais il ne se renferme point dans l'enceinte des villes et ne s'acquitte pas seulement au profit des budgets municipaux ; chacun connaît à quel régime sont soumis en France les spiritueux de toute nature et les plaintes qu'a fait naître à diverses reprises ce qu'on appelle l'exercice en matière de boissons. C'est à l'administration qu'il appartient de découvrir et de combiner les mesures destinées à en rendre moins coûteux le recouvrement et moins onéreuse la surveillance ; il suffit à l'économie politique de se convaincre en principe que l'impôt de consommation est parfaitement juste, et de veiller dans la pratique à ce que l'application s'en fasse avec équité.

Ce qui fait la supériorité de cet impôt, c'est qu'il n'a point comme l'impôt foncier le caractère d'une avance risquée par le propriétaire du sol ; quel que soit par rapport aux fruits de la terre le nombre des transactions qui interviennent, depuis le paysan qui récolte jusqu'au consommateur qui s'alimente, toutes les ventes et tous les marchés qui se succèdent ont leur raison d'être et, pour ainsi parler, leur cause finale dans la vente à la consommation réelle par laquelle se termine cette série d'échanges ; c'est le jour où le pain se mange, où le vin se boit que le consommateur entre en jouissance du produit jusque-là demeuré oisif entre les mains des détenteurs successifs ; il est donc éminemment logique de venir ce jour-là demander à ce produit une prime au profit de l'État ; c'est sur le dernier propriétaire, autrement dit sur le consommateur que cette prime pèse définitivement, et celui-là, au moment où il consomme, est libre d'étendre ou de restreindre ses achats, de les proportionner à la puissance de sa bourse, de ne payer en un mot de l'impôt que la part qu'il consentira ; il peut à volonté retrancher sur sa contribution en retranchant sur sa dépense, tandis qu'on ne saurait de bonne foi inviter le propriétaire qui n'aurait pas vendu et qui n'aurait point de capital disponible à retrancher sur sa récolte si l'impôt sur les boissons se payait dans les celliers.

Si du principe de cet impôt nous passons à son mode de perception, nous aurons à considérer :

1° La nature des objets sur lesquels il porte, consommations nécessaires ou consommations de luxe ;

2° L'assiette même de sa perception ; il peut être fixe ou bien proportionnel à la valeur de la matière imposable.

Il y a dans l'ancien droit français un vieil adage qu'en cette matière surtout il conviendrait de ne jamais perdre de vue : « *Là où il n'y a rien, le roi perd ses droits.* » Il doit être admis en principe que la misère affranchit de l'impôt pécuniaire ; il en résulte que toute consommation absolument nécessaire doit être franche, et qu'il y aurait quelque chose de profondément absurde à imposer entre les mains du pauvre le pain qu'il mange et l'eau qu'il boit ; ce serait imposer la charité elle-même qui pourvoit à sa soif et à sa faim ; il est donc de règle que tout impôt sur les consommations doit être assis de telle sorte qu'il soit possible d'y échapper entièrement et que la misère n'ait pas même l'occasion de le payer ; il est juste que le malheureux reçoive comme la première de toutes les aumônes l'affranchissement des charges afférentes à la fortune qu'il n'a pas. En s'élevant plus haut dans l'échelle sociale on distingue encore entre les consommations purement de luxe et les consommations utiles sans être absolument nécessaires : le vin, la viande, la bougie, le poisson, le raisin sont autant de choses dont nul citoyen au-dessus de la détresse ne saurait absolument se passer ; au contraire, le foin et l'avoine qui nourrissent à l'intérieur de la cité le cheval de luxe, les huîtres, la marée, le gibier sont pour toutes les fortunes des consommations supérieures que le riche peut augmenter ou diminuer à son gré, augmentant ou diminuant ainsi la part qui lui incombe dans les charges communes.

Arthur Young, arrêté en 91 dans une bourgade du Midi et menacé de se voir traité comme un aristocrate, expliquait du haut de son cheval à la multitude la différence économique des impôts français et des taxes anglaises. « Tandis que chez vous les plus « pauvres payent tout et les riches rien ou peu de « chose, nous autres, disait-il, nous procédons tout « différemment ; nous avons une foule d'impôts dont « le pauvre est exempt et que le riche paye seul. » Le grand agriculteur anglais faisait allusion d'une part aux dîmes féodales et ecclésiastiques, et d'autre part à l'income-taxe et aux impôts de luxe si fréquents dans la Grande-Bretagne. Voilà, si l'on peut appliquer une dénomination suspecte à une taxe éminemment juste, le véritable *impôt progressif*, tel que l'économie et la morale peuvent l'avouer et le mettre en pratique. C'est une vérité fondée sur l'observation de la nature humaine, que les besoins du luxe et les habitudes de bien-être augmentent avec la fortune, que nos instincts parlent à nos désirs, et que nos désirs à leur tour ont bien vite franchi toutes les bornes du possible ; il est plus facile de se contenir dans sa pauvreté que de se satisfaire dans la richesse ; de là cette conséquence, que la médiocrité raisonnable est plus aisée que le luxe inconsidéré. Ces faits expliquent et entraînent l'inégalité volontaire de l'impôt : à mesure que le luxe aborde un ordre de dépense plus élevé, qu'il se ménage des raffinements plus délicats et un appareil extérieur plus considérable, il rencontre dans un système d'impôts rationnel et moral toute une série de contributions dont sa médiocrité affranchit l'aisance et qui ne s'adressent qu'à la vanité assez folle pour en risquer la dépense ou qu'à la fortune assez robuste pour la supporter. Voilà l'impôt inégal, mais volontaire dans son inégalité, l'impôt qui demande à l'un ce dont l'autre est affranchi, mais qui le demande avec toute justice dès que le premier y trouve une des satisfactions de sa vanité ou un des éléments de sa considération, dès qu'il dépend de lui de s'en affranchir par la simplicité.

Ces considérations justifient l'application de l'impôt aux consommations de luxe, mais elles repoussent en même temps tout excès, toute surtaxe destinée à atteindre le fond même de la richesse et non pas son emploi; l'intention du législateur ne peut et ne doit jamais être de punir le riche de sa fortune et de lui vendre le plus cher possible l'agrément d'en jouir; il peut et il doit demander quelque chose de plus à celui dont le carrosse foule le haut du pavé et qui tient ainsi plus de place sur la voie publique que le modeste piéton, mais il ne s'agit pas de le ruiner au nom de sa vanité de parvenu ou d'aristocrate; ce serait faire du socialisme en pure perte, et la première victime de cette tension dans l'impôt serait la production elle-même : la consommation devenue impossible, l'industrie ne trouverait plus de débouchés et périrait faute d'écoulement. C'est ainsi que toutes les parties du corps social se répondent, qu'elles se soutiennent même à leur insu et qu'on ne peut mettre une main avide et injuste sur l'avoir du riche sans que l'outil du travail tombe de lui-même des mains de l'ouvrier; il est trop facile à la richesse d'économiser sur ses dépenses facultatives[1], et la prudence, au défaut de la

[1] L'expérience en a été faite en 1848, j'ai connu en Bretagne beaucoup de nobles; plusieurs m'ont avoué qu'ils avaient rarement passé une année plus aisée que celle-là et rarement liquidé leur budget domestique plus favorablement; cependant leurs domaines supportaient l'impôt des quarante-cinq centimes; mais il faut avoir été là pour comprendre quelle arme terrible peut au besoin constituer l'économie aux mains du propriétaire foncier contre le producteur industriel. Il y a tout un enseignement contre les partisans outrés des impôts sur le luxe.

justice, suffirait à retenir le législateur. On supporte une taxe, on se dérobe à une confiscation.

Quelle que soit la matière imposable, que l'impôt atteigne de plus près la limite des nécessités absolues, qu'il s'aggrave plus ou moins à mesure qu'il s'étend aux besoins de la recherche et du luxe, la question reste la même par rapport à son assiette ; le droit doit-il être fixe ou proportionnel?

Aux barrières d'une ville, le vin paye une entrée ; mais, depuis le vin de luxe qui fait l'orgueil des aristocratiques desserts jusqu'à l'aigre boisson dont s'abreuve la soif du pauvre, chaque mesure de même contenance paye la même somme : voilà le droit fixe.

Ou bien le tarif introduit des catégories, et, dans l'impossibilité d'estimer d'assez près la valeur comparative des vins présentés à l'octroi, elle les estime d'après des données générales, et les range d'après cette estimation dans la première, dans la seconde ou dans la troisième catégorie, le coût de l'introduction s'abaissant à mesure que la valeur vénale diminue et que la qualité descend : voilà le droit proportionnel.

Les effets du droit fixe et du droit proportionnel ne sont point les mêmes à la porte d'une ville et à la frontière du royaume ; c'est encore là un nouveau témoignage de la distance qui sépare l'impôt de consommation de l'impôt de circulation ou d'échange. Le droit fixe sur le bétail, par exemple, entraîne une prime en faveur de l'éleveur étranger; à prix égal, c'est toujours la viande toute faite qu'on introduira, les plus beaux types, les bêtes les plus développées et les plus pleines; le droit d'entrée, réparti sur la totalité de l'animal au moment du débit, s'abaisse en proportion de la somme qu'il rapporte. Le droit proportionnel, évalué par le pesage, appelle les jeunes élèves de bonne race qui, légers encore et non formés, coûteront peu à introduire, et, engraissés aisément, rembourseront par leur rendement définitif ce que l'impôt à l'entrée ajoute à leur prix d'achat. Cet exemple suffit pour montrer qu'en matière d'économie financière, les droits fixes ou proportionnels qui fonctionnent à la frontière doivent être étudiés dans leurs rapports avec la production et l'industrie, et non plus au point de vue de la consommation proprement dite.

A ce dernier point de vue, il faut bien le dire, malgré les difficultés que présente l'application du droit proportionnel, le droit fixe est dans la théorie une erreur, et dans la pratique une iniquité.

Le droit fixe n'est rien moins que l'impôt progressif retourné par le riche contre le pauvre.

Quel que soit l'impôt demandé à la consommation, il ne saurait avoir rien d'absolu, il doit toujours être rapporté par la pensée à la valeur vénale de l'objet imposé; dans la pratique, il se réduit à un tant pour cent sur le prix de vente et d'achat : qui, pour un objet de cent francs, paye un franc, acquitte une taxe de cinq pour cent; si mon voisin paye deux cents francs ce même produit dans une qualité infiniment supérieure, et si pour l'introduire en vertu du droit fixe il en est quitte comme moi pour ses vingt sous, il ne lui est plus demandé par le fait que la moitié de ce que je paye, et pour lui la taxe est descendue de cinq à deux et demi. Il est facile de suivre par la pensée cette progression. Ainsi donc la meilleure manière d'alléger le poids de l'impôt, ce n'est plus l'économie, c'est le luxe; si un mouchoir de poche coûtait dix sous de droit, le pauvre verrait doubler le prix de sa chétive emplette, et le chef-d'œuvre brodé qui figure dans une corbeille de noces ou à côté d'un bouquet de bal ne s'apercevrait pas des cinquante centimes ajoutés à ses cent écus. La conséquence de cet état de choses, c'est que tous les objets de luxe, au lieu d'être surimposés, sont au contraire dégrevés véritablement dans la proportion mathématique de l'élévation de leur prix d'achat, et pour prendre les deux extrêmes, avec des produits dont le prix varierait du plus surprenant bon marché à la cherté la plus coûteuse, au bas de l'échelle l'impôt dépasserait le prix d'achat; pour les qualités recherchées, il deviendrait tout à fait insignifiant. Faudra-t-il que le pauvre ne consomme plus que des objets de luxe afin de profiter à son tour de la faveur faite au riche; faudra-t-il, parce qu'il manque de pain, que, suivant le mot fameux d'une princesse française, il se *nourrisse de brioche*? Si l'on veut prendre garde d'un autre côté que les qualités supérieures sont toujours plus avantageuses à la consommation, plus durables et de meilleur emploi, on verra que le riche non-seulement paye moins mais achète moins, et que la quotité de la taxe payée par la marchandise de haute valeur s'abaisse encore de toute la supériorité de la consommation, supériorité qui, dans un grand nombre de cas, dispense de renouveler aussi fréquemment l'achat.

Voilà donc l'impôt progressif établi et fonctionnant sous nos yeux; le pauvre payera quinze, vingt pour cent sur la demi-bouteille qui arrose son humble repas; passez du dîner du pauvre à l'ordinaire de l'homme aisé, au festin du prodigue, au petit souper du gourmet, et dites-moi si à mesure qu'on s'élève et qu'on trouve des bourses de plus en plus capables de le payer, des consommations plus raffinées et plus voluptueuses que la loi n'a aucun intérêt économique ni moral à favoriser, on ne trouve pas que l'impôt va en diminuant? Demander plus à l'un, moins à l'autre, plus à celui qui a moins et moins à celui qui a plus, n'avais-je pas raison de dire que c'est là l'impôt progressif renversé?

Loin de moi la pensée de prêter la main aux égarements populaires et de provoquer leurs fureurs en raisonnant leurs haines. Il n'en est pas moins vrai que si de tout temps certains impôts ont été en butte à des instincts de répulsion et de colère, le penseur ne doit point se laisser aller trop vite et trop peu justement à expliquer ce phénomène par une indocilité condamnable et une espèce d'acharnement à la révolte. On ne voit guère les masses se refuser à toute espèce d'impôt et rêver la chimère d'un gouvernement gratis, c'est bien assez d'avoir couru après le gouvernement à bon marché ; il faut croire qu'une logique secrète avertit le bon sens public. Il vaudrait *mieux réformer* par les lois que défendre par la force les impôts injustement assis.

Une des raisons qui ajournent la pratique de ces vérités assez facilement entrevues et assez volontiers admises en théorie, c'est l'horreur instinctive que le fisc a de tout temps professée pour les raisonnements. Ce n'est pas que le droit proportionnel *ad valorem* n'ait de réels inconvénients et qu'il soit sans difficultés d'estimer la valeur vénale d'un produit pour en déterminer la taxe ; mais le système des catégories qui fonctionne au moyen d'assimilations et de classifications générales suffirait dans la plupart des cas pour écarter les iniquités du droit fixe, partout où les produits taxés sont d'une valeur trop inégale.

Avec la forme d'impôts que nous venons d'étudier, la somme à payer à l'État est en quelque sorte laissée à la discrétion du consommateur lui-même ; les yeux fixés sur les tarifs, il lui appartient de chiffrer, à un centime près, ce qu'il consent à laisser sortir de sa poche. Il n'en va point de même pour les impôts dont il nous reste à parler, impôts estimatifs fondés non plus sur l'achat de la consommation réelle, mais sur la consommation possible, sur la possession intrinsèque des moyens de dépense et non pas sur la réalisation effective de la dépense elle-même.

§ 3. — Impôts estimatifs évalués d'après la position personnelle.

Il ne s'agit plus ici d'atteindre la consommation seulement, mais, si je puis parler ainsi, la richesse en personne. Deux systèmes sont en présence et se pratiquent simultanément, la cote personnelle et mobilière en France, l'impôt sur le revenu en Angleterre. Il est nécessaire d'en faire ressortir le principe pour en apprécier la valeur.

La loi française faisant abstraction de l'avarice qui dissimule ou de la prodigalité qui surfait son avoir, estime qu'en thèse générale un citoyen a un état de maison en rapport avec sa fortune réelle ;

dès lors, sans entrer dans le détail de son domestique, il y a un témoignage apparent de sa dépense, c'est la dimension des appartements qu'il occupe, l'importance, le faste, la cherté des immeubles qu'il habite, ou au contraire l'humilité, l'isolement, le bon marché de sa demeure ; c'est ce rapport général entre le prix du loyer et la quotité de l'avoir que le fisc pose dans la pratique comme un rapport constant. Cette contribution, qui ne porte ni sur la terre, ni sur l'industrie, ni sur la consommation réalisée, cherche donc à atteindre le fond de la fortune, le revenu présumé ; on prend le loyer pour le signe, pour l'échelle de proportion de votre dépense, et on admet du même coup que cette dépense est en harmonie avec vos facultés pécuniaires. Habile disposition de la loi, en France surtout ! Cette supposition ingénieuse tourne au profit de l'État l'exagération des dépenses imposées par notre vanité à notre faiblesse.

Si le principe de cet impôt est incontestable et si l'État s'adresse à juste titre à la fortune pour lui demander un sacrifice, il est trop aisé de reconnaître tout ce qu'il y a d'imparfait dans l'assiette même de cet impôt ; la relation admise a quelque chose d'arbitraire et d'insuffisant, de variable et d'imprévu qui déconcerte ou qui trompe tous les calculs du législateur ; le millionnaire économe qui accommode ses pénates célibataires aux étroites limites de quelque chambrette, y transportera impunément ses valeurs en portefeuille et se trouvera tout d'un coup abrité contre les exigences du fisc ; le fonctionnaire dont la famille est nombreuse et l'administration située dans quelque riche quartier fait de lourds sacrifices pour demeurer à la portée des siens, et l'impôt tombe sans ménagements sur son revenu modeste. Ajoutons-y dans la pratique tout ce qu'il y a d'arbitraire dans la fixation des loyers tels qu'ils sont dénommés sur nos feuilles de contribution, ces chiffres sciemment fictifs qui accusent une valeur tout à fait imaginaire, sans que ni le contribuable ni le percepteur aient entre eux une règle fixe et légale pour contrôler le rapport entre la valeur réelle du loyer portée sur le texte du bail et sa valeur estimative couchée sur le rôle des contributions. De là, malgré la justice du principe, les défectuosités de l'application, cet impôt, institué pour atteindre la fortune réelle, s'arrête à la fortune apparente et l'évalue par des moyens détournés et contestables.

La loi anglaise a été plus franchement au but ; elle a imposé le revenu lui-même, et elle a pris pour base de ses estimations non plus des signes indirects et incertains, mais la déclaration de l'imposé demandée et reçue sous la garantie de formes solennelles et de pénalités fiscales ; chacun fait connaître lui-même ses revenus de toute espèce, leur nature, leur degré de certitude, et sur ces données volontaires on le soumet à un droit *ad valorem* fixé par la loi.

Quelles que soient les difficultés pratiques d'un tel impôt, en dépit des amendes que les lois sont obligées d'appliquer à la mauvaise foi et à la fraude, c'est, il faut l'avouer, un véritable honneur pour un pays qu'un pareil système y soit seulement praticable. Il faut qu'il y ait en dehors de la loi et au-dessus des moyens coercitifs un respect de la justice, une droiture civile, un sentiment de patriotisme légal que nous n'avons en France ni le bonheur de connaître ni le mérite de pratiquer; l'insuffisance des déclarations, l'impossibilité d'un contrôle universel, le danger de punir trop sévèrement un délit que la faiblesse de nos mœurs civiles rendrait trop général, tels sont les empêchements devant lesquels reculent, avec raison peut-être, nos législateurs. Pourtant, s'il était possible parmi nous, qui oserait comparer sérieusement l'efficacité, la moralité, la justice de l'impôt sur le revenu avec l'évaluation incomplète, téméraire et inexacte de la cote mobilière? Il est éminemment juste en effet, quelle que soit la dépense effective du citoyen, que l'État l'impose, non pas d'après cette dépense arbitraire et élastique que restreint la parcimonie ou agrandit la prodigalité, mais d'après le revenu effectif que le capital, le salaire, le travail mettent chaque année à sa disposition ; ce revenu c'est la somme de bien-être dont il vous appartient de jouir ; si l'économie vous conseille de garder quelque chose pour les dépenses imprévues, de consolider et d'agrandir votre avoir en prévision des charges ou des périls futurs, cette consolidation de l'avenir, cette augmentation de la sécurité actuelle par un sacrifice dont le prix se retrouvera plus tard peuvent être considérés, à bon droit, par l'État comme autant de jouissances présentes et réelles.

Quelque supérieur que soit au point de vue moral l'impôt sur le revenu, c'est-à-dire sur la consommation possible, la morale ne se déclare point satisfaite ; elle ne se contente pas seulement du mieux, elle aspire au bien véritable. A ce point de vue absolu elle indique à l'économie deux conditions nouvelles auxquelles il faudrait soumettre cet impôt pour en assurer la parfaite justice, conditions qui ne sont ni l'une ni l'autre réalisées dans la pratique ; en effet :

1° La taxe sur le revenu ne porte pas sur le capital improductif ;

2° Elle ne tient pas compte du nombre des personnes qui vivent sur le revenu commun.

Premier point :

La taxe sur le revenu ne porte pas sur le capital improductif.

Ouvrons les actes de 1803 et de 1806, celui de 1842 et parcourons dans ce dernier document les cinq catégories de taxes qui classent en Angleterre l'impôt sur le revenu ; jetons les yeux sur l'Irlande nouvellement assujettie à la taxe, qu'y trouvons-nous? Une déclaration de la part du contribuable de toutes les sources de revenus dont il peut jouir et une imposition qui varie tantôt suivant la nature du revenu, tantôt suivant la personne qui la paye ; il en résulte que le propriétaire d'un capital énorme, lequel demeurerait improductif, se trouve d'emblée affranchi de l'impôt. Exemple: S'il me plaît d'acheter la *montagne de lumière* et de la fermer dans un tiroir, voilà toute une fortune en dehors de la taxe; en effet, dès que je ne montre point par curiosité ce diamant célèbre, sa possession ne me rapporte rien autre que le plaisir de le contempler solitairement. Il s'ensuit que l'impôt établi sur la déclaration du revenu n'a rien à démêler avec le capital immobilisé. C'est là une grave erreur économique ; la possession d'une galerie de tableaux, d'un appartement splendide, d'une collection d'objets d'art et de tant d'autres richesses mobilières, pour ne pas constituer un revenu financier n'en assure pas moins une jouissance quotidienne, préférée volontairement par le détenteur à la rente que lui vaudrait le placement du capital réalisé. Oserais-je dire, sans abus des mots et sans paradoxe de la forme, qu'il y a là une véritable consommation artistique, une dépense réelle faite au profit de l'amateur? est-il vraiment dans l'intérêt de la société que les capitaux tendent trop aisément à s'immobiliser sous cette forme stérile? Ne faut-il pas que la richesse de la nation soit grande et grande la richesse de l'individu pour que ces inestimables valeurs aillent s'ensevelir dans le silence et l'oisiveté d'une collection particulière? Si la société s'arme de son droit et allègue l'intérêt commun pour frapper même les capitaux productifs dans le revenu qu'ils assurent, à combien plus forte raison n'est-il pas légitime de taxer les capitaux condamnés à la stérilité par le bon plaisir de leur propriétaire, de leur demander sur le revenu possible la même part que l'État prélèverait sur leur revenu réel? Renfermé dans les limites où nous l'avons décrit, l'impôt sur le revenu tend à primer les capitaux immobiles et à affranchir tout revenu qui ne s'estime pas en francs et en centimes. Erreur dans l'appréciation, injustice dans l'assiette, péril dans les tendances; réforme facile, moyens de vérification déjà expérimentés et auxquels on pourrait ajouter par exemple la confiscation en cas de décès de toute richesse mobilière importante, spécifiée par la loi, laquelle, portée sur l'inventaire juridique, n'aurait point été comprise dans la déclaration fiscale faite par le défunt, la loi n'étant tenue de garantir l'hérédité civile de l'avoir que dans les limites où il a payé sa quote-part des charges publiques.

Second point.

La taxe sur le revenu ne tient pas compte du nombre des personnes qui vivent sur le revenu commun.

J'aborde ici un principe nouveau que la morale ne saurait invoquer sans provoquer l'étonnement de l'économie politique et que l'économie politique ne saurait appliquer sans réserve, je dirai plus, sans quelque défiance. Il y a quelques années les voûtes du Luxembourg retentirent du scandale d'une théorie néfaste : *à chacun selon ses besoins*, et non plus comme Jésus-Christ l'avait enseigné : *à chacun selon ses œuvres*. Loin de moi la pensée de rien dire qui s'en approche ou qui y retourne, voici seulement ce que la science du juste est tenue de rappeler à la science de l'utile.

Sans doute il ne faut point consulter les besoins de l'individu, besoins mobiles et illimités comme ses désirs et ses besoins, mais à côté des instincts qui le sollicitent sans mesure se trouvent les charges que ses devoirs lui imposent et dont il est digne de la loi de présumer en même temps que de faciliter l'accomplissement ; on ne peut, dans l'impôt de consommation, échelonner la taxe, quoique la multiplication de la famille augmente les dépenses et élève en proportion la quote-part attribuée au fisc ; il n'en va pas de même dans l'impôt sur le revenu, l'État qui arrive à connaître la situation pécuniaire de l'individu vérifie plus aisément encore son état civil ; n'y a-t-il pas quelque justice à lui tenir compte du nombre des personnes qui vivent sur le revenu commun ? En veut-on dans un exemple la preuve manifeste ? Si tout revenu inférieur à cent cinquante livres sterling est exempt de la taxe (statut irlandais), est-il équitable d'imposer la famille de huit personnes dont le revenu atteint cent soixante livres et d'exempter le célibataire nanti à lui seul de cent quarante livres par an ? N'y a-t-il pas comme un pressentiment de cette justice encore inconnue dans les exemptions de diverses espèces que, sous l'ancienne monarchie, l'équité plus encore que le bon plaisir du monarque se plaisait à dispenser aux familles nombreuses ; on connaît le mot de Napoléon à Madame de Staël : « *la femme que j'admire le plus est celle qui fait le plus d'enfants.* » C'est une science peureuse et criminelle que la science qui redoute pour la terre l'accomplissement trop hâtif et trop rapide de la loi du Seigneur : « *croissez et multipliez.* » Il importe dès qu'elle le peut que la loi tienne compte du devoir accompli, surtout lorsque le moraliste et le philosophe, lorsque l'homme d'État, regardent d'un œil morne et avec une terreur croissante les premiers rangs de la société que la funeste et hideuse prévoyance de l'égoïsme dépeuple chaque jour et le flot d'en bas qui monte et qui les engloutit.

Après ce que nous avons vu, les lois générales de l'impôt se déduisent d'elles-mêmes. Il convient de frapper la consommation, d'épargner la production, qui n'est point tenue de rien avancer au fisc, de garantir à l'échange sa liberté, sans laquelle il n'y a plus de commerce. C'est le consommateur effectif qui doit payer, et il est juste d'atteindre, non pas seulement la consommation réelle, mais rigoureusement la consommation possible dans le revenu annuel représentant les jouissances disponibles; il est juste d'atteindre par delà le revenu matériel la jouissance morale du capital improductif; enfin l'État doit tenir compte du nombre de ceux qui en vivent.

Ces remarques achèvent la quatrième et dernière partie de notre travail.

CONCLUSION.

L'économie politique et la morale ont eu lieu l'une et l'autre de se repentir de leur séparation ; tantôt le matérialisme a pénétré les sciences sociales et leur a inspiré des systèmes capables d'arrêter et de détruire la civilisation ; tantôt un spiritualisme exagéré a précipité les théoriciens dans un monde de chimères et égaré l'homme à la poursuite d'un idéal impossible, au lieu de l'affermir dans la pratique du bien réalisable. Les penseurs qui veillent sur la destinée humaine du siècle ont proposé une réconciliation et demandé les conditions d'une alliance entre ces deux sœurs ennemies, que leur commune origine et leur même but avaient faites pour s'entr'aider dans leur noble tâche ; si notre espérance d'atteindre ce résultat n'a point été tout à fait trompée, il restera des études qui précèdent quelques notions plus précises et plus droites sur ce que la méthode expérimentale nous avait jusqu'à ce jour habitués à considérer autrement.

Je dois dire ici toute ma pensée. Lorsque je parcours les résultats désormais acquis, lorsque je m'interroge avec la plus scrupuleuse défiance sur les dangers ou sur les avantages qui peuvent résulter de semblables études, je ne puis que m'étonner de l'indifférence ou de la défiance des gouvernements à l'égard de la saine économie politique ; c'est avec un soin vigilant que les maîtres de la jeunesse écartent d'elle jusqu'au soupçon de ces problèmes ; on confine soigneusement les élèves dans les théories abstraites, même pendant les dernières années de leurs plus hautes études ; et si, au sortir des colléges, l'esprit inquiet du jeune homme s'interroge sur le mécanisme, les fonctions, les souffrances de cette société qu'il va peut-être diriger :

« Il ne voit que la nuit, n'entend que le silence. »

L'administration n'est enseignée aux fonctionnaires que par l'expérience de leurs fautes, et les intérêts du pays aux citoyens que par les leçons du pouvoir; en vain le sol tremble et remue, en vain des voix menaçantes passent dans l'air, en vain se fait entendre un bruit confus qui monte comme une épouvante des bas-fonds jusqu'à la cime de la société, en vain des noms d'individus sont prononcés qui ont un jour escaladé le pouvoir, et qui, terrassés et vaincus, ne cessent pas de protester du fond de leur erreur. Souvent son professeur est le seul à qui le jeune homme n'ait pas entendu, je ne dirai pas discuter, mais prononcer même ces noms que le mystère et que le soin de les éviter rappelle à toutes les mémoires; la logique s'épuise à la discussion de Platon et d'Aristote, et l'on ignore les théories de Bentham et les ouvrages d'Adam Smith. Il y a dans toutes les villes principales des facultés où l'on enseigne les sciences et les lettres; il n'y a dans tout le royaume qu'une chaire d'économie politique; faites taire cette parole dangereuse ou propagez cet enseignement utile, et ne donnez pas au monde ce scandale, qu'un jeune homme riche et studieux puisse apprendre en France tout ce qui fait l'ornement d'un pays, et rien de ce qui fait sa force, sa grandeur, sa dignité, sa liberté civile et politique : la morale chrétienne de l'homme juste appliquée au développement de la société. Pour tout dire enfin avec un mot de l'Empereur, IL EST DU DEVOIR DE TOUT BON CITOYEN DE PROPAGER LES SAINES DOCTRINES DE L'ÉCONOMIE POLITIQUE. C'est le désir d'accomplir ce devoir qui m'a fait entreprendre cet ouvrage.

FIN.

TABLE DES MATIÈRES

PREMIÈRE PARTIE.

PRODUCTION.

SECONDE PARTIE.

ÉCHANGE.

TROISIÈME PARTIE.

CONSOMMATION.

QUATRIÈME PARTIE.

IMPOTS.

FIN DE LA TABLE.

Paris. — Imprimerie P.-A. BOURDIER ET Cie, rue Mazarine, 30.

PUBLICATIONS

DE LA

LIBRAIRIE DIDIER

35, quai des Augustins, à Paris.

OUVRAGES DE M. GUIZOT.

SIR ROBERT PEEL. — Étude d'histoire contemporaine, accompagnée de fragments des Mémoires de Robert Peel. 1 vol. in-8. 7 »

—Le même ouvrage, 1 vol. in-12. 3 50

HISTOIRE DE LA RÉVOLUTION D'ANGLETERRE, depuis l'avénement de Charles Ier jusqu'au rétablissement des Stuarts (1625-1660). 6 vol. in-8, en trois parties. 42 »

Chaque partie séparément :

—**HISTOIRE DE CHARLES Ier**, depuis son avénement jusqu'à sa mort (1625-1649); précédée d'un *Discours sur la Révolution d'Angleterre*. 6e édition. 2 vol. in-8. 14 »

—**HISTOIRE DE LA RÉPUBLIQUE ET DE CROMWELL** (1649-1658), 2e édition. 2 vol. in-8. 14 »

—**HISTOIRE DU PROTECTORAT DE RICHARD CROMWELL** et du rétablissement des Stuarts. 2 vol. in-8. (1659-1660). 14 »

ÉTUDES SUR L'HISTOIRE DE LA RÉVOLUTION D'ANGLETERRE, 2 vol. en deux parties qui se vendent séparément :

—**MONK. CHUTE DE LA RÉPUBLIQUE**, etc.; Etude historique. Nouvelle édition. 1 vol. in-8, avec portrait. 5 »

—Le même ouvrage, 1 vol. in-12. 3 50

—**PORTRAITS POLITIQUES** des hommes des divers partis : *Parlementaires, Cavaliers, Republicains, Niveleurs* ; Etudes historiques. Nouvelle édition. 1 vol. in-8. 5 »

—Le même ouvrage, 1 vol. in-12. 3 50

HISTOIRE DE LA CIVILISATION EN EUROPE ET EN FRANCE, depuis la chute de l'empire romain, etc. Nouv. édit. 5 vol. in-8. 30 »

— Le même ouvrage, nouv. et jolie édition, 5 vol. in-12. 17 50

—**HISTOIRE DE LA CIVILISATION EN EUROPE**, depuis la chute de l'empire romain jusqu'à la Révol. franç. 7e édit. 1 vol. in-8, port. 1856. 6 »

—**HISTOIRE DE LA CIVILISATION EN FRANCE.** 7e édit. 4 vol. in-8. 1856. 24 »

HISTOIRE DES ORIGINES DU GOUVERNEMENT REPRÉSENTATIF *et des Institutions politiques de l'Europe*, depuis la chute de l'Empire romain jusqu'au XIVe siècle; nouv. éd. revue et corr. 2 v. in-8. 1855. 10 »

—Le même ouvrage, 2 vol. in-12. 7 »

ESSAIS SUR L'HISTOIRE DE FRANCE, etc. 9e édit. 1 vol. in-8. 6 »

—Le même ouvrage, 1 vol. in-12. 3 50

CORNEILLE et son temps, Étude littéraire, par M. Guizot, comprenant : 1o *de l'Etat de la Poésie en France avant Corneille;* — 2o *Essai sur la vie et les œuvres de Corneille;*—3o *Trois Contemporains de Corneille : Chapelain, Rotrou* et *Scarron*, etc. 1 vol. in-8o. 5 »

—Le même ouvrage, 1 vol. in-12. 3 50

SHAKSPEARE et son temps Étude littéraire, par M. Guizot, comprenant : 1o *la vie de Shakspeare.* — 2o *Notices historiques et critiques sur ses principales pièces;*—3o *sur Othello*, trad. par M. Alfred de Vigny, etc.; par M. le duc de Broglie. 1 vol. in-8o. 5 »

—Le même ouvrage, 1 vol. in-12. 3 50

OUVRAGES DE M. GUIZOT (*Suite*).

MÉDITATIONS ET ÉTUDES MORALES : *De l'état des âmes.—De la Religion dans les sociétés modernes*, etc , etc.—*Méditations sur l'immortalité de l'âme*, etc.,—*Etudes sur l'éducation*, etc.; 1 vol. in-8. 6 »
—LE MÊME OUVRAGE, nouv. et jolie édit., 1 vol. in-12. 3 50

ÉTUDES SUR LES BEAUX-ARTS en général : *De l'état des Beaux-Arts en France et du Salon de 1810. — Essai sur les limites qui séparent et les liens qui unissent les Beaux-Arts. — Description des tableaux du Louvre*, etc. 1 vol. in-8. 6 »
—LE MÊME OUVRAGE, 1 vol. in-12. 3 50

ABAILARD ET HÉLOISE, essai historique, par M. et Mme GUIZOT, suivi des *Lettres d'Abailard et d'Héloïse*, traduites en français par M. Oddoul; nouv. édit. revue et corrigée. 1 vol. in-8. 6 »
—LE MÊME OUVRAGE, nouv. et jolie édit. 1 joli vol. in 12. 3 50
—LE MÊME OUVRAGE, 1 beau vol. grand in-8, papier glacé, *illustré* de 32 belles vignettes d'après *Gigoux*. 10 »

MÉMOIRES RELATIFS A L'HISTOIRE DE FRANCE (Coll. des), depuis la fondation de la monarchie jusqu'au XIIIe siècle, trad. et accompagnés de notices, de notes et de suppléments. 29 forts vol. in-8. 174 »

DE LA DÉMOCRATIE EN FRANCE (Janvier 1849). 1 v. in-8 de 164 p 2 50

DISCOURS DE MM. DE MONTALEMBERT ET GUIZOT, à l'Académie française, le 5 février 1852. In-8o de 85 pages. 1 »

DISCOURS DE MM. BIOT ET GUIZOT à l'Académie française. 1 »

DISCOURS SUR L'HISTOIRE DE LA RÉVOLUTION D'ANGLETERRE, par M. GUIZOT. 1 vol. in-8 de 188 pages. 1850. 2 50

DICTIONNAIRE UNIVERSEL DES SYNONYMES de la Langue française, contenant les Synonymes de GIRARD, BEAUZÉE, ROUBAUD, D'ALEMBERT, etc., mis en ordre, et augmenté d'un grand nombre de nouveaux synonymes, par M. GUIZOT: 5e édit. 2 forts vol. in-8 (*sous presse*). » »

HISTOIRE DE WASHINGTON *et de la fondation de la République des Etats-Unis*, par M. CORNELIS DE WITT, avec une introduction par M. GUIZOT. 1 vol. in-8. avec carte et portraits. 7 »
—LE MÊME OUVRAGE, 1 vol in-12, avec carte. 3 50

WASHINGTON, CORRESPONDANCE ET ÉCRITS, traduits et mis en ordre par M. GUIZOT. 4 vol. in-8. 12 »

GUILLAUME GUIZOT.

MÉNANDRE. Etude historique et littéraire sur la Comédie et la Société grecques, par M. GUILLAUME GUIZOT. Ouvrage couronné par l'Académie française en 1853. 1 vol. in-8, avec portrait. 7 »
—LE MÊME OUVRAGE, 1 vol. in-12. 3 50

MIGNET.

PORTRAITS ET NOTICES HISTORIQUES ET LITTÉRAIRES : *Sieyès, Roederer, Livingston, Talleyrand, Broussais, Merlin, Destutt de Tracy, Daunou, Siméon, Sismondi, Comte, Ancillon, Bignon, Rossi, Droz, Cabanis, Franklin*, etc. Nouvelle édition augmentée. 2 vol. in-8o. 10 »

HISTOIRE DE MARIE STUART. Nouvelle édition. 2 vol. in-8o ornés d'un joli portrait. 12 »

CHARLES-QUINT, SON ABDICATION, SON SÉJOUR ET SA MORT AU MONASTÈRE DE YUSTE. 3e édition revue et corrigée. 1 beau vol. in-8o. 6 »
—LE MÊME OUVRAGE, 1 vol. in-12. 3 50

ANTONIO PEREZ ET PHILIPPE II. Nouvelle édition revue et augmentée. 1 beau vol. in-8o. 6 »

VILLEMAIN.

ŒUVRES DE M. VILLEMAIN. Nouvelle édition, revue et augmentée, 14 vol. in-8, papier vélin satiné. 88 »
—LE MÊME OUVRAGE, 13 vol. in-12 dit format anglais. 45 50

Chaque ouvrage se vend séparément.

LA RÉPUBLIQUE DE CICÉRON, traduite sur le texte découvert par Maï, avec une introduction et des suppléments historiques. 1 vol. in-8. 7 »

CHOIX D'ÉTUDES SUR LA LITTÉRATURE CONTEMPORAINE : *Rapports académiques*, Études sur *Châteaubriand*, *A. de Broglie*, *Nettement*, etc., 1 vol. in-8 7 »
—LE MÊME OUVRAGE, 1 vol. in-12. (*Sous presse.*) 3 50

SOUVENIRS CONTEMPORAINS *d'histoire et de littérature*, par M. VILLEMAIN. Nouv. édit. (1re et 2e parties), 2 vol. in-8. 14 »
—LE MÊME OUVRAGE, 2 vol. in-12. 7 »

TABLEAU DE L'ÉLOQUENCE CHRÉTIENNE au IVe siècle, accompagné d'Études sur *le Polytheisme*, sur *l'empereur Julien*, sur *Symmaque*, etc. Nouvelle édition. 1 fort vol in-8. 6 »
—LE MÊME OUVRAGE, 1 fort vol. in-12. 3 50

DISCOURS ET MÉLANGES LITTÉRAIRES : *Éloges de Montaigne et de Montesquieu.—Notices sur Fénelon et sur Pascal.—Discours sur la critique. Rapports et Discours académiques.* Nouv. édit. 1 vol. in-8. 1855. 6 »
—LE MÊME OUVRAGE, 1 vol. in-12. 3 50

ÉTUDES DE LITTÉRATURE ancienne et étrangère : *Sur Hérodote.—Du poëme de Lucrèce. — Etudes sur Lucain, Cicéron, Tibère et Plutarque. — De la corruption des lettres romaines. — Essai sur les romans grecs. — Shakspeare; Milton; Wicherley; Young; Pope; Byron.* Nouv. édit. 1 vol. in-8. 6 »
—LE MÊME OUVRAGE, 1 vol. in-12. 3 50

ÉTUDES D'HISTOIRE MODERNE : *Discours sur l'état de l'Europe au XVe siècle.—Lascaris.—Essai historique sur les Grecs depuis la conquête musulmane.—Vie du chancelier de l'Hôpital.* 1 vol in-8, 1856. 6 »
—LE MÊME OUVRAGE, 1 vol in-12. 3 50

COURS DE LITTÉRATURE FRANÇAISE, comprenant : *le Tableau de la Littérature au XVIIIe siècle* et le *Tableau de la Littérature au moyen-âge*, par M. VILLEMAIN, nouvelle édition. 6 vol. in-8, 1855. 36 »
—LE MÊME OUVRAGE, 6 vol. in-12. 21 »

TABLEAU DE LA LITTÉRATURE au XVIIIe siècle, 4 vol. in-8. 24 »
—LE MÊME OUVRAGE, 4 vol. in-12. 14 »

TABLEAU DE LA LITTÉRATURE au moyen âge. 2 vol. in-8. 12 »
—LE MÊME OUVRAGE, 2 vol. in-12 7 »

RÉMUSAT (CH. DE).

BACON. Sa vie, son temps et sa philosophie, 1 vol. in-8°. 7 »
—LE MÊME OUVRAGE, 1 vol. in-12. 3 50

L'ANGLETERRE AU XVIIIe SIÈCLE. Études et Portraits pour servir à l'histoire politique de l'Angleterre. 2 vol. in-8. 1856. 14 »
—LE MÊME OUVRAGE, 2 vol. in-12. 7 »

SAINT ANSELME DE CANTORBÉRY. Tableau de la vie des couvents et de la lutte des deux pouvoirs au XIe siècle. 1 fort vol in-8. 7 »

ABÉLARD : Sa vie, sa philosophie et sa théologie, 2 forts vol. in 8 14 »

CRITIQUES ET ÉTUDES LITTÉRAIRES ou Passé et Présent, etc., nouv. édit., 2 forts vol. in-12, 1856. 7 »

CHANNING. Sa vie et ses œuvres, avec une préface de M. DE RÉMUSAT. 1 vol in-8. 7 »

VICTOR COUSIN.

LA SOCIÉTÉ FRANÇAISE AU XVIIe SIÈCLE, d'après le *Grand Cyrus*, roman de Mlle de Scudéry. 2 beaux volumes in-8. 14 »

ÉTUDES LITTÉRAIRES, 2 vol. in-8 qui se vendent séparément :
—**ÉTUDES SUR PASCAL**, 1 vol. in-8. 7 »

—**FRAGMENTS ET SOUVENIRS**, 1 vol. in-8. 7 »

JACQUELINE PASCAL. — *Premières études sur les femmes illustres et la société du XVIIe siècle*. 3e édit. 1 beau vol. in 8, avec fac-simile. 7 »

MADAME DE CHEVREUSE ET MADAME DE HAUTEFORT.—*Etudes sur les femmes illustres et la société du XVIIe siècle*. 2 vol. in-8, ornés de jolis portraits. 14 »

LA JEUNESSE DE Mme DE LONGUEVILLE. —*Etudes*, etc., 3e édition, 1 beau vol. in-8°, orné de deux jolis portraits, 1855. 7 »

MADAME DE SABLÉ.—Son salon, sa correspondance. 2e édit. 1 v. in-8. 7 »

DU VRAI, DU BEAU ET DU BIEN, 6e édition, augmentée d'un appendice sur l'art français, etc. 1 beau vol. in-8. 7 »
—LE MÊME OUVRAGE, 1 beau vol. in-12. 3 50

COURS DE L'HISTOIRE DE LA PHILOSOPHIE, (Cours de 1828 à 1830); nouvelle édition. 3 vol. in-12. 10 50

FRAGMENTS PHILOSOPHIQUES, par M. V. COUSIN, 5 vol. in-12. 17 50
—**FRAGMENTS DE PHILOSOPHIE ANCIENNE** : *Xénophane.—Zénon d'Élée.—Socrate.—Platon.—Eunape.—Proclus.—Olympiodore*.—1 v. 3 50
—**FRAGMENTS DE PHILOSOPHIE DU MOYEN AGE** : *Abélard.—Guillaume de Champeaux.—Bernard de Chartres.—Saint Anselme*, etc. 1 v. 3 50
—**FRAGMENTS DE PHILOSOPHIE CARTÉSIENNE** : *Vanini*.—Le *Cardinal de Retz.—Malebranche et Mairan.—Leibnitz*, etc. 1 vol. 3 50
—**FRAGMENTS DE PHILOSOPHIE MODERNE** : *Descartes.— Malebranche.—Spinoza.—Leibnitz* et l'*abbé Nicaise*.—Le *P. Andre*. 1 vol. 3 50
—**FRAGMENTS DE PHILOSOPHIE CONTEMPORAINE** : *D. Stewart. Buhle.—Tennemann.—Laromiguière.—Degérando.—M. de Biran*, 1 v. 3 50

DES PRINCIPES DE LA RÉVOLUTION FRANÇAISE et du *Gouvernement représentatif*, suivi des *Discours politiques*; 1 vol. in-12. 3 50

SALVANDY.

HISTOIRE DE LA POLOGNE et du ROI SOBIESKI. Nouvelle édition revue et augmentée. 2 vol. in-8. 1855. 12 »
—LE MÊME OUVRAGE. 2 vol. in-12. 7 »

DON ALONSO, ou l'Espagne, etc. Nouvelle édition. 2 vol. in-8. 14 »
—LE MÊME OUVRAGE. 2 vol. in-12. 7 »

LA RÉVOLUTION DE 1830 et le parti révolutionnaire, ou Vingt mois et leurs résultats. Nouvelle édition. 1 vol. in-8. 1855. 5 »

BARANTE.

HISTOIRE DU DIRECTOIRE de la République française, *complément de l'Histoire de la Convention*, 3 forts vol. grand in-8 cavalier. 1855. 21 »

ÉTUDES HISTORIQUES ET BIOGRAPHIQUES. 2 vol. in-8. 14 »
—LE MÊME OUVRAGE, 2 vol. in-12. (*Sous presse*.)

ÉTUDES LITTÉRAIRES ET HISTORIQUES. 2 vol. in-8. 14 »

HISTOIRE DE LA CONVENTION nationale. 6 vol. gr. in-8. (*Sous presse*.)

TABLEAU LITTÉRAIRE DU XVIIIe SIÈCLE. 1 vol. in-8. (*Sous presse*.)

S. DE SACY.

VARIÉTÉS LITTÉRAIRES, morales et historiques. 2 vol. in-8. 14 »

V. DE NOUVION.

HISTOIRE DU RÈGNE DE LOUIS-PHILIPPE Ier **ROI DES FRANÇAIS**—1830 à 1848—tomes 1 et 2, in-8. 12 »

J. FERRARI.

HISTOIRE DES RÉVOLUTIONS D'ITALIE ou Guelfes et Gibelins. 4 vol. in-8. 28 »

AMÉDÉE THIERRY.

HISTOIRE D'ATTILA et de ses successeurs en Europe, suivie des *Légendes* et *Traditions*, 2 forts vol. in-8. 1856. 14 »

HISTOIRE DES GAULOIS, depuis les temps les plus reculés jusqu'à la conquête de la Gaule par les Romains. 4e édition. 2 vol. in-8°. 14 »

— Le même ouvrage—2 vol. in-12 7 »

RÉCITS DE L'HISTOIRE ROMAINE AU Ve **SIÈCLE**. 1 vol. in-8°. (*Sous presse.*)

ALBERT DE BROGLIE.

L'ÉGLISE ET L'EMPIRE ROMAIN AU IVe **SIÈCLE**. — 1re *Partie* : Règne de Constantin. 2e édition revue et corrigée. 2 beaux vol. in-8. 14 »

— 2me *Partie* : Constance et Julien l'Apostat. 2 vol. in-8. (*Sous presse.*)

CARNÉ (L. DE).

L'HISTOIRE DU GOUVERNEMENT REPRÉSENTATIF en France, (études sur) de 1789 à 1848. *Ouvrage couronné par l'Académie française.* 2 vol. in-8°. 1855. 14 »

LES FONDATEURS DE L'UNITÉ FRANÇAISE. — Suger. — Saint Louis. — Duguesclin. — Jeanne d'Arc. — Louis XI. — Henri IV. — Richelieu. — Mazarin. — *Etudes historiques*. 2 vol. in-8 cavalier. 14 »

VOLTAIRE.

LETTRES INÉDITES DE VOLTAIRE, recueillies par M. de Cayrol, annotées par M. Alph. François, et précédées d'une *Étude* par M. Saint-Marc-Girardin. 2e édition. 2 gros vol. in-8. 14 »

MONTALEMBERT.

DE L'AVENIR POLITIQUE DE L'ANGLETERRE, par M. le comte de Montalembert. 5e édition revue et corrigée. 1 vol. in-12. 3 50

SAINTE-BEUVE.

PORTRAITS LITTÉRAIRES, Nouvelle édition. 2 vol. in-12. 1854. 7 »

PORTRAITS DE FEMMES, nouv. édit. 1 vol. in-12. 1854. 3 50

DERNIERS PORTRAITS LITTÉRAIRES, 1 fort vol. in-12. 1854. 3 50

PORTRAITS CONTEMPORAINS et divers. Nouvelle édition. 3 forts vol. in-12. 1854. 10 50

J. J. AMPÈRE.

LITTÉRATURE ET VOYAGES, suivis de Poésies. 2 vol. in-12. 1853. 7 »

LA GRÈCE, ROME ET DANTE, études littéraires. 1 vol. (*Sous presse.*)

CASIMIR DELAVIGNE.

ŒUVRES COMPLÈTES DE CASIMIR DELAVIGNE, comprenant le Théatre, les Messéniennes et les Chants sur l'Italie. 6 v. in-8, papier caval. vél., très-belle édit., orn. d'un portrait. 36 »

—Le même ouvrage, même édition, *illustrée* de belles vignettes gravées sur acier d'après A. Johannot. 42 »

Chaque partie se vend séparément :

—Théatre complet, 4 forts vol in-8, papier cavalier vélin. 24 »

—Les Messéniennes et Chants populaires. 1 vol. in-8 cavalier. 6 »

—Chants sur l'Italie, Poëmes et ballades. 1 vol in-8 cavalier. 6 »

—**COLLECTION DE 12 BELLES VIGNETTES** gravées sur acier d'après A. Johannot, pour les *Œuvres de C. Delavigne*. 6 »

CASIMIR DELAVIGNE : œuvres complètes, comprenant le théatre, les messéniennes et les chants sur l'italie. Nouvelle édition. 1 beau vol. grand in-8 jésus. 1855. 10 »

—Le même ouvrage, illustré de 12 belles vignettes d'A. Johannot. 15 »

CASIMIR DELAVIGNE (œuvres complètes), édition *elzévirienne*, 4 jolis vol. grand in-24 jésus. 1853. 10 »

—Théatre complet, 3 forts vol. grand in-24 jésus. 7 50

—Poésies complètes, comprenant les *Messéniennes* et les *Chants sur l'Italie*, etc. 1 joli vol. gr. in-24 jésus. 2 50

CASIMIR DELAVIGNE (œuvres complètes), édition Charpentier *complétée*. 4 vol. in-12. 14 »

—Théatre complet, 3 volumes in-12. 10 50

—Poésies complètes : *Messeniennes*, *Chants sur l'Italie*, etc. 1 vol. in-12. 3 50

L'ABBÉ LEDIEU.

MÉMOIRES ET JOURNAL DE L'ABBÉ LEDIEU, sur la vie et les ouvrages de Bossuet, publiés, pour la 1re fois, sur les manuscrits autographes, annotés par M. l'abbé Guettée. 4 vol. in 8. 24 »

DE BASTARD D'ESTANG.

LES PARLEMENTS DE FRANCE. Essai historique sur leurs usages, leur organisation et leur autorité. 2 forts vol. in-8. 16 »

ROSELLY DE LORGUES.

CHRISTOPHE COLOMB. Histoire de sa vie et de ses voyages d'après des documents tirés d'Espagne et d'Italie. 2 beaux vol. in-8 ornés d'un portrait, de grav. et d'une carte. 14 »

PIERRE CLÉMENT.

PORTRAITS HISTORIQUES : *Suger*, *Sully*, *Norion*, le comte de *Grignan*, *d'Argenson*. *Law*, les frères *Paris*, *Machault d'Arnouville*, l'abbé *Terray*, le duc de *Gaëte*, le comte *Mollien*, etc. 1 vol. in-8. 7 »

—Le même ouvrage. 1 fort vol in-12. 3 50

TROIS DRAMES HISTORIQUES : *Enguerrand de Marigny*, *Beaune de Semblançay*, *le Chevalier de Rohan*. 1 vol. in-8. 1857. 7 »

—Le même ouvrage. 1 vol in-12. 3 50

E. J. DELECLUZE.

LOUIS DAVID. Son école et son temps. Souvenirs. 1 vol. in-8. 1855. 7 »

—Le même ouvrage. 1 vol. in 12. 3 50

CAMILLE PAGANEL.

HISTOIRE DE SCANDERBEG, ou *Turks et Chrétiens au XVe siècle*, par M. C. Paganel, auteur de l'histoire de Frédéric le Grand, 1 vol. in-8. 7 »

—Le même ouvrage. 1 vol. in-12. 3 50

PITRE-CHEVALIER.

LA BRETAGNE ANCIENNE ET MODERNE, *illustrée* par MM. A. Leleux, O. Penguilly et T. Johannot. 1 vol. gr. in-8 jésus, orné de plus de 200 *vignettes* sur bois, de gravures sur acier, etc. (*sous presse*).

HISTOIRE DES GUERRES DE LA VENDÉE, 1 vol. grand in-8, *illustré* par MM. O. Penguilly, T. Johannot, etc., de 200 vignettes sur bois, de gravures sur acier, de 12 types, portraits, et d'une carte géograph. 15 »

ÉMILE DE BONNECHOSE.

LES QUATRE CONQUÊTES DE L'ANGLETERRE, etc. *Ouvrage couronné par l'Académie française*, 2 vol. in-8. 12 »

HISTOIRE D'ANGLETERRE, depuis les temps les plus reculés jusqu'à nos jours, 4 vol. in-8. 24 »

F. G. EICHHOFF.

TABLEAU DE LA LITTÉRATURE DU NORD, AU MOYEN-AGE, en Allemagne, en Angleterre, en Scandinavie, et en Slavonie. *Nouvelle édition* revue et augmentée. 1 vol. in-8. 6 50

GERMOND DE LAVIGNE.

LE DON QUICHOTTE DE FERNANDEZ AVELLANEDA, nouvellement trad. de l'espagnol et annoté par M. Germond de Lavigne. 1 vol. in-8. 7 »

—LE MÊME OUVRAGE, 1 vol. in-12. 3 50

SÉGUR.

HISTOIRE UNIVERSELLE, par M. de Ségur, 8e édit. *Ouvrage adopté par l'Université*. 6 vol. in-12. 18 »

—**HISTOIRE ANCIENNE** Nouv. édition. 2 vol. in-12. 6 »

—**HISTOIRE ROMAINE**. Nouv. édition. 2 vol. in-12. 6 »

—**HISTOIRE DU BAS-EMPIRE**. Nouv. édition. 2 vol. in-12. 6 »

GALERIE MORALE, avec une notice par M. Sainte-Beuve. 1 v. in-12. 3 »

OUVRAGES DIVERS.

L'ÉGYPTE CONTEMPORAINE, par M. P. Merruau. 1 vol. in-8. 6 »

SOUVENIRS MILITAIRES ET INTIMES du général vic. de Pelleport. 2 vol. in-8. 15 »

LE CARDINAL DE BERULLE, — sa Vie, ses Écrits, son Temps, par M. F. Nourrisson. 1 vol. in-12. 3 »

LES CONFESSIONS DE MADAME DE LA VALLIÈRE repentante, corrigées par Bossuet, etc.; accompagnées d'un commentaire historique et littéraire par M. Romain Cornut. *Nouvelle édition*. 1 joli vol. in-12. 3 50

DE LAJOLAIS (Mlle). — Éducation des femmes, ouvrage couronné par l'Académie française, 2e édit. revue et corrigée. 1 vol. in-12. 3 »

LA PAIX ET LA TRÈVE DE DIEU, Histoire des développements du Tiers-État, etc., par M. Ern. Semichon. 1 vol. in-8. 7 »

HISTOIRE DE LA POÉSIE DES HÉBREUX, trad. de Herder par Mme de Carlowitz : *ouvr. couronné* par l'Acad. franç. : 1 vol. in-8. 6 »

LE GÉNÉRAL DESAIX, Étude historique, par M. Martha-Beker, Comte de Mons, ancien député. 1 vol. in-8, orné d'un beau portrait. 1852. 6 »

SAINT-JUST et la Terreur, étude par M. Éd. Fleury 2 vol. in-12. 6 »

CAMILLE DESMOULINS, par M. Éd. Fleury. 2 vol. in-12 6

BABŒUF et le Socialisme en 1796, par M. Éd. Fleury. 1 vol. in-12. 3

DU RÉGIME PARLEMENTAIRE EN FRANCE, par M. A. de Chambrun 1 vol. in-8°. 6

GRAND DICTIONNAIRE

GÉNÉRAL ET GRAMMATICAL

DES DICTIONNAIRES FRANÇAIS

Offrant le résumé le plus exact et le plus complet de la Lexicographie française et de tous les Dictionnaires spéciaux

PHILOLOGIE : Langue littéraire et poétique, archaïsmes et néologismes, lexicographie, linguistique, etymologie, grammaire, rhétorique, prosodie, synonymes, difficultés grammaticales, gallicismes, langue usuelle, formules de la conversation, style épistolaire, etc.

HISTOIRE : *Antiquités, chronologie*, archeologie, paléographie, diplomatique, numismatique, féodalité, blason, ordres militaires et religieux, institutions, titres et dignités, faits, dates et origines, batailles, siéges et traités, etc.

RELIGION : Théologie, droit canon, casuistique, scolastique, liturgie, rites, fêtes, cérémonies, croyances, hérésies, sectes religieuses, etc.

MYTHOLOGIE : Egyptienne, grecque, romaine, perse, indienne, scandinave, gauloise, mexicaine, péruvienne, chinoise, americaine, etc.

SCIENCES MORALES : Morale, philosophie, logique, metaphysique, idéologie, psychologie, théodicée, esthétique, etc.

SCIENCES PHYSIQUES ET NATURELLES Mathématiques, arithmétique, algèbre, géometrie, trigonométrie, physique, mécanique, statique, astronomie, optique acoustique, électricité, magnétisme, chimie, zoologie, botanique, minéralogie, geologie, anatomie, physiologie, médecine, hygiène, pathologie, chirurgie, pharmacie, etc.

GÉOGRAPHIE : Ancienne et moderne, naturelle et historique, cosmographie, orographie et hydrographie, ethnologie et ethnographie, statistique et topographie, pays, divisions politiques, villes, bourgs, villages avec la population officielle, lieux remarquables, monuments, merveilles de la nature et de l'art, voyages, etc.

ARTS ET SCIENCES MILITAIRES : Tactique, stratégie, fortifications, génie, balistique, artillerie, mines, pyrotechnie, marine, grades et honneurs, etc.

POLITIQUE : Chartes, constitutions, législation, jurisprudence *ancienne et moderne, diplomatie, droit des* gens, droit administratif féodal et coutumier, codes, pratique, pénalités, procédure, offices publics, économie politique et sociale, etc.

ADMINISTRATION : Finances, tailles, capitation, impôts, contributions, monnaies, poids et mesures de tous les pays et de toutes les époques, douanes, enregistrement et domaines, octrois, mines, eaux et forêts, ponts et chaussées, police, etc.

BEAUX-ARTS : Architecture, peinture, sculpture, musique, dessin, gravure, lithographie, mimique, art dramatique, chorégraphie, escrime, équitation, etc.

ARTS ET MÉTIERS : Agriculture, sylviculture, horticulture, chasse, pêche, art culinaire, manufactures, *marchandise, industrie, usines, inventions et découvertes*, chemins de fer, machines, télégraphie électrique, etc

Donnant d'une manière claire et précise :

La nomenclature exacte de tous les mots, sans exception (y compris tous les temps des verbes irréguliers); l'orthographe moderne et vieillie, l'étymologie grecque, latine, arabe, celtique, etc.; les nombres des substantifs et des adjectifs écrits en toutes lettres et rangés alphabétiquement; la prononciation figurée; le sens propre et figuré; les différentes acceptions; les règles et les solutions grammaticales concernant chaque mot et *l'application d'exemples choisis*; toutes les abréviations correctement écrites; l'extrait et la critique du Dictionnaire de l'Académie et des Vocabulaires nouveaux,

Et renfermant en outre et à part :

Un **Dictionnaire biographique**; — Un **Dictionnaire des Rimes**;
Un **Dictionnaire des Homonymes**; — Un **Dictionnaire des Paronymes**
Un **Dictionnaire des Antonymes** (travaux entièrement neufs et complets);

Par NAPOLEON LANDAIS

13e EDITION avec COMPLÉMENT

Revu par une société de Savants, de Grammairiens et d'Ecrivains, sous la direction de MM. D. CHÉSUROLLES, et L. BARRÉ, professeur de philosophie.

3 forts vol. in-4o de près de **3000** pages (ou les 3 volumes réunis en 2). Prix : **40** fr.

On vend séparément le 3e volume sous le titre de *Complément*. Prix 15 fr.

LE DICTIONNAIRE DE NAPOLÉON LANDAIS est au premier rang parmi les œuvres les plus utiles et les opérations les plus importantes de nos jours dans la littérature et la librairie; c'est un de ces livres qui font époque, *et dont la concurrence, toujours* malveillante et souvent injurieuse dans son dépit, a pu seule, mais en vain, contester le mérite; un de ces ouvrages qui doivent leur vitalité aux conditions de développement et d'amélioration *dans lesquelles ils* ont été conçus et exécutés.

Hautement proclamées dès la première publication de ce Dictionnaire, si justement nommé DICTIONNAIRE DES DICTIONNAIRES, ces conditions ont été scrupuleusement remplies pendant tout le cours de sa brillante carrière. Ainsi, pour répondre aux exigences de notre époque éminemment progressive, et rester fidèle à ses promesses, le nouvel éditeur a fait revoir consciencieusement chaque édition par de savants collaborateurs.

Ces différents travaux, néanmoins, devenaient insuffisants; car la science marche avec rapidité, la langue est loin de rester stationnaire, et le goût du public pour la forme encyclopédique augmente tous les jours.

Depuis la publication du GRAND DICTIONNAIRE, les sciences physiques, chimiques, naturelles et médicales, ont subi d'immenses transformations indiquées par de nouveaux termes; l'industrie a vu se produire d'importantes, de merveilleuses inventions, et a fourni aussi son contingent à la nomenclature; l'histoire voit *plus loin et plus* juste dans le passé, et ses découvertes doivent s'enregistrer soit dans les articles nouveaux, soit comme modifications des notions anciennes; la néologie est devenue plus libre à la fois et moins arbitraire.

Ainsi tout s'est modifié, tout s'est agrandi; la science des mots comme celle des choses.

Ne pas donner à ces faits toute l'attention qu'ils méritent, c'était manquer à un engagement formel : *aussi n'a-t-on reculé devant aucun sacrifice, afin d'é*largir le cadre déjà si vaste du DICTIONNAIRE DE NAPOLÉON LANDAIS, en lui donnant un COMPLÉMENT digne de l'ouvrage principal, COMPLÉMENT indispensable à tous ceux *qui ne veulent pas rester étrangers* au mouvement des esprits et aux progrès de la science.

Les éditeurs peuvent revendiquer, en rappelant les termes de leurs anciens prospectus, l'honneur d'avoir proclamé les premiers la nécessité d'un *Dictionnaire complet et progressif*. Surtout ils peuvent dire hautement qu'ils ont été fidèles à leurs principes et à leurs promesses. Ils en donnent aujourd'hui la preuve la plus manifeste.

COMPLÉMENT DU GRAND DICTIONNAIRE

DE

NAPOLÉON LANDAIS,

Ou **3e VOLUME** indispensable *aux* 95,000 *souscripteurs* des *onze* éditions de cet ouvrage). Contenant : 1° les *mots nouveaux* que l'usage a adoptés, et les mots de notre vieille langue littéraire; — 2° ceux qui se trouvent déjà dans le *Dictionnaire*, mais qui ont reçu de *nouvelles acceptions*;—3° tous les termes qui résultent des progrès des *sciences physiques* et *morales*, des *arts* et de l'*industrie*;—4° des *rectifications* nombreuses et importantes; —5° la nomenclature complétée des *mots*, des *noms* et des *faits* qui appartiennent à l'*histoire*, à la *géographie* et à la *mythologie*.—Enfin, en outre et à part : un *Dictionnaire biographique* renfermant les noms des hommes célèbres de tous les pays et de tous les temps, des *Dictionnaires des Rimes*, des *Homonymes*, *Paronymes*, *Antonymes*, etc. ; revu par une société de professeurs, de grammairiens, etc., sous la direction de MM. D. Chésurolles et L. Barré. 1 vol. in-4° de près de 1200 pag. imp. à trois colonnes. 1857. 15 »

Pour achever l'œuvre de la lexicographie contemporaine, il s'agissait de reproduire tous les termes nécessités par les découvertes et les inventions récentes, tous les mots, toutes les expressions que de nouveaux usages, de nouvelles révolutions politiques ont récemment introduits dans notre langue. Le travail entrepris d'après cette idée pour compléter le Vocabulaire du XIXe siècle ne redoute aucun examen, aucune comparaison avec les publications qui se rattachent à la même *spécialité*.

Grâce à ce volume complémentaire, indispensable à toutes les personnes qui possèdent l'une des onze premières éditions du Dictionnaire, le grand ouvrage de Napoléon Landais conserve le rang qu'il a conquis dès son apparition ; il reste le répertoire le plus complet, le plus varié et le plus exact de toutes les connaissances : le véritable *trésor de la langue française*.

Autres ouvrages de Napoléon Landais *et de ses collaborateurs.*

GRAMMAIRE GÉNÉRALE DES GRAMMAIRES

FRANÇAISES, contenant : des notions de Grammaire générale; la Grammaire française proprement dite; l'histoire des lettres et des sons de l'alphabet; la définition des dix parties du discours; la syntaxe, etc., expliquant, dans les plus grands détails, l'analyse de la phrase; un traité spécial et complet des PARTICIPES, dans lequel tous les problèmes possibles sont résolus par des exemples; la conjugaison de tous les verbes réguliers, irréguliers et défectifs, etc.; un tableau des homonymes; la nomenclature complète des mots dont le genre est douteux; des règles précises sur la prononciation, l'orthographe et la ponctuation; des leçons de lecture et de déclamation ; un traité du style, de la prosodie et de la versification, etc., et présentant la solution analytique, raisonnée et logique de toutes les questions grammaticales, par Napoléon Landais. 7e édit. 1 vol. in-4, imp. à deux colonnes. 1854. 10 »

PETIT DICTIONNAIRE DES DICTIONNAIRES FRANÇAIS, par Napoléon Landais. *Ouvrage entièrement refondu*, et offrant la nomenclature complète, la *prononciation* exceptionnelle, la définition claire et précise, et, *pour la première fois* dans un dictionnaire portatif, l'*étymologie* véritable de tous les mots de la langue française, par M. D. Chésurolles. 1 joli vol. grand in-32. *Edition galvanoplastique*. 1857. 1 50

DICTIONNAIRE DES RIMES FRANÇAISES, disposé dans un ordre nouveau, d'après la distinction des rimes en *suffisantes*, *riches et surabondantes*, etc., précédé d'un *Traité de Versification*, etc., par Napoléon Landais et L. Barré. Nouv. édition. 1 joli vol grand in-32. 1 50

PETIT DICTIONNAIRE BIOGRAPHIQUE des personnages célèbres de tous les temps et de tous les pays, *extrait du Dictionnaire de N. Landais*, par M. D. Chésurolles. 1 fort vol. grand in-32 de 600 pages. 1 50

DICTIONNAIRE CLASSIQUE DE LA LANGUE FRANÇAISE, avec l'*étymologie* et la *prononciation figurée*, etc., 1 vol. in-8, 3 »

DICTIONNAIRE DE TOUS LES VERBES

DE LA LANGUE FRANÇAISE tant *réguliers qu'irréguliers*, ENTIÈREMENT CONJUGUÉS, sous forme synoptique, précédé d'une THÉORIE DES VERBES et d'un TRAITÉ DES PARTICIPES, et contenant en outre :

1° Une méthode pour apprendre, *sans maître* à conjuguer tous les verbes français; la solution de toutes les difficultés relatives à leurs différentes acceptions; l'emploi des temps de l'indicatif et du subjonctif, leur correspondance : l'analyse logique simplifiée, et de nombreux exemples d'auteurs venant à l'appui de chaque définition;

2° La nomenclature exacte de tous les verbes français, avec leur signification au propre et au figuré; les diverses prépositions qu'ils gouvernent : l'indication de l'auxiliaire qu'ils exigent dans leurs temps composés; et des remarques détachées où l'on trouve la solution de toutes les difficultés relatives à leurs différents emplois, appuyée sur de nombreux exemples d'après l'Académie, Laveaux, Trévoux, Boiste, Napoléon Landais et nos grands écrivains; par M. VERLAC, et M. LITAIS DE GAUX, professeur, membre de la Société grammaticale de Paris, etc. 1 beau vol. in-4. 10 »

ÉDUCATION MATERNELLE

SIMPLES LEÇONS D'UNE MÈRE A SES ENFANTS

SUR LA LECTURE, L'ÉCRITURE, LA MÉMOIRE, L'ARITHMÉTIQUE, LA GRAMMAIRE, LA GÉOGRAPHIE, L'HISTOIRE SAINTE, ETC., ETC.

PAR MADAME AMABLE TASTU,

Nouvelle et très-belle édition, imprimée avec grand luxe, *illustrée de* 500 *vign.* dessinées et gravées sur bois par les meilleurs artistes. 1 beau vol. grand in-8 papier jésus glacé. 15 »

Ce beau volume se divise en 9 parties :

1° LE LIVRE DE LECTURE, illustré de 90 vignettes.
2° LE LIVRE D'ECRITURE, avec vignettes et exemples d'écritures.
3° LE LIVRE DE MÉMOIRE, illustré de 80 vignettes.
4° LE LIVRE D'ARITHMÉTIQUE, avec vignettes.
5° LE LIVRE DE GRAMMAIRE, avec vignettes.
6° LE LIVRE D'ORTHOGRAPHE, ou de Dictées, avec vignettes.
7° LE LIVRE DE GÉOGRAPHIE, avec 100 vignettes et cartes géographiques coloriées.
8° LE LIVRE D'HISTOIRE SAINTE, avec 90 vignettes.
9° LE LIVRE DE RÉCRÉATIONS, avec 100 vignettes.

LE CORPS DE L'HOMME

TRAITÉ COMPLET D'ANATOMIE ET DE PHYSIOLOGIE HUMAINES suivi d'un précis des systèmes de *Lavater* et de *Gall*, ouvrage à l'usage des Gens du Monde, des Médecins et des Elèves, par le Docteur GALET, 4 vol. in-4°, *illustrés* de plus de 400 figures dessinées d'après nature et lithographiées. 1853. 80 »

— LE MÊME OUVRAGE, avec les 400 figures coloriées avec le plus grand soin. 140 »

Division de l'ouvrage.

ANATOMIE.

1er vol. Appareils digestif, absorbant et respiratoire.
2e Appareil circulatoire.
3e Appareil locomoteur (ostéologie, arthrologie et myologie).
4e Appareil nerveux. Appareil de la génération.

PHYSIOLOGIE.

1er vol. Fonction digestive, absorption et respiration.
2e Circulation du sang.
3e Locomotion. Mécanisme des mouvements volontaires. Système de Lavater.
4e Innervation. Système de Gall. Génération. Embryologie.

Ouvrage dédié aux familles et à tous les amis de l'humanité,

DICTIONNAIRE
DE
MÉDECINE USUELLE

A L'USAGE DES GENS DU MONDE

des Chefs de famille et de grands établissements, des Administrateurs, Magistrats, Officiers de police judiciaire, etc.; enfin pouvant servir de guide à tous ceux qui se dévouent au soulagement des malades,

Par une société de membres de l'Institut et de l'Académie de médecine; de Professeurs, de Médecins, d'Avocats, d'Administrateurs et de Chirurgiens des hôpitaux,

SOUS LA DIRECTION DU

DOCTEUR BEAUDE

Médecin inspecteur des établissements d'eaux minérales, membre du Conseil de salubrité, etc.

2 forts vol. in-4 de 1800 pages à 2 col. Prix : 30 fr.

Liste des Collaborateurs.

Andrieux [Maladies des yeux, physique médicale].
Andry [Médecine].
Bally [Médecine].
Beaugrand [Médecine et Chirurgie, Maladies de la peau].
Beaude (J. P.) [Eaux minérales, Hygiène publique, Médecine légale].
Blache [Maladies des Enfants].
Blandin [Fractures].
Bouchardat [Chimie médicale].
Bourgery [Anatomie].
Caffe [Chirurgie, Maladies des femmes].
Capitaine [Médecine, Chimie].
Caron Duvillards [Cataracte, etc.].
Chevallier [Hygiène publique].
Cloquet (J.) [Ulcères].
Colombat (de l'Isère) [Bégaiement].
Comte (A.) [Histoire naturelle].
Cottereau [Médecine].
Couverchel [Tous les Fruits].
Cullerier [Maladies syphilitiques].
Cullerier (A.) [Maladies syphilitiques].
Dalmas [Médecine].
Deleau jeune [Maladies de l'oreille].
Deslandes [Onanisme].
Devergie [Syphilis].
Donné [Nourrices].
Dumont [Contagion].
Falret [Aliénation, Maladies nerveuses].
Fiard [Vaccin].
Furnari [Maladies des Yeux, Maladies des Artisans].
Gerdy [Physiologie].
Gillet de Grandmont [Abeilles].
Gras (Albin) [Médecine, Chirurgie].
Guersant [Maladies des Enfants].
Hardy [Médecine, Physiologie].
Larrey (H.) [Hygiène militaire].
Lagasquie [Médecine].
Landouzy [Physiologie, Médecine].
Lélut [Prisons].
Leroy d'Étiolles [Maladies des voies urinaires].
Lesueur [Empoisonnement, médecine légale].
Magendie [Gravelle].
Marc [Asphyxies].
Martinet [Épilepsie].
Martins [Botanique médicale].
Miquel [Auscultation, Goutte].
Ollivier (*d'Angers*) [Ovologie].
Orfila [Exhumations].
Paillard de Villeneuve [Rapport].
Parisset [Physiologie, Philosophie médicale, Peste].
Petit (*de Maurienne*) [Habitations].
Plisson [Médecine, Matière médicale].
Poiseuille [Circulation].
Sanson (A.) [Anatomie, Chirurgie].
Royer-Collard [Hygiène].
Trébuchet [Hygiène publique, Police médicale].
Toirac (Chirurgie dentaire).
Velpeau (Chirurgie, Accouchements).
Vée (Pharmacie).

De toutes les sciences humaines, il n'en est pas qui intéresse plus universellement que la médecine, parce que rien ne nous est plus cher que la santé, ce bien à la fois précieux et fragile, sans lequel l'existence est un véritable fardeau; c'est ce qui explique le succès des ouvrages destinés à servir de conseillers et de guides aux personnes étrangères à l'art de guérir. Malheureusement, ces sortes d'ouvrages, presque toujours dictés par un esprit mercantile, sont empreints d'un charlatanisme déplorable.

Les auteurs du Dictionnaire de médecine usuelle, hommes de science et de conviction, ne se sont proposé qu'un seul but, celui d'être utiles. Ils se sont appliqués à faire connaître d'une manière exacte, quoique élémentaire, l'admirable mécanisme de l'organisation humaine. Sous le rapport de l'hygiène, ils ont pris l'homme à sa naissance pour ne le quitter qu'aux dernières limites de la vie : ainsi, tous les âges, tous les tempéraments, toutes les professions, trouveront dans leur ouvrage de salutaires enseignements et de sages conseils.

Pour compléter ce qui a rapport à l'état de maladie, le Dictionnaire de médecine usuelle s'est occupé des médicaments, des moyens de les préparer, de les administrer, etc. Il donne, en un mot, toutes les instructions nécessaires aux personnes que leur zèle ou leur devoir appelle auprès du lit des malades et qui peuvent devenir de puissants auxiliaires pour l'homme de l'art. Les magistrats y trouveront tout ce qui intéresse la salubrité des villes et des habitations, ils y puiseront aussi des notions de médecine légale suffisantes pour les cas les plus ordinaires, et qui les dispenseront de recourir à des ouvrages volumineux et peu répandus. Quant aux médecins, on ne peut leur offrir un aide-mémoire plus sûr, puisqu'il est à la hauteur de la science actuelle, et en même temps plus commode, puisqu'il résume à lui seul une bibliothèque médicale tout entière.

LEÇONS ET MODÈLES DE LITTÉRATURE FRANÇAISE

ANCIENNE ET MODERNE (*du 9e au 19e siècle*), par M. TISSOT, de l'Académie française et professeur au Collége de France. Nouvelle édition, 2 magnifiques vol. grand in-8° jésus, illustrés. 1855. 20 »

Nota. Cet excellent ouvrage était épuisé depuis plusieurs années ; il vient d'être réimprimé avec soin. Le prix de la 1re édition était de 32 fr.

En préparation :

LEÇONS D'ÉLOQUENCE, par M. BERRYER, 1 beau vol. gr. in-8° *illustré.*

LEÇONS DE LITTÉRATURE SACRÉE, par M. DE GENOUDE, 1 vol. grand in-8°, *illustré.*

Nota. Ces deux bons ouvrages sont épuisés, nous en préparons une nouvelle édition.

LA SUISSE ILLUSTRÉE.

DESCRIPTION ET HISTOIRE *de ses vingt-deux cantons*, par MM. de CHATEAUVIEUX, DUBOCHET, FRANCINI, le président MONNARD, MEYER DE KNONAU, N. DE RUTTIMANN. Henri ZSCHOKKE, PH. BUSONI, etc. 1 vol. grand in-8 jésus, illustré de 32 jolies vues et cartes gravées sur acier. 1853. 12 »

—LE MÊME OUVRAGE, en 2 vol. grand in-8, *illustré* de 90 jolies vues gravées sur acier, costumes coloriés et cartes. 25 »

ATLAS GÉOGRAPHIQUE DE LA SUISSE divisée en vingt-deux cantons, et de la vallée de Chamouny, avec une carte générale des Alpes; dressé par CH. DUVOTENAY, géographe au Dépôt de la guerre ; 25 cartes gravées sur acier par *Ch. Dyonnet*. In-4°. 5 »

—LE MÊME, avec les 25 cartes *coloriées* à teintes plates. 7 »

—LE MÊME ATLAS GÉOGRAPHIQUE, avec un précis historique et statistique de la Suisse, d'après les renseignements les plus récents et les plus authentiques. 124 pages imp. à 2 colonnes et 25 cartes. In-4°. 8 »

—LE MÊME, avec les 124 pages de texte et les 25 cartes *coloriées.* 10 »

LE SIÈCLE DE NAPOLÉON ILLUSTRÉ,

GALERIE des illustrations de l'empire; collection de 25 beaux portraits en pied, dessinés par *Philippoteaux* et coloriés avec soin, accompagnée d'un texte par MM. Em. MARCO DE SAINT-HILAIRE, F. SOULIÉ, Léon GOZLAN, BLANQUI, etc. 1 vol. in-4, *cartonné* avec une jolie couverture lithographiée. 12 »

L'HERBIER DES DEMOISELLES,

Ou *Traité de la Botanique*, présentée sous une forme nouvelle et spéciale; ouvrage contenant : la description, les usages naturels et les harmonies des diverses parties des plantes ; la manière de greffer les arbres; les classifications botaniques ; la disposition d'un herbier, l'exposé des plantes les plus utiles; leurs usages dans les arts et l'économie domestique et les souvenirs historiques et fabuleux qui y sont attachés : une petite flore simple et facile pour arriver à découvrir le nom des plantes, par EDM. AUDOUIT. Deuxième édition, revue et corrigée. 1 beau vol. in-8, illustré de 320 *vignettes coloriées* avec le plus grand soin. 10 »

LE MÊME OUVRAGE. Un joli vol. grand in-16, 320 fig. noires, pap. collé. 4 »

—— Avec les 320 *vignettes coloriées.* 6 »

OUVRAGES DE Mme GUIZOT.

L'AMIE DES ENFANTS, *petit Cours de Morale en Action*, comprenant tous les Contes moraux à l'usage de l'enfance et de la jeunesse, par Mme Guizot; nouvelle édition enrichie de *Moralités* en vers, par Mlle Elise Moreau; 1 beau vol. grand in-8 de plus de 550 pages, *illustré* de belles lithographies. 10 »

—**LES ENFANTS**, contes pour la jeunesse. 1 vol. grand in-8, orné de belles lithographies. 6 »

—**NOUVEAUX CONTES** pour la jeunesse. 1 vol. grand in-8, orné de belles lithographies. 6 »

L'ÉCOLIER, ou Raoul et Victor, par Mme Guizot; édition *illustrée*, ouvrage couronné par l'Académie française; 11e édit., 1 vol. grand in-8, orné de belles lithographies. 8 »

—le même ouvrage, 2 vol. in-12, avec 8 jolies vignettes. 6 »

UNE FAMILLE, ou *les avantages d'une bonne éducation*, par Mme Guizot; ouvrage continué par Mme A. Tastu. 7e édit., 2 vol. in-12, 8 vign. 6 »

LES ENFANTS, Contes pour la Jeunesse, par Mme Guizot. 8e édition. 2 vol. in-12, 8 vignettes. 6 »

NOUVEAUX CONTES pour la Jeunesse, par Mme Guizot. 8e édition. 2 vol. in-12, 8 vign. 6 »

RÉCRÉATIONS MORALES, Contes pour la Jeunesse, par Mme Guizot. 8e édition. 1 vol. in-12, 4 vign. 3 »

LETTRES DE FAMILLE sur l'Éducation, par Mme Guizot, ouvrage couronné par l'Académie française. 4e édit. 2 vol. in-12. 6 »

LA BOTANIQUE DE LA JEUNESSE, ou Leçons sur le règne végétal présentées à l'esprit et au cœur, par Mme Bonifas-Guizot, ouvrage adopté par le Conseil de l'Instruction publique. 1 vol. in-12, orné de 80 figures color. 3 »

A. TASTU (Mme).

L'ÉDUCATION MATERNELLE, ou *Simples leçons d'une mère à ses enfants*, etc., par Mme A Tastu, nouvelle et très-belle édition édition, *illustrée* de 500 vignettes. 1 vol. grand in-8o jésus. 15 »

POÉSIES COMPLÈTES, par Mme A. Tastu 1 beau vol. in-12. Vign. 3 50

LETTRES CHOISIES DE Mme DE SÉVIGNÉ, précédées de son Éloge, par Mme A. Tastu, couronné par l'Académie française, nouvelle édition. 1 fort vol. in-12, portrait. 1855. 3 »

LECTURES POUR LES JEUNES FILLES, modèles de littérature en *prose* et en *vers*, extraits des écrivains modernes, par Mme A. Tastu. 2 vol. in-12 avec portraits. 6 »

ALBUM POÉTIQUE DES JEUNES PERSONNES, ou choix de poésies des auteurs modernes. 1 vol. in-12, portrait. 3 »

LES ENFANTS DE LA VALLÉE D'ANDLAU, ou notions sur *la Religion, la Morale*, etc., 2 vol. in-12, 8 vignettes. 6 »

LES RÉCITS DU MAITRE D'ÉCOLE, lectures pour l'enfance et l'adolescence, imités de *C. Cantu*, par Mme A. Tastu. 1 vol. in-12 (*sous presse*). 3 »

L'HONNÊTE HOMME, lectures pour la jeunesse, imité de *C. Cantu*, par Mme A. Tastu. 1 vol. in-12 (*Sous presse*). 3 »

DE CHABAUD-LATOUR (Mlle).

COURS D'ANGLAIS POUR LES ENFANTS, dédié aux mères de famille; ouvrage autorisé par le Conseil d'instruction publique. 1 vol. in-18 cartonné, accompagné de 72 cartes. 1850. 5 »

Nota.—Cet ouvrage, recommandé par Mme A. Tastu, peut être considéré comme annexe à son *Education maternelle*.

ULLIAC-TRÉMADEURE (Mlle).

ASTRONOMIE et **MÉTÉOROLOGIE** des jeunes personnes, d'après ARAGO, LAPLACE et W. HERSCHELL. par Mlle S. ULLIAC-TRÉMADEURE. 1 vol. gr. in-8, orné de huit jolies gravures sur acier et coloriées. 1854. 6 »

PHÉNOMÈNES et **MÉTAMORPHOSES**, Causeries sur les *papillons*, les *insectes* et les *polypes*, par Mlle S. ULLIAC-TRÉMADEURE. 1 vol. grand in-8, orné de jolies figures gravées sur acier et coloriées avec soin. 1854. 6 »

EUGÉNIE, ou le *Monde en miniature*, suivie de Récits historiques et de Conseils d'une mère à sa fille, par Mlle S. ULLIAC-TRÉMADEURE. 1 vol. grand in-8, orné de 12 jolies lithographies coloriées. 1854. 6 »

MARIE, ou la *Jeune Institutrice*, suivie de Simples histoires, par Mlle S. ULLIAC-TRÉMADEURE. 1 vol. gr. in-8, orné de 12 jolies lithographies col. 1854. 6 »

MATHILDE ET PAULINE, ou *Laideur et Beauté*, suivi des Lettres de Mme Chapone, ou Cours de morale pratique, par Mlle S. ULLIAC-TRÉMADEURE. 1 vol. gr. in-8, orné de 12 jolies lithographies coloriées. 1854. 6 »

LES JEUNES NATURALISTES, entretiens familiers sur les *animaux*, les *végétaux* et les *minéraux*, par Mlle ULLIAC, 5e édition; 2 vol. in-12, ornés de 32 vignettes. 1852. 6 »

ÉMILIE ou *la Jeune Fille auteur*, ouvrage pour les Jeunes Personnes, par Mlle ULLIAC. 3e édit. 1 vol. in-12. 4 vignettes. 1853. 3 »

LES JEUNES ARTISTES, nouvelles sur les beaux-arts, par Mlle ULLIAC, 5e édit. 1 vol. in-12. 4 vignettes. 1853. 3 »

CONTES AUX JEUNES NATURALISTES sur les animaux domestiques, 5e édit. 1 vol in-12, 4 vignettes. 1853. 3 »

LES JEUNES SAVANTS, entretiens familiers sur l'*Astronomie*, la *Géologie*, la *Physique*, la *Chimie*, etc. 2 forts vol. in-12 ornés de 100 vignettes (*sous presse*).

CLAUDE BERNARD, ou *le Gagne-Petit*, par Mlle ULLIAC, *ouvrage couronné par l'Académie française*. 1 vol. in-12, 4 vignettes (*sous presse*).

ÉTIENNE ET VALENTIN, ou Mensonge et Probité, *ouvrage couronné*. 3e éd. 1 vol in-12. 4 vignettes (*sous presse*).

CONTES AUX JEUNES AGRONOMES, par Mlle ULLIAC, 6e édit. 1 vol. in-12, 4 vignettes (*sous presse*).

DE GENLIS (Mme).

LES VEILLÉES DU CHATEAU, ou Leçons de morale à l'usage des enfants; nouv. édit. *illustrée* de très-jolies lithographies; 1 beau vol. grand in-8. 10 »
—LE MÊME OUVRAGE, 2 vol in-12, avec vignettes. 6 »

THÉATRE D'ÉDUCATION pour la jeunesse, par Mme DE GENLIS. jolie édit. 2 vol. in-12, ornés de jolies vignettes. (*Sous presse*.)

LES PETITS ÉMIGRÉS, par Mme DE GENLIS, jolie édit. 1 vol. in-12, orné de jolies vignettes. 3 »

LE SIÉGE DE LA ROCHELLE. 1 vol. in-12. 2 »

Mlle DELEYRE ET Mme FANNY RICHOMME.

CONTES DANS UN NOUVEAU GENRE, Scènes de famille. 2 jolis vol. in-12, illustrés de vignettes et de lithographies. 6 »

DELAFAYE-BREHIER (Mme).

LES PETITS BÉARNAIS; Leçons de morale, 8e édit. 2 vol. in-12, 4 vignettes. 6 »

LES ENFANTS DE LA PROVIDENCE, ou Aventures de trois jeunes orphelins. 6e édit., revue par Mme F. RICHOMME. 2 vol. in-2, 8 vignettes. 6 »

LE COLLÉGE INCENDIÉ, ou les Écoliers en voyage. 6e édit., revue par Mme F. RICHOMME. 1 vol. in-12, 4 vignettes. »

BERQUIN.

ŒUVRES COMPLÈTES DE BERQUIN, comprenant : *L'Ami des Enfants et des Adolescents*, *le Livre de Famille*, un *Choix de Lectures*, la *Bibliothèque des Villages*, *Sandford et Merton*, *le Petit Grandisson*, *l'Introduction familière*, etc., etc., édition ornée de 200 vignettes; 4 vol. petit in-8. 12 »

Chaque ouvrage se vend séparément :

—**L'AMI DES ENFANTS ET DES ADOLESCENTS**, par BERQUIN; 2 vol. petit in-8, ornés de 100 vignettes. 6 »

—**LE LIVRE DE FAMILLE**, suivi du *Choix de lectures*, *de la Bibliothèque des villages*, par BERQUIN; 1 vol. petit in-8, orné de 50 vign. 3 »

—**SANDFORD ET MERTON**, suivi du *Petit Grandisson*, de *Lydie de Gersin*, et précédé de l'*Introduction familière à la connaissance de la nature*, par BERQUIN; 1 vol petit in-8, orné de 50 vignettes. 3 »

L'AMI DES ENFANTS, par BERQUIN, *édition illustrée*, précédé d'une notice par BOUILLY; 1 beau vol. grand in-8. (*sous presse*).

—LE MÊME OUVRAGE, 2 vol. in-12, avec vignettes (*sous presse*). 6 »

OUVRAGES DIVERS POUR LA JEUNESSE.

LE PETIT BUFFON.—HISTOIRE NATURELLE des *Quadrupèdes*, des *Oiseaux*, des *Insectes et des Poissons*, extraite des ouvrages de BUFFON, LACÉPÈDE, CUVIER; etc., par le bibliophile JACOB. 4 jolis vol. grand in-32, jésus, ornés de 325 *figures* gravées sur acier. 1853. 6 »

—LE MÊME OUVRAGE, avec les 325 figures *coloriées* avec soin. 10 »

FAITS MÉMORABLES DE L'HISTOIRE DE FRANCE ILLUSTRÉS, recueillis d'après nos meilleurs historiens, par M. MICHELANT; avec une Introduction, par M. DE SÉGUR; 1 splendide vol. grand in-8, orné de 120 très-belles vignettes de V. ADAM. 12 »

LES BONS EXEMPLES, Nouvelle morale en action illustrée, ouvrage rédigé avec le concours de MM. Benj. DELESSERT, et de GERANDO, 1 beau vol gr. in-8, illustré de 120 vignettes de J. David. 10 »

LES ENFANTS CÉLÈBRES, ou histoire des Enfants de tous les siècles et de tous les pays qui se sont immortalisés par le malheur, la piété, le courage, le génie, les talents, par M. MICHEL MASSON, nouvelle édition; 1 beau vol. gr. in-8, *illustré* de jolies lithogr. et vignettes 1858. 10 »

LE MAGASIN DES FÉES OU CONTES de PERRAULT, de Mme LE PRINCE DE BEAUMONT, de FÉNELON et de Mme d'AULNOY; 1 beau vol. in-8 format anglais, *illustré* de 90 jolies vignettes. 1852. 4 »

LES MYTHOLOGIES DE TOUS LES PEUPLES racontées à la Jeunesse par Mme L. BERNARD. 1 vol. in-12, orné de 60 vign. gravées sur acier. 3 »

UNE VOCATION OU LE JEUNE MISSIONNAIRE, par Mme E. Moreau Gagne. 1 beau vol. in-8 orné de 8 jolies lithographies. 1856. 6 »

—LE MÊME OUVRAGE, 1 joli vol. in-12 avec 4 lithogr. 3 »

LE ROBINSON SUISSE, trad. de *Wyss*, par Mme DE MONTOLIEU. 2 forts vol. in-12, ornés de 9 vignettes. (*Sous presse.*)

CONTES DE MISS EDGEWORTH, comprenant les *Contes moraux*, les *Contes des familles*, et les *Contes populaires*, à l'usage de la Jeunesse. 2 forts vol. ornés de 16 figures. (*Sous presse.*)

LA JÉRUSALEM DÉLIVRÉE, par le TASSE, traduction de Lebrun, 1 joli vol. in-12 avec vign. 3 »

Paris. — Imprimé chez Bonaventure et Ducessois, 55, quai des Grands-Augustins.

www.ingramcontent.com/pod-product-compliance
Ingram Content Group UK Ltd.
Pitfield, Milton Keynes, MK11 3LW, UK
UKHW020300230726
13925UKWH00001B/143